巴黎评论
作家访谈 2

美国《巴黎评论》编辑部 编　仲召明 等 译

人民文学出版社
PEOPLE'S LITERATURE PUBLISHING HOUSE

著作权合同登记号　图字 01-2019-5252

THE PARIS REVIEW INTERVIEWS Vol.2

Copyright © 2007 by THE PARIS REVIEW
This edition arranged with The Wylie Agency (UK) Ltd.
Simplified Chinese edition Copyright © 2018 by Shanghai 99 Readers' Culture
Co., Ltd.
All rights reserved.

图书在版编目(CIP)数据

巴黎评论·作家访谈.2/美国《巴黎评论》编辑部
编;仲召明等译.—北京;人民文学出版社,2017(2023.4重印)
　ISBN 978-7-02-013396-3

　Ⅰ.①巴…　Ⅱ.①美…　②仲…　Ⅲ.①作家-访问记
-世界-现代　Ⅳ.①K815.6

　中国版本图书馆 CIP 数据核字(2017)第 237270 号

责任编辑　朱卫净　骆玉龙
封面制作　钱　珺

出版发行　人民文学出版社
社　　址　北京市朝内大街 166 号
邮政编码　100705

印　　制　上海盛通时代印刷有限公司
经　　销　全国新华书店等

开　　本　890 毫米×1240 毫米　1/32
印　　张　11.75
字　　数　250 千字
版　　次　2018 年 1 月北京第 1 版
印　　次　2023 年 4 月第 10 次印刷

书　　号　978-7-02-013396-3
定　　价　59.00 元

如有印装质量问题,请与本社图书销售中心调换。电话:010-65233595

the PARIS REVIEW

INTERVIEWS *vol. 2*

By the editors of *The Paris Review*

目　录

序/奥尔罕·帕慕克

◎ 仲召明/译

一九七七年,在伊斯坦布尔,我第一次在《巴黎评论》上读到福克纳的访谈。我就像无意中发现了宗教典籍一样高兴。当时我二十五岁,和母亲住在一套俯瞰博斯普鲁斯海峡的公寓里。我坐在一间密室里,周围全是书。我一根接一根地抽烟,奋笔写着第一部长篇小说。写处女作,不仅是要把自己的故事写得像别人的故事。与此同时,你得成为一个能以一种平衡的方式,从头到尾想象一部小说的人,还得会用词汇和句子表达这个梦……为了成为小说家,我从建筑学院退学,闭门不出。现在,我会成为一个什么样的人呢?

《巴黎评论》:一个作家是如何变成一个严肃的小说家的?

福克纳:99%的天分……99%的纪律……99%的勤奋。他必须永远不满足于自己已经写出来的东西。已经写出来的东西,永远都可以更好。始终怀有梦想,定一个比你知道自己能做到的高一点的目标。不要认为干得比同辈或前辈好就够了。努力超越自己。艺术家是由恶魔驱使的一种生物。他不知道为什么恶魔选择了他,而且常常也没空想为什么。为了完成作品,他会抛弃一切道德,坑蒙拐骗任何人……作家只需要对他的艺术负责。

在一个社会的要求先于其他一切的国家,读到这些话真是安慰。我设法弄到了企鹅出版社出版的每一卷《巴黎评论·作家访谈》,专注又愉快地

1

阅读。日复一日,我强迫自己遵从坐在书桌旁工作一整天这一纪律,孤独地在同一个房间里享受纸墨的气味——我从来都没丢掉这个习惯。我正在写首部长篇《杰夫代特先生》——六百页的长度,花了我四年时间——每次卡住,我都会本能地从桌旁站起来,在那个烟雾缭绕的房间里,重读《巴黎评论》对福克纳、纳博科夫、多斯·帕索斯、海明威或者厄普代克的访谈,努力找回对写作的信念,找到我自己的路。最初,我读这些访谈,是因为热爱这些作家的书,因为想知道他们的秘密,了解他们是如何创造虚构世界的。有一些作家和诗人,我没听过他们的名字,没读过他们的书,但我也喜欢读对他们的访问。请允许我试着列出自己阅读及重读这些访谈时获得的一些感受:

●《巴黎评论》的访谈,与作者需要推广的某一部作品无关。接受采访的作家,都已经闻名全球。在访谈中,他们聊自己的写作习惯,圈内秘闻,写作方法,脆弱的时刻,遇到困难是怎么克服的。我需要了解他们的经历,越快越好。

● 我不但模仿他们的作品,连他们形形色色的习惯、忧虑、爱好和小怪癖也模仿(比如书桌上始终得有一杯咖啡)。三十三年了,我一直在方格纸上手写作品。有时,我觉得这是因为方格纸适合我的写作习惯……有时,我觉得这是在那些日子里,我从自己喜欢的两位作家托马斯·曼和让-保罗·萨特那里学来的……

● 我和同龄的其他土耳其作家没有交往,孤立状态加剧了我对自己未来的担忧。每次坐下来读这些访谈,孤独感便会消退。读这些访谈,我发现,许多人和我拥有同样的激情。自己向往的地方和目前所在的地方之间还相距甚远,原来是正常的。厌恶庸常的普通生活原来不是一种病,而是智慧已开。而我应该坦然接受大多数小怪癖,因为它们能激发想象力,有助写作。

● 我觉得自己好像学到了很多写小说的技巧——胚芽是如何在作家的意识中形成的,它成长时多么可爱,如何精心构建情节,或者根本不要情节。有时，访谈提到了一个小说构思，我愤怒地想到，自己也曾有过类似的想法。

● 读了福楼拜的书信和我最崇拜的那些作家的传记之后，作为一个年轻人，我自然开始信奉现代主义文学的道德观，任何一个严肃作家都无法逃避的一种道德观：献身艺术，不求回报，回避名声、成功和很容易就能获得的知名度，因文学本身之美而热爱文学。但读过福克纳和其他作家讲述他们是如何致力于实现这些理想之后，他们毫无保留的诚实态度让我的精神上升到更高的层次。刚开始写作的岁月，每当失去信心，对作家生涯的未来产生怀疑，我都会重读这些访谈，支撑自己的决心。

多年后，在我自己也出现在《巴黎评论》上之后，再度重读这些访谈，是为了唤醒自己写作初期的希望和焦虑。三十年过去了，读这些访谈时我仍带着当初的热情。我知道自己并没有被引入歧途：我比以往更强烈地感受到了文学带来的欢乐和苦恼。

E. M. 福斯特

◎ 郭旻天/译

"你们看到的并不是完整的《白夜》，还有差不多一半的篇幅呢。不过，这些已是我想要读的全部内容，因为现在完整的作品早已不复存在——至少我是这么想的；况且在心情低落的时候，我只会一言不发。也许回味一下我曾遇到的难题以及我没有解决的困难会来得更有意思一点。我很喜欢这么去做，但这也会让我们在小说的手法上纠结过多……"

在一九五一年奥尔德堡音乐节上，E. M. 福斯特作了如上的发言。他先是读了那本叫作《白夜》的未竟之作的一部分。读毕，他又解释了为何没有把小说写完，也正因如此，他提到了他所谓的"小说的手法"。

在聆听了福斯特先生于奥尔德堡的一番高论之余，我们也通过一九五二年六月十日夜在剑桥大学国王学院的一次访谈，记录了他与此相关的一些看法。

会谈的屋子空间开阔，天花板很高，整个屋子以爱德华七世时代的风格打造。引人注目的是一个结构精美的庞大的雕花壁炉台，在上方壁龛里摆放着青瓷工艺品。墙上挂着一些大镀金框裱的肖像画（福斯特那些姓桑顿的爱尔兰祖先和其他一些人的），一个叫特纳的舅公的肖像和一些现代的画。屋子里有各种各样的书，数量庞大、品类繁盛，英语法语的都有。安乐椅上覆盖着围巾，还有一架钢琴，屋内还摆放着单人跳棋的棋盘，西洋镜的盒子，映入眼帘的还有堆成山的拆阅过的信件和整整齐齐放在字纸篓里的拖鞋。

读者们，如果你读了下面的文字，定会对福斯特的个性有如下的印象：恬淡却不失稳健，用词准确却让人难以捉摸，他会制造一个又一个的小小惊

I

"Gentlemen! Gentlemen!" Basle station echoed to the cosmopolitan roar. "If only other people would behave like gentlemen." It was early on an August morning, and the passengers from the Boulogne train, who were mostly English, were trying to decant themselves into the train for Lucerne and the south. Difficult, for the Lucerne train was smaller, and they were beginning to fight. They did not want to fight, but by degrees they could not avoid it; there was nothing else to do. Without losing their tempers, they screamed and wedged and hit one another behind the knee with suit cases, and smashed at the brass bars of the train as it backed itself to a standstill. Some had ladies with them, and claimed prior treatment on that account. "Steady on, sir, you might consider the ladies." Others cried "Bolts the ladies." One tourist was pushed beneath the incoming wheels, another rescued him, and still the appeal for gentlemanliness arose [that pass-word into a city whose gates are closed for ever.]

The station, immense and modern, paid no great heed. Not even the daily passage of the Island Rpee was an event to her, she was the changing house of Europe. Trains ran into her from four or five countries, washed and shaved themselves, ate in her refreshment rooms, and rebooked when necessary, she thought in terms of trains. Behind her lay the a town and a cathedral poured across a swift green river, but she only served the town as an afterthought. Its needs were little to her, its memories of a Mediaeval Council nothing; she was indifferent to Cardinal, and King, and to all but trains.

Now Martin had had. He had spied the Lucerne train reposing at a distant platform, had measured it with his eye, and had calculated where the end of its carriage would be when it drew up. Telling Venetia (his wife) and Lady Borlase (his mother in law) to keep out of the crowd, he had slipped past the other tourists, and laid a gloved hand on the door. The rush followed. He was swept off sideways by the train and off his legs by the crowd, and it was he who was nearly killed. The man who saved him had the look and gesture of a warrior. He impressed Martin very much, and half an hour later is set out down the corridor to find him and to thank him.

The battle was over now. Everyone had found a seat for there was plenty of room after all, and nearly every one had forgotten, the occasion

E. M. 福斯特的一页手稿

2

喜。福斯特总是在人们认为应该浓墨重彩的地方轻描淡写。他也总习惯用简洁的话来回答我们的问题,继而调侃一番,极为有趣,却很难模仿。

——P. N. 福尔班、F. J. H. 哈泽克,一九五三年

《巴黎评论》:首先,我能否再问一下你,为什么你没有完成《白夜》呢?

E. M. 福斯特:我在这部作品的前言里回答过这个问题了。最关键的一段是这样写的:

"……无论这些问题是否解决了,总还有另一个更重大的问题:小说的结局是什么?我已经设计好了戏剧冲突。在这冲突中,一方是文明社会的人,他渴望白夜,这样他有更多的时间来把事情做完;一方是英雄传说的人。可我还没想好结局是什么,以至于小说到现在都还是支离破碎的。我认为小说家的主要任务就是在开始写作的时候想好小说将要发生什么事情,主体事件是什么。当然他也可以在小说写到结尾之前改变他的初衷,确实小说家有可能是这样的,他甚至改变一下为好,不然小说就会变得局促而紧迫。但是故事的发展无论如何要逾越或穿过前头像一座山一样立在那儿的某个'实体'(他补充道,"在这部小说中应该是要去**穿过**。"),这样的一种感觉很有价值,而我也尽力在每部小说中都这么去写。"

《巴黎评论》:这个"实体"当中牵涉了哪些东西呢? 是不是在小说初创的概念中应当体现出剧情所有重要的环节呢?

福斯特:当然不是所有环节。但作家总要去探寻什么东西,某个主要对象。当我开始写《印度之行》的时候,我就感觉马拉巴尔山洞将要发生一些重要的事情,不过我却没想到这个山洞在小说中确立了中心地位。

《巴黎评论》:在以上两个实例中,你都不知道主人公将会遇到怎样的事

情,在这两部小说里,你都设置了对比,但为什么《印度之行》的结果和《白夜》的情况会那么不同呢?

福斯特:《白夜》的气氛没有我在《印度之行》中设计得那么凝重。让我先想想该怎么说……马拉巴尔山洞是一个可以把线索和人物聚拢在一起的地方,像一个"孔洞"〔访谈者:我们注意到他所说的"洞",都是字面意思,比方说,他在前面停下补充说,这些小说主人公必须**穿过**它们〕。山洞之类的东西是能够把所有人和线索集中起来的,它们能像孵蛋一样孕育出各种相应的事件。但是,我在《白夜》中的气场,就相对比较单薄,至多也就有点背景和色彩之类的。

《巴黎评论》:你谈到了你小说中的对比。那么你认为你无论写什么样的小说都会注重对比吗?

福斯特:让我想想……《霍华兹庄园》里面有。也许《最长的旅行》里有个更巧妙的。

《巴黎评论》:你的小说只是处理一些"两极对立",而且这两极对立的双方都是可取的,都是有用的,因此如果你觉得这两极对立显得过分极端,不和谐,无法调解,你就不写了。这么说你同意吗?

福斯特:在我的小说中,那些"对立"真实而有趣。我从不想它们在小说中有何种用途,如果我想处理的"对立"关系不可调解,我也不确信自己会不会干脆什么也不写。至少,我想我不会这么做。

《巴黎评论》:当我们开始计划写小说的时候,会不会在写作时受到未知因素的指引?

福斯特:当然会,那可非常奇妙,小说里的人物逃脱了你的驾驭。每一个作家都会遇到这个问题,恐怕我也遇到过。

《巴黎评论》:你在那些业已出版的小说里面有没有遇到什么写作手法

的问题呢?

　　福斯特:我在联系瑞奇和斯蒂芬两个人物的时候有点麻烦(《最长的旅行》中的人物,是同父异母的兄弟)。我好生摸索了一些办法,不过当他们两个人物在一起的时候,看上去还行。嗯……还有就是如何把海伦安排进入霍华兹庄园,我当时也不知道怎么办。那部分都不太自然,用了太多信件来往的手法。不过,当她踏入庄园的时候,那些问题也都不存在了。这些别墅背景的题材着实给我添了许多的麻烦。

　　《巴黎评论》:为什么这么说呢?

　　福斯特:我前面说过一些了。因为我设计的人物发生了偏离,就和接下去发生的情节有了出入。

　　《巴黎评论》:再问一个细节方面的问题。你在《印度之行》中对印度教节日长篇累牍的描写用意何在呢?

　　福斯特:(这)在小说结构上是必须的。(在小说中)我需要一个凝聚体,一座巍峨的山,或者一座印度寺庙也可以。它有其巧妙的位置,能把若干条线索聚拢起来;但是,线索也会因此越来越多,这个凝聚体总会在哪儿多出一块来。

　　《巴黎评论》:我们把小说手法方面的问题先放一放。我想问你在写作中有没有遇到过你缺乏个人经验的情况?

　　福斯特:比如说吧,在《霍华兹庄园》中,伦纳德和杰吉的家庭生活,我可是一无所知啊。我想我也是勉强写出来的。

　　《巴黎评论》:你会把多久以前的经历移植到你的叙事中去呢?

　　福斯特:说到这个,我觉得地点比时间更重要。不妨再说说《印度之行》。写这部小说的时候,我曾经一筹莫展,我想我可能无法完工了。我是从一九一二年开始写的,不久战争就爆发了;一九二一年,当我拿着手稿回到印度的时候,却发现我笔下的印度根本不是这么回事。这就好像把照片贴在一幅画上。当我身处印度的时候,我根本写不出来,直到我离开那儿之后,才能真正埋首于此。

《巴黎评论》:有的批评意见质疑你处理暴力事件的手法。你是否赞同他们的看法呢?

福斯特:我认为在《天使裹足之处》中,我很完满地解决了这一问题。在其他作品里面……我不太清楚。对马拉巴尔山洞的场景描绘很好地替代了暴力情节的铺叙。你们不喜欢这样的情节吗?

《巴黎评论》:我总是对《最长的旅行》中杰拉德的突然死亡①心有余悸。你为何做那样的处理?

福斯特:这是小说发展必然要经过的一段情节。只是处理的手法不太妥当。

《巴黎评论》:我也对《霍华兹庄园》中伦纳德·巴斯特引诱海伦的情节颇感诧异。那未免有些唐突,好像你没有跟我们读者交待清楚就让它发生了。不过也有人说它只是讽喻而非事实。

福斯特:我想你是对的,我之所以这么写只是想营造一些意外。伦纳德·巴斯特引诱海伦对于玛格丽特来说就是一个意外,因此面对读者也最好处理成一个意外情节。为了达到这个目的,我可是花了点心思的。

《巴黎评论》:有一个对你的小说来说更普遍化的问题,你的小说中是否有一些符号化的东西?莱昂内尔·特里林在他关于你的那本著作②中,极像在暗指你的作品中除了讽喻和比喻之外还存在符号化的东西。他说"莫尔

---

① 《最长的旅行》中耳熟能详的第五章,开头便是:"杰拉德在那天下午去世了。"
② 指评论家莱昂内尔·特里林的专著《E. M. 福斯特》。

太太会对阿黛拉大发雷霆,而阿黛拉的行为是一种正面的呼应,阿黛拉孩子们的行为则将是更进一步的呼应……"

福斯特:嗯,我不敢苟同。不过也许其他地方还有这样的例子? 你能跟我再举一些吗?

《巴黎评论》:比方说《霍华兹庄园》中的那棵树?(这部小说中频繁提及的一棵山榆树)

福斯特:没错,那是一个象征事物,象征着整个庄园的兴衰荣辱。

《巴黎评论》:那么在威尔科斯太太去世后她对其他人物的影响有着何等的意义呢?

福斯特:有些人物的活法和其他人不一样,他们活在别人的生命里。对于这种基于想象的影响力,我很感兴趣。

《巴黎评论》:你在这方面是否受到了塞缪尔·巴特勒的影响呢? 我指的是他的"间接不朽"(vicarious immortality)理论①。

福斯特:没有……我想我比他更富诗意。

《巴黎评论》:现在……我能问你一些即兴写作的问题吗? 你用笔记本吗?

福斯特:不,我想那玩意儿不适合我。

《巴黎评论》:那你总会写写日记,或者写写信什么的?

福斯特:那可不是一回事。

---

① 塞缪尔·巴特勒在其乌托邦小说《埃瑞璜》中类比微生物与有机体之关系提出的一种理论,认为人类个体可通过其思想的延续间接地获得生命的不朽。

《巴黎评论》：比如说，当你来到一个热闹的场面，你会不会觉得，把当时的感受写到小说里是件很棒的事儿呢？

福斯特：不，我认为这样不合适。我从不以为这些东西有什么用。我认为作为一个作家不该这样。不过，我在当时也受鼓动这么去做了。最明显的一个例子是《惊恐记》，《通往克洛纳斯之路》也是一样。对某一个地方的感觉激发我写下了《岩》这个小故事。但是这种拍脑袋的东西没有什么质量，编辑也没采用这个故事，不过我在短篇小说集的导言里还是提了一下。

《巴黎评论》：你会给小说预设一个框架吗？

福斯特：我没有那样的远见，做不到。［访谈者：我们对此颇感吃惊，因为他之前解释过的印度教节日显得很有远见］

《巴黎评论》：那小说的初步结构是以什么方式产生的呢？

福斯特：这就好比我就算记得什么人，但是和他们见面的时候，我还是认不出来。我只是记得他们说话的声音。

《巴黎评论》：你是有一个类似于瓦格纳式主导动机体系一样的方法帮助你同时表现多个主题？

福斯特：是的，从某种程度上，我十分喜欢音乐，也喜欢使用音乐的方法，不过我的方法还不能称之为"体系"。

《巴黎评论》：你是坚持每天写作还是想到了才去写呢？

福斯特：后者吧。但写作本身也会给我灵感。那是种很妙的感觉……当然啦，我从小就深受文学的熏陶。在我六岁到十岁的时候还写过不少小作品呢，比如说《穿过钥匙孔的耳环》啦，《衣橱里的混战》啦……

《巴黎评论》：说起你自己的小说，你会首先想到哪一部？

福斯特：有一半的可能是《看得见风景的房间》。我能有今天的成就，总该是因为搭了这部作品的顺风车吧。

《巴黎评论》：你尝试过写和那些已经出版的小说截然不同的作品吗？

福斯特：有段时间我想写历史小说。背景可能是在文艺复兴时期。我是看了阿纳托尔·法朗士的《苔依丝》后才下定决心去写，不过最后什么也没写成。

《巴黎评论》：你又是怎样给你小说中的人物取名字的呢？

福斯特：我一般在开始写之前找好名字，但也不都是这样。瑞奇的兄弟（斯蒂芬）就曾有过几个名字［他给我们看了一些《最长的旅行》最初的手稿，在这里面"斯蒂芬·温汉"曾经叫"希格弗莱德"；手稿中有一个章节后来被删掉了，据福斯特说这一章"极其浪漫"］。"温汉"是个乡下人的名字，所以我才找来用上。［我们又看了《印度之行》的草稿，在这里福斯特惊讶地发现女主人公开始一直是用"伊迪丝"这个名字的。之后，她又"改名"为"詹妮特"，到最后，她才变成"阿黛拉"。］"赫利顿"是我造的名字。"蒙特"是我在赫特福德郡家中第一位家庭女教师的名字。确实有一家姓霍华兹的拥有过真正的"霍华兹庄园"。《天使裹足之处》原来的题目是《蒙特里亚诺》（小说的发生地），但出版商说这样取名字，书就没销路了，于是邓特（E. J. 邓特教授）帮我取了这个名字。

《巴黎评论》：你会用多少现实生活中的人和事来塑造人物呢？

福斯特：我们作家都喜欢否认借用了真实的人物，但我们确实都是这么做的。我就把我家里的一些人化用到小说里去了。比如"巴特莱特小姐"的原型是我的姑妈艾米莉，我的家人都看过我的书，但他们都没有看出来。威利叔叔是"费尔令太太"的原型。他是个故弄玄虚而又简单的……［他纠正一下自己］故弄玄虚而又不简单的家伙。"拉维什太太"的原型是一个叫斯宾德的小姐。"赫内彻奇"有我祖母的影子。三位狄金森小姐的形象浓缩成了两位"施莱格尔小姐"。"菲利普·赫利顿"，我是拿邓特教授作为蓝本的。

他知道了以后,对这个来自于他的人物的进展饶有兴趣。我在小说中也用了几个游客的形象。

《巴黎评论》:那么你的小说中的人物都有真实人物的映照吗?

福斯特:我每一本小说的人物都不外乎我喜欢的人,我所认识的自己和惹怒我的人。这使我成为这样的一群作家的一员:他们不是真正的小说作家,而是必须在以上三个范围内尽可能写得好。我们无法观察生活的多样性,没有办法毫无主观色彩地去描绘它。但不少作家可以办到。托尔斯泰就算一个,不是吗?

《巴黎评论》:那么你能说说把一个真实的人物转化为一个小说人物的过程吗?

福斯特:有一个很有用的小诀窍:当你回想某个人的时候,可以怀有偏见,然后对他的某种特质进行完整彻底的描述。我必须要排空自己到三分之二时才开始写作。我并不总是刻意这样做,而且这种状态并不易得,因为每一个人只能成为他自己,只能品味他自己的酸甜苦辣却无法经历他人的人生。所以当"菲利普"和"吉诺"之间有麻烦的时候,追溯到邓特教授身上,抑或问那一又二分之一位狄金森小姐(海伦·施莱格尔的原型),"海伦"该如何面对她的私生子时,就破坏了小说自有的氛围和小说本身。当小说渐入佳境之时,那些原始的素材就会很快消去,一个不属于其他地方,而只属于这部小说的人物就会浮现。

《巴黎评论》:有没有一个人物表现了你自己?

福斯特:在"瑞奇"这个人物身上体现得最多了吧。"菲利普"身上也有。"塞西尔"(《看得见风景的房间》的主人公之一)也有点"菲利普"的感觉。

《巴黎评论》:当这些人物在你的笔下成型时,它们有多少你的真实生活的痕迹呢?

福斯特:有各种各样的真实成分在内吧,我好好想一想……比如说,"瑞奇","斯蒂芬"和"玛格丽特·施莱格尔",我很想和他们有一样的命运。就算他们在小说中死去也没有关系。

《巴黎评论》:我们还有一些针对你所有作品的问题。首先,你每一部小说都会有全新的尝试,那么程度又如何呢?

福斯特:程度很大,但我不知道是不是该说成是"尝试"。

《巴黎评论》:在一个作家所有的作品背后是不是有一个隐指,如亨利·詹姆斯所说的"地毯上的图案"之类的。那么,你喜欢给你的读者留一点谜吗?

福斯特:呃,这现在是另外一个问题了……我很高兴彼得·巴拉①注意到了,在《印度之行》中的印度教节日里,引发戈德堡尔教授深思的那只胡蜂,在小说前半部分已经出现过了。

《巴黎评论》:胡蜂有什么深奥的含义吗?

福斯特:我只是觉得在印度什么动物都有些神秘性。我只是把它塞进了小说当中,但之后我却发觉它在故事发展中显得不合逻辑。

《巴黎评论》:总体而言,你认为你在小说写作手法方面的才华如何?

福斯特:我们总是回到这种问题上来。人们不知道一个作家很少去想这些事情,人们并不了解一个作家的踌躇彷徨,总希望我们作家知道得越多越好。如果作家没有构思周全,略有可指摘的地方,就是连篇累牍的批判。

《巴黎评论》:你在其他一些场合说你从简·奥斯丁和普鲁斯特那儿受

---

① 彼得·巴拉是人人文库版《印度之行》的序言作者。

11

教最多。那在小说手法上,你从简·奥斯丁那儿又借鉴了什么呢?

福斯特:从她那儿我学会了如何设计家庭内的幽默。当然,我比她有野心,我想把这方法套用在其他场合。

《巴黎评论》:那么普鲁斯特那边又如何呢?

福斯特:我从他那里学来了怎样用一种意识流的方式审视人物。他给我提供了一种我能接受的、现代的写作方式,因为我自己读不好弗洛伊德和荣格的心理学;他帮我滤去了不必懂的那部分知识。

《巴黎评论》:还有什么作家在小说手法上影响过你呢? 比如说乔治·梅瑞狄斯?

福斯特:我很喜欢梅瑞狄斯,喜欢他的《利己主义者》还有其他小说中构思更好的部分,但那不是真正影响我的地方。我不知道他是否在这些地方影响我了,只是,我赶不上他的成就。我喜欢他一件事展开过渡到另一件事的意识。好比你和他走入一间屋子,然后开了门进了另一间屋子,并由那一间屋子进入更里面的一间。

《巴黎评论》:你为何要着重引用莱昂内尔·特里林"年岁越长,你越不会怀疑,艺术家应该'与时俱进'"这句话?

福斯特:我对成果本身更感兴趣,而非它是进步还是衰退了。我对作品更感兴趣而不是它的作者。批评者像家长一样,希望不断地告诉作家他是被时代抛弃了还是赶上时代潮流了,但这对我来说就是对牛弹琴。我只想把自己看成是一个生产作品的人。是不是马勒说的,"谁要是能跟随我创作九部交响乐的心路历程,谁就能真正完整地了解我"。当然这话对我来说不合适,我不能想象我会说这样的大话,这也有点儿太郑重了。其他作家会发现他们已经超越了"一个学术研究的对象"这样的级别;我很自傲,但我可不想变得这样。当然,我喜欢读我自己的作品,我一直都这样。当然,如果我觉得不怎么样的地方,我就轻轻略过了。

《巴黎评论》：(尽管如此)你还是认为你自己的作品很棒？

福斯特：毫无疑问是这样，我只是后悔我创作得不够多，小说主体和素材不够充实。我认为我和其他作家殊为不同：他们表达了太多的忧伤情绪（我不知道是不是真情流露）；我总是觉得写作是件乐事，不太明白人们所说的"创作的痛苦"。我喜欢写作，我也相信写作无论如何都是一件好事，我只是不知道它会不会一直有益处。

(原载《巴黎评论》第一期，一九五三年春季号)

弗朗索瓦丝·萨冈

◎ 朱艳亮/译

　　弗朗索瓦丝·萨冈如今住在一套属于她自己的、小巧而摩登的底楼公寓里。它位于格勒纳勒街。她在这里埋头创作如同新小说一样精彩的剧本和歌词。

　　然而,去年春天她接受采访的时候,也就是在她的《某种微笑》出版前,她还得穿越整个城市回到她父母亲位于玛尔塞布林荫大道的家里。那个优雅的街区集中了法国富裕的资产阶级。在那里,她将记者安排在舒适的客厅里,请他们坐在大理石砌的壁炉边那些细高的椅子上,并且从一个一品脱大小的瓶子里倒出苏格兰威士忌分给大家。那个瓶子,怎么说呢,毫无疑问应该是她食品柜里的私人用品。她模样羞涩,漫不经心,但相当友好。顽童似的脸上泛起皱纹,轻松地做出充满诱惑并且相当神秘的微笑。她穿了一件款式简单的黑毛衣和一件灰色衬衫。如果要说她是个爱慕虚荣的女孩,唯一的迹象也许是那双皮质细腻、做工精致的浅灰色高跟鞋。她讲话的声调细高却又安静。很明显,她不享受作为被采访对象这类角色,也不习惯被要求用正经的口吻来诠释她的作品——仿佛这种方式是对她作品天然的假设。她是诚恳而乐于助人的,然而那些夸夸其谈、精心设计、也许涉及个人隐私、甚至似乎对她的创作颇具挑衅的问题,很容易换来她简单的"是"或者"不是"。或者"我不知道","我一点也不知道"。随后,一个逗趣又令人不安的微笑。

　　　　　　　　　　　——布莱尔·费勒、罗伯特·B.希尔维,一九五六年

14

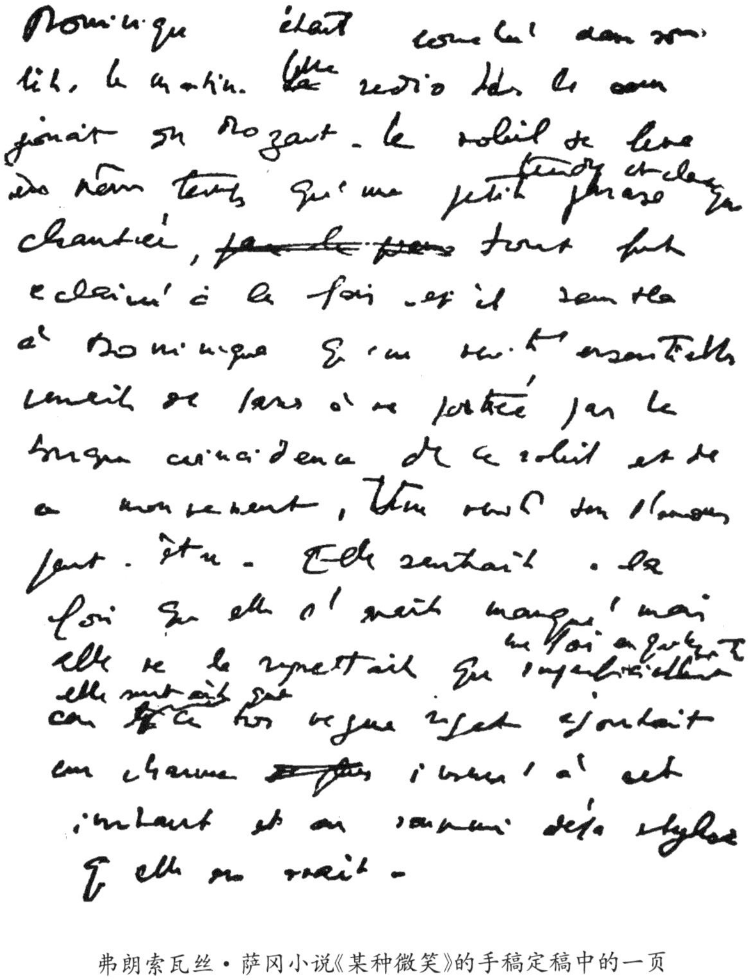

弗朗索瓦丝·萨冈小说《某种微笑》的手稿定稿中的一页

《巴黎评论》:你是怎么在十八岁的时候就开始《你好,忧愁》的写作? 你希望它能出版吗?

弗朗索瓦丝·萨冈:就是简单地动笔而已。当时我有强烈的写作欲望和自由的时间。我对自己说:"像我这个年纪的女孩子,打算投身这个事业的很罕见。我将永远不会完成它。"我当时没考虑文学以及有关文学的问题,仅仅想到我自己以及我是否有足够的意志力。

《巴黎评论》:你是否曾经把它丢在一边,然后重新开始?

萨冈:没有。我充满激情地想完成它——我从来没有如此强烈地渴望过一件事情。当我写的时候,我想过没准运气好的话它有机会出版。可当我最后写完的时候,我却为它感到绝望。我对这本书和我自己感到惊讶。

《巴黎评论》:你从很久以前就有写作的念头了吗?

萨冈:是的。我曾经读过许多故事。对我来说,不想同样也写一个才是不可思议的。与其跟着一群黑帮去智利,不如独自留在巴黎写一本小说。这在我眼中是一个更伟大的探险。①

《巴黎评论》:小说以怎样的速度进展? 故事超出了预先的构思吗?

萨冈:对于《你好,忧愁》来说,开始的时候我脑子里只有一个人物——那个女孩。在我提笔之前,没有其他东西。我不得不在写作中寻找灵感。我花了两三个月写《你好,忧愁》,每天写两三个小时。《某种微笑》却不一样。我做了不少小笔记,然后用两年时间来构思这本书。当我开始动笔的时候,仍然是一天两小时,写得非常快。当你打算严格地按照事先制定的计划写作,就会发现可以写得很快。最终,我做到了这一点。

---

① 萨冈所处的时代,智利是一个充满机遇和传奇的新大陆,吸引着大量欧洲人前去冒险。

《巴黎评论》:你在修改风格上花了很多时间吗?

萨冈:非常少。

《巴黎评论》:就是说,你这两部小说的写作时间加起来不超过五六个月?

萨冈:是的,这是个不错的营生。

《巴黎评论》:你说开始写作最重要的是要有人物?

萨冈:一个或少许几个人物。有可能的话,再加上几个小说发展到中间的情节。不过这些随着写作都会改变。就我而言,写作就是发现某一种节奏。我将它与爵士乐相比。很多时候,生活就是三个角色的节奏递进。如果一个人能告诉自己生活就是这样的,他会感觉自己不再专横。

《巴黎评论》:你是否在小说中描绘你熟悉的人?

萨冈:我曾经非常努力地尝试,然而我从来没有在我塑造的人物与我认识的人之间发现任何相似之处。我不刻意去精确地描绘人物,我试着给虚构的人物以真实性。将熟悉的人写进小说,这会烦死我。在我看来有这样两种诡计:一类前卫人士自诩能先于他人预测到未来,另一类前卫人士则为自己罩上**真实**的面具。

《巴黎评论》:那么,你认为直接来源于真实的小说是一种欺骗?

萨冈:当然。艺术必须用惊奇获得真实。它摄取那些对我们来说仅仅是一个瞬间的时刻,加上另一个瞬间,再加上另一个瞬间,最后用一个中心感受任意地将这些瞬间联合成一个独特的系列。对我而言,艺术不应该把真实当作需要特别操心的事。没有什么比那些所谓的"现实主义"小说更不真实的——它们简直是噩梦。在一部小说中达到某些情感的真实是可能的——一个角色真实的情感,别的了。

毫无疑问,对艺术的误解让我们以为伟大的文学是非常接近生活的,然而事实却恰恰相反。真实的生活是无法捉摸的,文学才是有形的。

《巴黎评论》:在生活中有一些行为是具有高度形式感的。比如说,赛马,难道骑师因为这个就不够真实了吗?

萨冈:骑师属于那些行为被强烈激情左右的人,不会给我非常真实的印象。他们常常看起来像是小说式人物,但又在小说之外。比如"飞翔的荷兰人号"①。

《巴黎评论》:当小说出版后,其中的人物是否仍然在你的思想中存在?你又是如何评价他们呢?

萨冈:小说一旦写就,我立即对里面的人物失去了兴趣。而且我从来不会对他们做道德判断。所有我想说的只是,曾经有一个人那么滑稽,快乐,或者令人讨厌。评价或者批评小说中的人物会非常地困扰我,我对这种做法毫无兴趣。对一个小说家来说,他唯一的道德是美学道德。我着手写并写完了一本书,这就是这本小说与我全部的关联。

《巴黎评论》:当你完成《你好,忧愁》的时候,它遭遇过某一位编辑的大量修改吗?

萨冈:这本书曾经得到了大量友善的建议。比如说,曾经有好几个版本的结尾,在其中一个里面,安娜没有死。不过最后具有决定性的意见是,保留最初的版本是最佳选择。

《巴黎评论》:从书评者那儿你学到了什么吗?

萨冈:如果文章令人愉快,我会读完它们的。不过我从来没有从中学到什么,但我为书评家丰富的想象力和产量而惊叹不已。他们看出的是那些我从未有过的意图。

---

① "飞翔的荷兰人号"是欧洲航海传说中一般著名的幽灵船,在十九世纪有很多关于目击该船的事件。

《巴黎评论》：现在你对《你好，忧愁》有什么感觉？

萨冈：我更喜欢《某种微笑》，因为写起来困难更多。但我觉得《你好，忧愁》很有趣，因为它让我回忆起过去生活中的某些阶段。我不愿再修改，哪怕一个字，写完的就写完了。

《巴黎评论》：为什么你认为《某种微笑》是一本更难写的书？

萨冈：在我写第二部小说的时候我不再拥有同样的王牌：没有海边阳光那种度假气氛，没有错综复杂的情节天真烂漫地推进到高潮，没有西西里玩世不恭的欢乐。另外，简单得很，说它难，因为这是我的第二部小说。

《巴黎评论》：你是否觉得从《你好，忧愁》中第一人称的叙述方法转向《某种微笑》的第三人称叙述会有些困难？

萨冈：是的，更难。有更多的局限和约束。但显然我不会比其他作家遇到的困难更多。

《巴黎评论》：哪些法国作家是你喜欢并认为重要的呢？

萨冈：哦，我不知道。司汤达和普鲁斯特肯定是的。我喜欢他们精熟的叙述技巧，在某些方面我发现自己肯定需要他们。比如，普鲁斯特之后，有些东西就不能再写了。他在天才与你的才华之间画了界线。他向你展示了处理小说人物的各种可能性。

《巴黎评论》：普鲁斯特塑造的人物特别触动你的是什么？

萨冈：可能是对于那些人物，我们知道的事情和未知的事情同样多。对我而言，这就是处于美妙意境中的文学，打个比方——本来也应该如此：一段漫长而缓慢的分析之后，我们远离有关斯万①的全部东西，他的思维，他的故事。我们没有任何欲望去打探谁是斯万，只需要知道普鲁斯特是谁就足

---

① 斯万是普鲁斯特《追寻逝去的时光》中的人物。

够了。我不知道这样说是不是清楚:我的意思是斯万完全属于普鲁斯特。也许我们可以充分想象一个普鲁斯特式的玛塞①,但我们无法想象一个巴尔扎克式的斯万。

《巴黎评论》:是否有这种可能性:小说之所以能写成,是因为作者将自己想象成一个正在创作中的小说家的角色?

萨冈:不是。是读者先预设心目中的角色,然后寻找能写出他想要的故事的作家。

《巴黎评论》:那么人们常常寻找同一个小说家?

萨冈:本质上而言是这样的。更广义地说,我认为作家总是重复写着同样的书。我引导同样的人物从一本书到另一本书。我还会继续保持着同样的念头写作。只有视角、方法、灯光在变化。如果比较粗暴地说,我觉得世界上有两种小说——仅仅多一种选择而已。一种只是简单地讲故事并用大量篇幅讲述——像本杰明·康斯坦丁的书一样,《你好,忧愁》和《某种微笑》像这种结构。然后,另一类书试着争辩和探讨书中的人物与事件——一本让人们讨论的小说。两类书的陷阱都是显而易见的:单纯的故事叙述往往与重要的问题擦肩而过。而在古典长篇小说中,离题的长篇大论会损害到小说的效果。

《巴黎评论》:你是否会写一本让人们讨论的小说?

萨冈:会的。我想要——事实上我正在计划——一个人物阵容强大的小说,将会有三个女主角,性格比多米尼克和西西里,以及那两本书中的其他角色都更散漫更有可塑性。

我喜欢写的小说,是那种可以让人物从情节需要中解放出来,从小说自身和作者中解放出来的小说。

---

① 巴尔扎克"人间喜剧"中的人物。

《巴黎评论》:在何种程度上,你认识到自己的能力有限并保持对你的雄心的审视态度?

萨冈:呃,这是一个相当令人不愉快的问题,不是吗? 我在阅读托尔斯泰、陀思妥耶夫斯基和莎士比亚时会感受到自己能力有限。我认为这是最佳回答。除此之外,我从不考虑限制自己。

《巴黎评论》:你在短期内一下子挣到了很多钱。这改变了你的生活吗? 你会像某些美国或法国的作家一样,在为钱写作和严肃写作间画出界限吗?

萨冈:小说的成功肯定多少改变了我的生活。因为我突然有了很多只要我想就可以花的钱。但就我对自己生活的定位而言,并没有多大改变。现在我有了汽车,但我仍然吃牛排。你知道,一个人的口袋里有很多钱是美妙的,但仅此而已。挣得更多或者失去金钱,这些前景永远不会影响我的写作方法——我写我的书,如果金钱能随后纷至沓来,那最好不过。

萨冈小姐因为不得不去电台工作而中断了采访。她向我们表示歉意并起身要走。这位带着些许轻蔑神情的迷人小姐,仅仅因为一本书,就赢得了大多数作家一生为之奋斗的众多读者。就这样结束了谈话,真有些难以置信。而且,当她站在客厅里对她母亲说"再见,妈妈。我上班去了,我会准时回来的",我们几乎将她想象成一个正匆匆忙忙赶去索邦大学上课的女大学生。

(原载《巴黎评论》第十四期,一九五六年秋季号)

奥尔德斯·赫胥黎[①]

◎ 姚向辉/译

在严肃小说家的行列之中,奥尔德斯·赫胥黎无疑属于最机智诙谐和胆大妄为的那一类。从二十世纪初期起,他的名字就代表了一种特别的社会讽刺文学;事实上,他让一整个时代和一种生活方式在讽刺文化中永存于世。赫胥黎的职业生涯极其高产,除了十部小说,他还创作了大量诗歌、剧本、散文、游记、传记和历史随笔。

他是维多利亚时代两个杰出家族的后代,分别从祖父托马斯·亨利·赫胥黎和外祖父的兄长马修·阿诺德那里继承了科学和文学的种子。他博采两条血脉之长,广见洽闻,有时不免让人觉得他过于占有先天之利。(他在对谈中时常自然而然地迸发出学识的火花,你丝毫找不到事先早有准备的证据;举例来说,假如你提起维多利亚时代的美食,赫胥黎就会背出爱德华王子的典型日常菜单,一顿饭接一顿饭,一道菜接一道菜,连最小的细节都说得清清楚楚。)毋庸置疑,奥尔德斯·赫胥黎不但是本世纪最博学的作家之一,在历史上恐怕也是数一数二的。

他在伊顿公学和贝利奥尔学院接受教育,尔后成为战后知识精英中的一员,他于是解剖和分析了这个社会阶层。随着二十世纪社会历史的发展变迁,他写出了《滑稽的环舞》和《旋律的配合》这两部杰出的讽刺作品,因而奠定名声。他影响深远的作品《美丽新世界》写于一九三〇年代,将讽刺文学和科学幻想融合在了最成功的一个乌托邦未来之中。一九三七年,他在

---

① 本访谈译文于 2023 年 3 月经译者最新修订。

"Attention," a voice began to call, and it was as though an
oboe had suddenly become articulate. "Attention," it repeated in the
same high, nasal monotone. "Attention."

Lying there like a corpse in the dead leaves, his hair matted,
his clothes in rags and muddy, Will Farnaby awoke with a start.
Molly had called him. Time to get up. Time to get dressed. Mustn't be
late at the office.

"Thank you, darling," he said and sat up. A sharp pain stabbed at
his right knee and there were other kinds of pain in his back,

"Attention," the voice insisted without the slightest change of
tone. Leaning on one elbow, Will looked about him and saw with bewilder-
ment, not the grey wallpaper and orange curtains of his
London bedroom, but a glade among trees and the long shadows and

"Attention. Attention."

And the voice wasn't Molly's

he now remembered with a that
wallpaper and the orange curtains,
familiar of guilt at the pit of his
bedroom that
he had been opening his eyes. And now. And now Baba had gone. The
sickening an anguish about the heart,
To the guilt in the stomach was added
constriction in the throat.

"Attention. Attention."

Was he still dreaming? Had he gone mad?
The arm that supported him began to tremble. Overcome with an annihilating
fatigue, he let himself fall back into the leaves. Through the pain
and the weakness he wondered where he was and how he
had got here. Not that it really mattered. At the moment nothing really
mattered except miserable body of his. God, how it hurt! And he

All the same, as a matter merely

奥尔德斯·赫胥黎的手稿片断

南加州定居,此后他减少了小说的创作,把更多的精力投向哲学、历史和神秘主义。尽管大众记得最清楚的是他早期的讽刺小说,但他现在还是一如既往地多产和犀利。

我们惊奇地在洛杉矶一个名为"好莱坞庄园"的城郊居住区找到了奥尔德斯·赫胥黎。他居住在一座朴素的山顶别墅里,会让你不由想到美国地产史上的都铎时代。遇到晴天,他可以隔着绵延数英里的拥挤城区,遥望辽阔的太平洋。屋子背后枯干成褐色的山坡上耸立着一个俯视地平线的庞大标牌,用二十英尺高的铝合金字母宣告好莱坞庄园的威名①。

赫胥黎先生身材高大,至少有一米九三,尽管很瘦,但双肩宽阔。岁月没有给他留下太多痕迹,他行动起来悄无声息,像是没有重量,甚至仿佛幽魂。他视力不好,但似乎可以凭借本能来去自如,而不会碰到东西。

他的言行举止都温文尔雅。你原本也许想见到一位言辞犀利的讽刺作家或说话云遮雾罩的神秘主义者,却发现他就前者而言安静和文雅到了极致,就后者而言又非常通晓事理、讲求实际。风度体现在他消瘦而阴郁的面容上:专注、深思熟虑,绝大多数时候不苟言笑。别人说话时他耐心聆听,然后字斟句酌地给出回答。

——乔治·威克斯、雷·弗雷泽,一九六〇年

《巴黎评论》:先说说你的写作习惯吧?

奥尔德斯·赫胥黎:我写作很有规律,时间总安排在上午,然后晚饭前再写一小段时间。我不属于晚上开工的那种人。晚上我更愿意读书。我每天通常写作四五个小时。我会尽量坚持往下写,直到才思枯竭。要是陷入困境,我就转而阅读,读什么并不重要,可以是小说,也可以是心理学或历史

---

① 后来拆去尾端的"land"之后,成为今天人们熟悉的"好莱坞"标记。

著作,因为这不是为了寻找思路或材料,而只是想重新启动大脑。任何一本书都能完成这个任务。

《巴黎评论》:你经常重写吗?

赫胥黎:总的来说,无论写什么,我都要重写很多次。我所有的想法都是再三思考的结果。每一页都要进行大量订正,或者随着时间推移重写数次。

《巴黎评论》:你做笔记吗,就像你小说里的某几个角色?

赫胥黎:不,我不做笔记。我偶尔会写一小段时间的日记,但我为人懒惰,大多数时候并不写。我觉得人人都该记笔记,但我真的不记。

《巴黎评论》:每次开始写新书的时候,你会先草拟章节大纲或规划整体结构吗?

赫胥黎:不,我总是着力于写好手头的章节,边写边寻找方向。刚开始写一本书的时候,我对后面会发生什么只有一个模糊的想法。我的起点仅仅是个大而化之的概念,情节会随着写作自行发展。有时候,我写了许多才发现这么写行不通,于是不得不推倒重来,这种事发生过不止一次。我喜欢打磨好一个章节,然后再开始写下一个章节。但在写完下一章之前,我不可能确定将会发生什么。情节总是一点一点地出现在我脑海里,得到这些点滴片段之后,我必须耗费极大的精神,把它们编织成前后连贯的文字。

《巴黎评论》:这个过程是快乐还是痛苦?

赫胥黎:怎么说呢?当然谈不上痛苦,但确实相当艰苦。写作非常耗费心神,有时会让我精疲力竭。然而能靠喜欢的事情来谋生,我已经觉得我很幸运了。很少有人做到这一点。

《巴黎评论》:你会使用地图、数据图或示意图来指引写作吗?

赫胥黎:不,我不会使用这种东西,但会就我所要写的题材做大量的阅读。

地理著作能帮你厘清细节。写《美丽新世界》的时候,有关英国的知识我当然熟门熟路,但我读了大量有关新墨西哥的材料,因为我从来没去过那儿。我读了史密森学会关于新墨西哥的各种报告,尽我所能地想象这个地方。直到六年后的一九三七年,为了探访弗里达·劳伦斯,我才第一次踏上那片土地。

《巴黎评论》:动手写新小说的时候,你都有些什么大而化之的概念? 比方说,开始写《美丽新世界》的时候?

赫胥黎:唔,《美丽新世界》刚开始是想戏仿 H. G. 威尔斯的《人如同神》,但逐渐脱出控制,结果与我最初的想法大相径庭。后来的主题越来越吸引我,而我也越来越偏离原先的目标。

《巴黎评论》:你最近在写什么?

赫胥黎:目前我正在写一部颇为特别的小说。有点奇幻元素,也有点像反转的《美丽新世界》,讲述一个专注于发掘人类潜能的社会。我想展示人类应该如何利用东方和西方文明的长处,因此故事设定在一个虚构的岛屿上,它位于锡兰和苏门答腊之间,印度和中国的影响力在这里相遇。主要角色里有个年轻的科学家,他与达尔文和我祖父一样,隶属于英国海军部在一八四〇年代派遣的科学考察队;他是一位苏格兰医生,就像把催眠术引入医学的詹姆斯·埃斯代尔。与《乌有乡消息》和其他乌托邦故事一样,小说里还有一位来自外部世界的侵入者,他扮演导游的角色,向读者描述这个社会。不幸的是,他同时也是伊甸园里的毒蛇,这片快乐富足的土地让他心生嫉妒。我还没有想好结局,但肯定会是失乐园,因为这才符合现实。

《巴黎评论》:一九四六年你为《美丽新世界》写的前言里,有一些评述似乎就预言了这个新的乌托邦社会。你当时已经在构思这部作品了吗?

赫胥黎:是的,概念性的点子当时已经在我的脑袋里了,后来更是占据了我的大量心神,然而还不足以成为一部小说的主线。长时间以来,我一直在思考开发人类潜能的各种方式;三年前,我决定把这些想法写成小说。我写得很慢,因为我必须想办法构造故事——承载阐释性内容的架构。我非常清楚我想表达什么,难题在于如何具象化我的想法。当然了,你可以在对话中直接写出来,然而让角色没完没了地说话,他们必定会变成透明人,更何况还会令人生厌。另外还有永恒的视角问题:谁来讲述故事,谁来负责经历? 我费尽心思打磨情节,重整已经写好的章节。现在我觉得我能清楚地看到通向结局的道路了,但这条路恐怕长得令人绝望。我甚至不确定我能不能真的走到头。

《巴黎评论》:有些作家不太愿意谈起他们正在写的作品,担心谈论会耗尽写作的热情。你会担心吗?

赫胥黎:不,我完全不介意。事实上,这么做很有好处,能让我看清楚我正在尝试做什么。我很少和别人讨论我的写作,但我不认为这会有任何坏处。点子和素材永远存在,我认为讨论并不会让它们凭空消失。

《巴黎评论》:有些作家对评论极其敏感,比方说弗吉尼亚·伍尔夫。外界的评论对你影响大吗?

赫胥黎:完全没有影响,原因很简单,我从来不读评论。我写作从来不是为了特定的人群或受众,而只是想尽我所能写出我想写的故事。我对评论不感兴趣,是因为评论的焦点是过去和已经完成的作品,而我更关注未来。举例来说,我从不重读我的早期作品。也许我该找个时间读一读了。

《巴黎评论》:你是怎么开始写作的? 还记得吗?

赫胥黎:十七岁那年我有段时间几乎失明,除了写作什么都没法做。我用打字机盲打了一部小说,然而我自己却不能读。我不知道那部小说的下落,现在我很有兴趣读一读,可惜它早就不知去向了。我的姨妈汉弗莱·沃德夫人对我来说算是文学方面的教母。我经常和她长时间讨论写作,她给了我不计其数的有益建议。她本人就是一位优秀作家,编织情节像是有条不紊地铺出碎石道路。她有个好玩的习惯:每次开始写新小说,就要读狄德罗的《拉摩的侄儿》,它扮演的角色就像扳机或水闸。后来在第一次世界大战期间和战后,我通过奥托琳·莫瑞尔夫人认识了很多作家。她喜欢邀请形形色色的人去她的乡间别墅。我在那里遇到了凯瑟琳·曼斯菲尔德、齐格弗里德·萨松、罗伯特·格雷夫斯和布鲁姆斯伯里派的所有成员。我必须由衷感谢罗杰·弗莱。听他讲述艺术史让我接受了通识教育。我在牛津开始写随笔。开始写小说之前,我已经出版了好几卷随笔集。我很幸运,在寻求出版方面没有遇到过困难。战后我离开牛津,不得不想办法谋生。我在《雅典娜神殿》杂志找到工作,可惜薪水微薄,无法赖以为生,于是就在空闲时间给康泰纳仕出版公司打工。我给《时尚》和《名利场》杂志写过稿,还有《住宅与庭院》杂志。我写过各种各样的文章,从装饰性石膏墙到波斯地毯,什么都写。不止这些。我还给《威斯敏斯特公报》写剧评。天哪,信不信由你,我连乐评都写过。我真诚地推荐你用这种新闻工作来练手。它强迫你去写世间百态,能拓展你的写作能力,教你快速掌握素材,帮你学习观察事物。不过幸运的是,这些事情我没做太久。一九二一年《克罗姆·耶娄》出版以后,我就不太需要考虑怎么谋生了。当时我已经结婚,而我们有能力在欧洲大陆生活:先是意大利,但后来法西斯分子让生活变得很不愉快,于是我们搬去法国。我们在巴黎郊外有一座小房子,我可以不受打扰地写作。我们每年都会回伦敦住一段时间,但回到伦敦我总是忙得不可开交,我基本上什么也写不出来。

《巴黎评论》:你认为从事某些职业比其他职业更加有利于创意写作吗?换个角度说,你所做的工作或者你身边的伙伴会影响你的写作吗?

赫胥黎:我不认为对于作家来说,存在什么理想的职业。作家能在几乎所有环境中写作,甚至可以完全与世隔绝。不信吗?你看巴尔扎克,为了躲避债主,他把自己锁在巴黎的一个密室里,同时写出了"人间喜剧"。还有普鲁斯特,他生活的房间用软木盖住所有墙面(不过他无疑有不少访客)。我认为最理想的职业能让你认识许许多多、形形色色的人,了解什么东西会引起他们的兴趣。说起来,这正是衰老造成的缺陷之一:你会倾向于只和比较少的人保持密切联系。

《巴黎评论》:你认为作家和其他人的区别何在?

赫胥黎:最重要的当然是一种渴望,作家想赋予他所观察到的事物以秩序,给生命找到意义;另外还有作家本人对字词的热爱和摆弄字词的欲望。这和智力无关;有些人,尽管非常聪明和见解独到,但缺少对字词的热爱或不知道该如何有效地运用字词。他们很难用言辞来表达自我。

《巴黎评论》:能谈一谈总体而言的创造力吗?

赫胥黎:当然,但谈什么呢?谈为什么儿童教育显然旨在摧毁创造的冲动吗?谈为什么无数孩童离开学校时只剩下了迟钝的感受力和封闭的心灵吗?大部分年轻人似乎在身体得上动脉硬化的四十年之前就得了精神上的同一种疾病。我问你一个问题:为什么有些人活到垂暮之年依然眼界开阔,没有成见,而有些人不到五十岁就已经头脑僵化,无法产出任何东西?这个问题牵涉生物化学和成人教育。

《巴黎评论》:有些心理学家声称创作冲动是一种神经官能症。你同意吗?

赫胥黎:不可能更不同意了。打死我也不会认为创造力有可能是神经官能症的症状。恰恰相反,患有神经官能症的艺术家想获得成功,就必须克服难以想象的巨大障碍。他能够创作,不是因为他有神经官能症,而是因为他战胜了神经官能症。

《巴黎评论》:你一向不怎么赞同弗洛伊德,对吧?

赫胥黎:弗洛伊德心理学的问题在于,它的基础纯粹是对于病态的研究。弗洛伊德没遇到过一个健康的人类,他的世界里只有患者和其他精神分析学家。另一方面,弗洛伊德心理学仅仅关注过去。其他心理学体系更关注研究对象当前的状态和未来的潜力,我认为这更具有现实意义。

《巴黎评论》：你认为创作和使用麦角酸之类的药物之间存在联系吗？

赫胥黎：我不认为你在这件事上能得到普遍性的结论。实验显示，人们对麦角酸的反应天差地别。一部分人或许能直接得到绘画或创作诗歌的美学灵感，其他人我看就未必了。对于大多数人来说，这种体验极度特别，我认为它也许间接地帮助创作。但我不认为你可以坐下来说："我想写一首超级好的诗，因此我要来点麦角酸。"我不认为这么做一定能得到你想要的结果，没人能保证你会得到什么。

《巴黎评论》：比起小说家，药物对抒情诗人的帮助会不会更大？

赫胥黎：怎么说呢，诗人无疑能因此从非常特殊的角度观察生命，这是他用其他方法无法做到的，所以有可能极大地帮助他。但是，你必须知道——这也是麦角酸体验中最与众不同的地方——在体验的过程中，你不会有兴趣去做任何实际的事情，写抒情诗也包括在内。假如你正在做爱，你难道会动边做边写的念头吗？当然不会了。在麦角酸体验的过程中，你不会对文字产生特别的兴趣，因为那种体验超越了文字，是无法用文字来描述的。因此，对正在发生之事做概念化的构思，这个想法本身似乎就很愚蠢。药效过后，我倒是觉得它或许能提供很大帮助；人们会用极为不同的方式看待周围的世界，说不定能激发灵感，写点什么东西。

《巴黎评论》：但麦角酸体验总会留下点什么吧？

赫胥黎：当然了，你永远会得到体验本身的完整记忆。你记得刚才发生了非常特别的事情。你能在一定的程度上重温这次体验，尤其是外部世界的转变。一旦领会到了其中的寓意，你就偶尔能用这种变形的方式来观察世界了——尽管程度上没那么激烈，但方向是不会错的。它确实能让你从一个全新的角度来看待世界。你会非常清楚地理解一些拥有特殊天赋的人见到的世界是什么样子。你会被领进梵高生活的那种世界，或者布莱克①

---

① 指英国诗人威廉·布莱克。

生活的那种世界。在药物的作用下,你能直接体验他们生活的这种世界,而事后你能回忆起这段经历,可以浮光掠影地重新接近那个世界;然而拥有独特天赋的人能随时进出那个世界,布莱克显然就经常这么做。

《巴黎评论》:但艺术家的才能和他们在使用药物前不会有任何区别,对吧?

赫胥黎:我想不出为什么会存在区别。有人做过试验,观察画家在药物作用下的表现,但我见到的绝大多数样本都非常无聊。在药物的作用下,他会见到浓烈得无与伦比的色彩,但要忠实地把它们还原出来就是痴心妄想。我见到的绝大多数画作只是非常无趣的表现主义作品,我认为它们根本不符合实际体验。也许有天资极高的艺术家,比方说奥迪隆·雷东,不过他眼中的世界很可能原本就是这个样子,也许只有这样的人,才能成为麦角酸体验的受益者,能把他的幻象当作原型,把经过药物变形的外部世界复制在画布上。

《巴黎评论》:今天下午,还有在你的作品《众妙之门》中,你谈的都主要是药物作用下的视觉体验和绘画。在心理领悟方面是否也存在类似的收获呢?

赫胥黎:是的,我认为存在。在药物的作用下,你的洞察力会变得非常敏锐,你不但能看穿周围的人,也能挖掘你本人的心灵。很多人因此找到了隐藏在意识深处的大量记忆。心理分析六年才能完成的过程,用药物一个钟头就能做到,而且还便宜得多!另外,这种体验能从各方各面释放你的心灵,开阔你的眼界。它能够让你看到,你习以为常的世界只是你这个因循守旧、受到制约的人的创造物罢了,外面还存在着数不胜数的其他世界。能够意识到我们大多数人消磨了绝大多数时间的这个无聊宇宙并不是唯一的宇宙,这是一桩非常有益的事情。我认为每个人都应该尝试一下这种体验。

《巴黎评论》:这样的心理领悟对小说作家能够有所帮助吗?

赫胥黎:很难说。你要明白,小说是持续努力的产物。麦角酸体验所揭示的东西超出了时间和社会秩序。想写小说,你需要一系列关于身处实际环境的人的灵感,还需要基于这些灵感做许多艰苦的工作。

《巴黎评论》:麦角酸或麦司卡林与《美丽新世界》中的唆麻有类似之处吗?

赫胥黎:没有任何类似之处。唆麻只存在于想象中,它的三个效果分别是欣快、幻觉和镇定,然而这是一个不可能成真的组合。麦司卡林是乌羽玉(peyote cactus)的活性成分,西南部的印第安人很久以前就在宗教仪式上使用这种仙人掌了。麦司卡林如今已可人工合成。麦角酸二乙基酰胺(LSD-25)这种化学物质的效果类似于麦司卡林,它面世仅有十二年,目前仅用于实验。麦司卡林和麦角酸能扭曲你对外部世界的感知,在部分案例中能诱发幻觉。很多人得到了我所描述的启迪性的正面体验,然而幻觉有可能让你上天堂,也有可能让你下地狱。除非使用者有肝损伤的问题,否则这两种药物在生理学方面不造成伤害。绝大多数人在药效过后不会产生不适感,它们也不具备成瘾性。心理学家已经发现,只要使用得当,它们有助于治疗某些类型的神经官能症。

《巴黎评论》:你是怎么跟麦司卡林和麦角酸的实验扯上关系的?

赫胥黎:我从很多年前就开始它们感兴趣了,我和汉弗莱·奥斯蒙多年来一直保持通信联系,这位年轻的英国心理学家很有才华,在加拿大工作。他开始在不同类型的人身上测试药效的时候,我有幸成为了小白鼠中的一员。前后经过我都写在《众妙之门》里了。

《巴黎评论》:回到写作的话题上来,你在《旋律的配合》中让菲利普·夸尔斯说:"我不是天生的小说家。"这也是你对自己的看法吗?

赫胥黎:我不认为我是天生的小说家,不,真的不是。举例来说,创作情节对我来说一向非常困难。有些人天生拥有了不起的叙事才能,我却完全不具备这样的天赋。我读到过斯蒂文森的一段话,他声称他所有的故事情节都是潜意识(他说那是为他效劳的"棕仙")通过梦境提供给他的,他只需要直接使用潜意识给他的素材就行了。我可从来没见过什么棕仙。我面临的最大难题永远是创造情境。

《巴黎评论》:比起创作情节,你认为创造角色更容易一些,是吗?

赫胥黎:是的,然而即便更容易,我也还是不太擅长创造角色;我没有一个极其丰富的角色库。这些事情对我来说都是难点。我认为这主要是性情上的问题。我刚好不具备那种合适的性情。

《巴黎评论》:刚才你说到"天生的小说家",你指的应该是只对写小说感兴趣的那种人吧?

赫胥黎:我认为这是同一个概念的另一个说法。天生的小说家没有其他兴趣。虚构是最吸引他的事情,占据了他全部的头脑,耗尽了他所有的时间和精力,而拥有不同类型的头脑的人会用这些时间和精力从事其他的业余活动。

《巴黎评论》:回头看你的所有小说,你最满意的是哪一部?

赫胥黎:我个人认为最成功的是《时间必须暂停》。我也说不准,但我觉得比起其他小说,这部好就好在论述元素和虚构元素结合得更加完整。也许并不是这样。也许只是我最喜欢这一部,因为我写得最顺畅。

《巴黎评论》:那么,在你看来,小说家必须处理好让论述元素和故事情节相结合的问题,对吗?

赫胥黎:怎么说呢,很多优秀的叙事者就只是在讲故事而已,我认为这是一项极其了不起的天赋。举个比较极端的例子:大仲马,无与伦比的老先生,他坐下来,从零开始写起,短短几个月就写出了六卷本的《基督山伯爵》。而我的天,《基督山伯爵》太好看了!然而他还不是最厉害的。你会发现有些人在写故事的同时还带上了隐喻性的意义(例如陀思妥耶夫斯基和鼎盛时期的托尔斯泰),我觉得那才是真正最了不起的。重读托尔斯泰的某些短篇总会让我瞠目结舌,比方说《伊万·伊里奇之死》。多么令人震撼!还有陀思妥耶夫斯基的短篇,例如《地下室手记》。

《巴黎评论》:哪些小说家给你留下了特别深刻的印象?

赫胥黎:这个问题太难回答了。我读过很多喜欢的单篇作品,从中汲取养分,受到它们的刺激……还在念大学的时候,我读了很多法国小说。有一位小说家我特别喜欢,但他现在已经有些过时了:阿纳托尔·法朗士。我有四十年没读过他的作品了,不知道他后来情况如何。记得我在一九一五年读到普鲁斯特[《追忆似水年华》]的第一卷,当时它给我留下了极深的印象。(最近又重读过,奇怪的是,这次我感到很失望。)当时我还读过纪德。

《巴黎评论》:你早期的几部小说,特别是《旋律的配合》,似乎受到了普鲁斯特和纪德的影响。是这样吗?

赫胥黎:我觉得我的部分早期作品确实隐约有普鲁斯特的影子。我想我再也不会像在《加沙的盲人》里那样处理时间和回忆过去,为了表现过去对现在的压力而前后切换时间了。

《巴黎评论》:另外,你早期和纪德一样,也在小说中尝试过使用音乐手法。

赫胥黎:音乐的了不起之处在于,有些事情,文字要连篇累牍才能做到或者甚至完全做不到,音乐却轻而易举就能迅速做到。尝试以音乐性的手法写作注定徒劳无功,但我还是用几篇短文试了试手,例如《主题与变奏》。我还在几个短篇小说中使用了相当于变奏法的说法,我取出角色身上的某些特征,作为几个人物处理,以严肃的手法对待这一个,以滑稽的手法在某种戏仿中对待另一个。

《巴黎评论》:你对乔伊斯有什么看法?

赫胥黎:没什么看法。我一直不怎么喜欢《尤利西斯》。我认为这是一部非常特别的作品,但它很大一部分内容冗长而乏味,而小说恰恰不该是这个样子,你说呢? 他先向你展示小说最不该写成什么样子,然后再向你展示应该写成什么样子。

《巴黎评论》:你对弗吉尼亚·伍尔夫的小说怎么看?

赫胥黎:她的作品非常奇特。写得非常美,对吧? 但你在阅读时得到的感觉极其怪异。她看得异常透彻,但视线似乎总是隔着一层平板玻璃;她永远不直接触碰任何东西。她的小说是非直觉的,让我感到非常困惑。

《巴黎评论》:亨利·詹姆斯呢? 托马斯·曼呢?

赫胥黎:我对詹姆斯没有任何感觉。我觉得曼有点沉闷,但他无疑是一位值得赞赏的小说家。说起来,我曾经每年夏天都去《马里奥和魔术师》里描述的那个地方,然而我没能从曼的作品里得到过任何场所感。我很熟悉那个地方:雪丽戏水的沙滩,上方是盛产大理石的卡拉拉山脉。那地方当时真是美极了。现在嘛,不必说,已经变得和科尼岛一样了,几百万游客纷至沓来。

《巴黎评论》:说到场所,你认为你从英国迁居美国对你的写作有什么影响吗?

赫胥黎:不清楚——我不认为有影响。我从来不觉得住在哪儿对我来说特别重要。

《巴黎评论》:那么,你不认为社会风尚对小说有很大的影响了?

赫胥黎:怎么说呢,什么是小说? 很多人谈论起小说和作家像是能一概而论似的。作家这个群体包括了许多形形色色的成员,而小说这个物种下面有无穷无尽的分支。有些类型的小说无疑需要确定的地理位置。特罗洛普离开了他写作的地方就不可能写出作品来了。他不可能学习拜伦和雪莱跑到意大利去。他需要的是英国中产阶级生活。但再看看劳伦斯。他刚开始写作的时候,你还可以说他必须留在英格兰中部地区的煤矿附近。但后来,他可以在任何地方写作。

《巴黎评论》:说到劳伦斯,三十年已经过去了,你能说说你对劳伦斯这位小说家和劳伦斯这个人的看法吗?

赫胥黎:我时常重读他的一些作品。他太厉害了!特别是短篇小说。前几天我还读了几段《恋爱中的女人》,依然觉得他写得很好。劳伦斯笔下的大自然异常真实,真实得栩栩如生,让我赞叹不已。不过,有时候你会不太明白他到底想说什么。比方说,在《羽蛇》里,前一页他还在称颂墨西哥印第安人黑暗而血腥的生活,下一页却谴责起了懒惰的土著,就好像他是一个吉卜林时代的英国上校。这本书充满了矛盾。我很喜欢劳伦斯这个人。他生命的最后那四年里,我和他很熟。我是在第一次世界大战期间认识他的,不过尽管当时和他见过许多次,但一直到一九二六年,我们才熟悉起来。他让我感到不安。你明白的,他确实能让人感到不安。对于一名接受传统教育的中产阶级子弟来说,他不是个容易理解的人。但后来跟他熟悉以后,我就喜欢上了他。我的第一任妻子和他关系很好,很理解他,他们相处得非常不错。那四年里我们经常和劳伦斯一家见面;他们来巴黎时住在我们家,去瑞士时也和我们待在一起,我们还去佛罗伦萨附近的米伦达公馆拜访过他们。我妻子用打字机帮他整理了《查泰莱夫人的情人》的手稿,不过她打字水平很差,对英语拼写缺乏耐心——你知道的,她是比利时人——而且也不总是能欣赏所打内容的微妙之处。听见她开始在说话时使用某个四字母单词,劳伦斯震惊得无以复加。

《巴黎评论》:劳伦斯为什么总是搬家?

赫胥黎:他之所以常常搬家,原因之一是他和其他人的关系永远会变得非常复杂,迫使他不得不离开。他这个人爱得深,恨得也深;他会在同一个时间对同一个人既爱又恨。另外，与许多结核病患者一样，他坚信气候对他有着巨大的影响：不仅仅是温度，还有风向和各种各样的大气条件。他创造出了一整套关于气候的神话。他最后那几年很想回归新墨西哥。他曾经在陶斯的牧场度过了一段非常快乐的时光。可惜他已经太虚弱了，无法完成旅程。从医学的所有角度来说，他都应该已经死了，完全靠某种与肉体无关的精神因素勉强支撑。他到生命尽头还在坚持写作……他在旺斯去世时，我们陪在他身边……事实上，他就死在我第一任妻子的怀里。他过世后，他的妻子弗里达非常无助，不知道一个人该怎么生活。她的身体非常健康，然而在实际生活中完全依赖劳伦斯。举例来说，劳伦斯逝世后，她回到伦敦处理他的后事，住进了一家极其糟糕的旧旅馆，仅仅因为她曾经和劳伦斯住过那里，换了别的地方觉得都不安全。

《巴黎评论》：你的小说中有一些角色似乎源自你认识的人，比方说劳伦斯、诺曼·道格拉斯和米德尔顿·莫里。是这样吗？你是怎么把真实人物转换成虚构角色的呢？

赫胥黎：我努力想象我认识的人遇到特定的情况会有什么反应。没错，我的角色部分源自我认识的人，这是谁也逃不掉的事情，但虚构角色永远是过度简单化的，他们远不如你认识的人复杂。我的好几个角色身上都有莫里的影子，但我可不敢说我把莫里放进了哪本书里。你能在《克罗姆·耶娄》里的老斯科甘身上看到诺曼·道格拉斯。二十年代我在佛罗伦萨和道格拉斯很熟。他非常聪明，受过很好的教育，但蓄意把自己限制在只谈吃喝玩乐的程度上。交往一段时间之后，你就会觉得他很无聊了。有没有看过他自己出版的色情打油诗集？可怜的家伙，他只能靠这种东西挣钱。那本书无趣之至。后来我再也没见过他。

《巴黎评论》：《旋律的配合》里的马克·兰皮恩和玛丽·兰皮恩代表着劳伦斯和弗里达，对吧？你甚至在很多细节上都照搬了劳伦斯夫妇的生活经历。

赫胥黎:是的,应该是的,但这个角色身上只有劳伦斯的很小一部分。认识劳伦斯的人都认为必须要写一写他,你不觉得很了不起吗?我的天,拜伦以后就数他得到了最多作者的青睐。

《巴黎评论》:你是怎么给角色起名的?像西默农那样拿起电话黄页随便挑一个?还是说你的角色名字别有深意?《天鹅在许多夏日之后死去》里有几个角色的名字很怪,有什么特别的意思吗?

赫胥黎:对,名字非常重要。真实生活中经常会见到最难以想象的名字,因此你必须小心起名才行。《许多夏日之后》里有几个名字我能提供解释。比方说弗吉尼亚·曼西普尔,姓氏来自乔叟的伙食经理。伙食经理是什么?差不多就是为你安排食宿的人。电影小明星会选择这种名字,希望能显得独一无二,只为她一个人所用。名字之所以叫弗吉尼亚,是因为她在杰里米眼中非常纯洁,而事实显然并非如此;另外也因为她虔信圣母①。西格蒙德·奥比斯波医生:名字显然指的是弗洛伊德,奥比斯波来自加利福尼亚的圣路易斯奥比斯波,为的是地方色彩,也因为听起来很好笑。杰里米·波达奇,这个名字就有故事了。我在牛津念大学的时候,沃尔特·罗利教授(他是个伟大的老师)让我就天主教阴谋有关的文学作品写研究小论文。德莱顿统称为"瘸腿的米非波设②"的作家中有一位叫波达奇。我在大学图书馆读到他的诗歌,糟糕得令人难以置信。但这个名字很抢眼。选择杰里米是为了读音,再添上波达奇这个有老处女气质的姓氏,就成了杰里米·波达奇。普罗普特来自拉丁文的"由于",因为他很有智慧,非常关心终极原因的问题。选择它还有另外一个理由,因为它在爱德华·李尔的诗《家叔亚利生平二三事》里出现过。这首诗是这样的:他效仿古代的米堤亚人和波斯人,永远自食其力/他依靠那些山峦生活;有时也靠教孩童认字/有时也靠仅仅大喊大叫,有时还靠卖"普罗普特的尼哥底母药丸"。皮特·布恩没有特

① 弗吉尼亚原文为 Virginia,有"纯洁"的含义,也与圣母(the Virgin)相近。
② Mephibosheth,《圣经》人物,扫罗之孙,身体孱弱且生来瘸腿。

别的意思,只是个适合角色的普通美国名字。乔·斯托伊特也一样,意思和读音相同。

《巴黎评论》:近几年你似乎不再写讽刺文学了。你现在怎么看讽刺文学?

赫胥黎:是啊,我想我在这个方面发生了改变。但我打心底里喜欢讽刺文学。我们需要这东西。要我说,对待事物过于严肃的人比比皆是。人们对待事物过于认真了。而我却更喜欢用大头钉扎主教的屁股。这在我眼中是最有益身心的行为。

《巴黎评论》:你年轻时很喜欢斯威夫特,对吗?

赫胥黎:啊哈,对,我非常喜欢斯威夫特。还有另外一本书,一本好玩到了极点的书,是直到今天仍旧好玩的少数几本古书之一:《蒙昧者来信》①。我相信斯威夫特肯定读过这本书,太符合他的套路了。大体而言,十八世纪让我受益良多:休谟、劳②、克雷比永、狄德罗、菲尔丁、蒲柏,不过我这人比较老派,认为浪漫派诗人比蒲柏写得好。

《巴黎评论》:你多年前就在随笔《悲剧和完全的真相》里赞颂过菲尔丁。你现在还认为小说比悲剧更能体现生活吗?

赫胥黎:是的,我仍旧认为悲剧不一定是最高的艺术形式。最高的艺术形式也许尚未出现。我能构想出某种更具包容性而同样伟大的艺术形式,这种形式在莎士比亚的戏剧里隐约有所勾勒。我认为悲剧和喜剧的元素可以通过某种方式变得水乳交融。我不知道该怎么做到,所以你别问我该怎么做。如果今天能再诞生一位莎士比亚——我衷心希望如此——也许我们就能看到了。就像我在那篇随笔里说的,荷马在一定程度上融合了这两种

---

① 拉丁文原名:*Epistolae obscurorum virorum*。或译《愚人书简》,是由十六世纪德国人文主义者撰写的一部书信体讽刺作品。
② 应指十八世纪英国神学家、作家威廉·劳(William Law, 1686—1761),国内或译"劳威廉"。

元素,可还是失之简单。不过话虽这么说,但天哪,荷马真是太厉害了。拥有这项特质的还有另外一位伟大作家:乔叟。明白吗?乔叟从无到有地造出了一整套心理学,真是伟大的成就。英语文学的一桩大不幸就是乔叟写作的时代尚无法理解他的语言。如果他生在两三百年之后,我想英语文学的整个进程就会面目全非了。我们恐怕不会见到那种柏拉图式的狂热:完全割裂心灵与肉体、精神与物质。

《巴黎评论》:那么,尽管你近年来小说写得比较少了,但还是和从前一样看重小说这门艺术,对吗?

赫胥黎:噢,不,不,不对。我认为,小说、传记和历史都是形式而已。比起抽象的术语,用具体的角色和场景——无论是虚构的还是真实的——阐述一般性的抽象观念无疑能表达更多的东西。本人著作里我最喜欢的几本都是历史和传记:《黑幕》《伦敦恶魔》和曼恩·德·比朗的传记,也就是《哲学家变奏曲》。它们都是在用特定的人物生活和事件讨论我认为重要的一般观念。我必须要说,我认为每一种哲学都应该采用这种形式书写,肯定会更加深刻,更能启发读者。写得抽象,堆砌大而无当的词语,不赋予其太多内涵,那可太容易了。但是,假如你必须在特定的语境中,在一组特定的环境下阐述观念,尽管在某些方面你会受到限制,但这无疑也在诱使你走得更深更远。我认为,小说——就像我刚才说的——历史和传记都极其重要,不仅因为它们提供了当前和过去的生活写照,更因为它们是表达一般性哲学观念、宗教观念和社会观念的载体。天哪,陀思妥耶夫斯基比克尔恺郭尔要深刻六倍,因为他写小说。在克尔恺郭尔的著作里,你只能看到他没完没了地唠叨"抽象的人",还有柯勒律治,和他一个样。唉,比起真正深刻的用具体形式赋予深刻观念以生命的"小说人物",这怎么可能相提并论呢?在小说里,你能调和绝对与相对,换言之,用特殊范例阐述一般性观念。对我来说,无论是在生活还是在艺术中,这一点都让我感到兴奋。

(原载《巴黎评论》第二十三期,一九六〇年春季号)

哈罗德·品特

◎ 李亦男/译

哈罗德·品特最近搬进了一幢新古典主义建筑大师约翰·纳什一八二〇年设计的五层楼房，正对着伦敦的摄政公园。他把办公室设在顶层。从顶楼往外看，面前是一片鸭池，一片狭长的树木成荫的绿地。他的书桌就面朝着这片风景。这是一九六六年十月的下旬。在我对他进行访谈的时候，黄色的树叶、雾蒙蒙的伦敦的太阳总是让他分神。他思考着，当他开始回答的时候，用了一种经过剧院训练的深沉嗓音，让人十分惊讶。这是他身上最让人注意的地方。说话的时候，他对什么都过度地强调，仿佛完全不可能对一件东西做一个最终的定义。人们会留下这样的印象——他就像他剧中的人物一样——这是一个沉陷在自己思绪中的人，因而将之粗暴地付诸言语是痛苦的必然。

访谈发生的时候，他并没在写什么作品。我问他为什么闲着（很多问题是不经意提到这一点的），这问题让他非常不舒服。他自己的作品或许是他神秘的惊诧、欢喜、愤怒的来源。回顾他自己的作品时，他经常发现自己没有注意到的、或者已经忘记的种种可能性和模糊性。他给人的感觉是：他要是拔了电话线，再把宽大的窗户用黑窗帘遮上，就会高兴得多。虽然他坚持说："人总是觉得自己非常无聊。"这和环境、和人必须干的事情没有关系。

他写第一个剧本是在一九五七年。当时他无家可归，做着演员的工作，不停地巡回演出，在一家剧团演保留剧目。他出演各种各样的角色，经常会跑到偏远的海边度假胜地和一些外省城市。他的妻子——女演员薇薇安·莫陈特和他一起巡演。一九五八年，她怀孕了，于是他们必须安定下来。他

2.

I'll chop your spine off

F. - ~~I'll knock your nut off, nippy Jim. My word of honour.~~
~~I'll have you for catsmeat.~~ you talk to me like that, son.
Talking to your filthy louzy father like that.
3. - You know what, youre getting demented.
p.
What do you think of Second Wind in the fourth race ?
F. - Second Wind ? What race ?
3. - The fourth.
F. - Dont stand a chance.
3. - Sure he does.
F. - Not a chance.
3. - Thats all you know.

F. - He talks to me about horses.

3. - ~~I'll tell you one thing, its about time you learned to cook.~~
F. - ~~Yes ?~~
3. - ~~Thinkxwhxixfinxmyingx~~ I want to ~~ask~~ you something. That
dinner we had before, whats the name of it ? Wjat do you
call it ?
p.
Why dont you buy a dog ? Youre a dog cook. Honest. You
think youre cooking for a lot of dogs.
F. - If you dont like it get out.
3. - I am going out. I'm going out to buy myself a proper
dinner.

Suffocate F. - ~~Go!~~ Leave me alone.
3. - Yes, but I'm not going until I decide the exact moment I
want to go, you see. ~~You dont tell me to do anything, Dad.~~
I go when I like, I come back when I like. ~~You wouldnt be
here only because of me. Whose money keeps you here ?
If it wasnt for me and Joey xxxxbxxixxbxxxxxbxxxxxxxxx
you know where youd be ?~~ Who gives you the monet to do the
~~cooking !~~ Get it ? you dont even come into it.
F. - Its my house. you stink.
3. - Dont make me laugh. You're dead if I say so.
F. - ~~xxxxYxxxYxxxxxxxxxxxxxxxxxxxxxxxx~~ ...
3. - ~~xxxxxxxxxxxxxxxxxxxxxxxxxxxxxxx~~ F. Get burnt. ~~Burn.~~ *Burn?*
gets up.
Here, Daddy, you going to use your stick on me ? Dont use
your stick on me, Daddy. I havent done nothing wrong.
Dont clout me with that stick Dad.

F. I know what you do every night.
I know all about stinking
filthy tykes.
silence. 3. wraps his paper, puts it in
his pocket. ~~Door. Joey comes in. Uncle Sam.~~
~~xxxxxxxxxxxxxxxxxxxxxxxxxxxxxxxxxxxxxxxxx~~
Eh, Dad, I forgot. One thing. Been meaning to ask you.
That night ... that night you .. got me .. with mum ...
what was it like ? When I was just a glint in your naughty
old eye. ~~you had me in mind, did you ?~~
F. - ~~Cut yourself to pieces.~~ Stuff your face into glass ~~xxxxx~~
~~Into broken glass.~~

F - Drownin your own *Shove it into a plate*
bastard blood. *of glass.*

is that it a fact that you had me in mind,
or is it a fact that I was the last thing
you had in mind.

哈罗德·品特剧本《回家》手稿中的一页

42

们在伦敦破旧的诺丁山门区找了一间地下室。品特先生做了这幢房屋的管理员,为的是用工作抵房租。儿子出生了。他们借了足够的钱,搬到不那么破败的一个区,在基斯威克区,但是两个人都必须重新做全职演员才行。品特的第一个全长剧本《生日晚会》一九五八年上演,全线失败。一九六〇年,《看门人》上演了。品特挣了足够的钱,搬到了中产阶级街区邱园。这之后,他觉得以写作为生是可能的事。品特举家搬到了南海岸的海滨小镇沃辛一幢曲面别墅。如果去伦敦要开车两小时。他得经常去伦敦,所以又搬家了,在肯辛顿区租了一个单元房。后来品特写电影剧本,赚钱不少,买下了一所摄政公园地区的房子。房子没装修完,但是宽敞舒适,很有吸引力。品特的办公室也是一样,有一间分开的房间在附近,给秘书住,还有一个小酒吧间,也在附近,他成天喝啤酒和烈酒,不管工作还是不工作。书架排满了房间的一半,一张紫色躺椅,朝着一个小花园。墙上挂着一系列菲利克斯·托波尔斯基画的伦敦剧场情景的组画,一张蒙得维的亚演出《看门人》的招贴画;一张他的《生日晚会》第一次在西区演出的小财务表:上演一星期,惨败,只挣了两百六十镑。一幅毕加索的画;他去年春天被授予不列颠帝国勋章时的演讲稿。"甲壳虫乐队之后的那年。"他强调说。

——劳伦斯·M. 本斯基,一九六六年

《巴黎评论》:你是什么时候开始写剧本的?为什么要开始写剧本?

哈罗德·品特:我的第一个剧本是《房间》,是我二十七岁那年写的。我一个叫亨利·沃尔夫的朋友是布里斯托大学戏剧系的学生。在那个时候,这是全国唯一的一个戏剧系。他找到了一个机会,要导演一出戏。他是我交情最深的老朋友,知道我在写作,知道我有一个戏的构思,虽然我还什么都没写。那时候,我在一家保留剧目轮演剧团当演员,他跟我说:剧本他必须下周就拿到,才能赶上时间。我说这太荒谬了;也许他半年后才能拿到剧

43

本。然后呢，我四天就写完了。

《巴黎评论》：写作对你来说总是很容易吗？

品特：这个嘛，我写作很多年了，写了几百首诗、短篇小说和短散文。差不多有十几篇东西发表在小杂志上。我也写了一部长篇小说；写得不太好，出版不了，真的，一直写不好。我写了《房间》，还没上演几个星期，我就马上开始写《生日晚会》了。

《巴黎评论》：为什么这么快呢？

品特：让我开动起来的正是剧本写作的过程。那之后，我去看了《房间》。那是一次很特别的经历。因为我以前从来没有写过剧本，当然也没有看自己写的任何一个戏上演过，观众席上从来没有一个观众。看过我写的东西的，只有我的几个朋友和我的妻子。坐在观众堆里，我一直都非常想撒尿，戏结束的时候我冲了出去，在自行车棚里尿了。

《巴黎评论》：和观众接触对你来说还产生了什么效果？

品特：大学观众的回应给了我很大的鼓励，不管他们的回应是什么样的。我那时也写了《生日晚会》，我是知道的。虽然我已经看了好几个戏，但我看了戏最初上演的那几晚，觉得都没有这次好。那是一次震撼神经的经历。不是这个戏好坏的问题。也不是观众反应的问题，而是**我**的反应。我对观众有相当的敌意——我不太在乎观众来了多少。谁都知道：观众是很不一样的；要是太关注观众，那就错了。应该关心的，只是演出是否传达了我一开始写这个戏时想要表达的东西。而那次演出有时候是做到了这一点的。

《巴黎评论》：你觉得，如果没有布里斯托的朋友给你的鼓动，你也会开始写剧本吗？

品特：会的，我觉得我那时正打算写《房间》。而因为有那个情况，我不过是把这个剧本早一些写出来罢了。我那个朋友只是起了触发作用。

《生日晚会》在我脑海里已经构思很久了。是我以前一次巡演中很特别的经历从沟壑深处给了我灵感。实际上,有一天,一个朋友把我一九五几年给他写的一封信还给了我。克里斯知道这信是什么时候写的。信里是这么说的:"我有一条肮脏的、疯狂的深壑,一个女人凸起的大骨头,她的乳房在肚子上滚动,一个淫秽的家,猫、狗、肮脏,滤茶器,乱七八糟,哦,还有阉牛,谈话、瞎胡扯、划痕、大粪、毒药、幼稚、凸形花纹有缺陷的秩序,操他妈的滚来滚去。"这就是《生日晚会》里那些东西——我就在那沟壑里,这个女人就是剧中的麦格,还有一个家伙待在伊斯特本,在海滩上。整个这些东西都在我脑海里,三年之后,我写了这个戏。

《巴黎评论》:为什么剧本里没有人代表你自己呢?

品特:关于自己,我那时没什么可说的,现在也没有什么可说的,没什么可直接说的。我不知道从什么地方说起。特别是因为我经常看着镜子里的自己说:"这他妈到底是谁啊?"

《巴黎评论》:那你不觉得在舞台上有个人代表你,或许能帮助你找到答案吗?

品特:不会。

《巴黎评论》:你的剧本不会有些是从你自己经历的情境中来的吗?《看门人》,比方说。

品特:我曾经遇到过几个——好几个流浪汉——你知道,只是在事件发生的正常过程里,我觉得有特别的一个……我不太熟悉他。我见他时总是他在说话。我几次撞见他,之后大约一年,他触发了这个戏的写作。

《巴黎评论》:你曾经想过在《房间》里扮演一个角色吗?

品特:没有,没有——表演根本就是另一种完全不同的行为。虽然一九五七年我写了《房间》《生日晚会》《送菜升降机》,也一直在一个剧团里做演员,什么都干,从伯恩茅斯、托基、伯明翰到处旅行。我在一次什么笑剧巡演的过程中写完了《生日晚会》,我记不得那个笑剧的名字了。

《巴黎评论》:作为演员,你对你剧中的角色应该怎么演有什么强烈的意见吗?

品特:我经常有很强的意识,觉得一个角色应该怎么演。可是往往——同样经常——证明我自己是错的。

《巴黎评论》:你在笔下的每一个角色中,都能看得到自己的影子吗? 你自己的表演经历对你写剧本有帮助吗?

品特:我写作的时候,总是大声给自己朗读出来。但我不会自己进入每个角色——大部分角色我自己都是不能扮演的。我的表演经历也并不因为这些局限而妨碍我的写作。比如,我经常会这么想——我想写一个完全关于女人的戏。

《巴黎评论》:你夫人薇薇安·莫陈特经常在你的戏里出现。你会专门为她创作角色吗?

品特:没有。我从没为任何一个演员写过角色,为我的妻子也没有。我只觉得她是一个很好的演员,也是合作起来很有意思的一个演员,我想在排戏的时候用她。

《巴黎评论》:你开始写剧本时,表演是你的职业吗?

品特:哦,对,这是我那时唯一的工作。我没上过大学。我十六岁就离开学校了——我受够了学校,很躁动不安。学校里,我唯一感兴趣的东西是英语文学,但是我没念过拉丁文,所以不能上大学。我上过几个戏剧学校,也没有用功读书;我那时候总是谈恋爱,牵扯了很多精力。

《巴黎评论》:戏剧学校对你做剧作家有用吗?

品特:根本没有。这只是生计问题。

《巴黎评论》:你小时候去看过戏吗?

品特:没有,很少。我唯一喜欢看的一个人是多纳德·沃尔菲特,他那时是一家莎士比亚剧团的演员。我非常崇拜他;迄今为止,他演的李尔都是我看过的最好的。然后我就自己看书,看了好几年,很多现代文学,大多是小说。

《巴黎评论》:没有看过剧作家吗——布莱希特、皮兰德娄……?

品特:哦,当然没有,很多年都没有看过。我很早就开始读海明威、陀思妥耶夫斯基、乔伊斯和亨利·米勒,还有卡夫卡。我也读过贝克特的小说,但是我从来没听说过尤奈斯库,直到我写最初那几个戏的时候才听说了他。

《巴黎评论》:你觉得这些作家对你写作有影响吗?

品特:我读过的每个作家对我的个人都有影响——我一直都在看书,但是,没有一个作家对我的写作有特别的影响。贝克特和卡夫卡给我留下了最长时间的印象——我觉得,贝克特是还健在的最好的散文体作家。我的世界仍旧和其他作家联系在一起——他们是我的世界中最好的东西。

《巴黎评论》:你觉得音乐对你写作有影响吗?

品特:我不知道音乐是怎么影响我的写作的;但是,音乐对我一直都很重要,爵士乐、古典音乐。我写作时,一直感到一种乐感,这和受到音乐影响还是不一样的。布莱兹和韦伯恩①是现在我听得很多的作曲家。

《巴黎评论》:为剧场写作的局限会让你觉得不耐烦吗?

品特:没有。这很不一样;对我来说,为剧场写作是最为困难的,是最赤

---

① 皮埃尔·布莱兹(1925—2016),法国作曲家,指挥家;安东·韦伯恩(1883—1945),奥地利作曲家、指挥家。

裸裸的,你完全给限制住了。我也写过电影作品,但是不知为什么,我觉得写电影剧本只要有个新颖的想法就很容易自我满足。我给电视写的《茶会》,本来是个电影,电影剧本,我就是这么写的。电视和电影比戏剧要容易——如果你对一个场景不满意,你就删掉它,接下来另写一个场景就是了(我夸大其词了,当然)。舞台是很不一样的,就是说你老是在那儿,陷在那里——你的角色就在舞台上,你必须跟他们一起生活,学会对付他们。我不是一个很有创新性的作家。其他剧作家会运用一些技法——你看看布莱希特!我不能像他一样运用舞台,我就是缺乏那种想象力,所以我觉得自己就陷在这些角色之中,他们或坐或立,他们要么正要走出门,要么正走进门,这差不多就是他们能做的一切。

《巴黎评论》:还可以说话。

品特:或者保持沉默。

《巴黎评论》:在《房间》之后,几个戏的排演对你的写作有什么影响?

品特:《生日晚会》在伦敦利瑞克·汉默史密斯剧院上演。这个戏先是在牛津和剑桥有个小型巡演,很成功。演到伦敦的时候,却完全被批评界给屠杀了——完全地宰杀。我一直不知道为什么,我也不太有兴趣知道为什么。这个戏演了一个星期。我把票房收入做了个框挂起来了:二百六十镑,包括第一个晚上的一百四十镑,星期四白天演出的二镑九先令——只去了六个人。我那时候刚开始为专业的剧场写作,就碰到了这种事,对我来说非常震惊。但是,我继续写作——BBC帮了我很大忙。我拿着他们给的定金,写了《微痛》。一九六〇年写了《送菜升降机》,上演了,然后是《看门人》。我唯一真正糟糕的经历是《生日晚会》;我磕得头破血流——不是说我现在就满怀希望,充满信心,但还是比较……不管怎么说,类似舞台设计这样的东西我都不知道怎么处理,我也不知道怎么跟导演打交道。

《巴黎评论》：这些挫折对你有什么影响？这和批评你的表演不好——以前你当然也受过这样的批评——有什么区别？

品特：这对我是个很大的打击。我整整四十八小时都灰心丧气。其实，后来是我妻子对我这么说的，"你以前也遇到过比这个还要糟糕的情况"，等等。毫无疑问，是她的常识、她实际的帮助让我摆脱了沮丧。我那之后再也没感到过类似的情绪。

《巴黎评论》：你导演过自己的几个戏。你还会这么做吗？

品特：不会，我觉得这是个错误。我写作，也打工，工作换来换去，看看下面会怎么样。人总是想获取……没错。但是很少得到。我觉得，作为一个作者深深卷入一个戏，我是更有用的；作为一个导演，我觉得我会倾向于禁止演员做这做那，因为不管我多么客观地看待文本，试着不去坚持说这是我的意思，我还是觉得这是太重的责任，演员承担不了的。

《巴黎评论》：有没有过这样的情况：因为你是一个演员，你剧中的演员就走过来要你改词，或者改他们角色的什么方面？

品特：有时候有，很少。我们在一起工作时会改词的。我根本不相信所谓创作型演员的无政府主义剧场——我的演员可以在别人的戏里这么做。但是，这根本不能影响他们在我戏里的表演能力。

《巴黎评论》：你的哪个戏是你第一次做的导演？

品特：我和彼得·霍尔一起导演了《收集证据》。然后我导演了《情人》和《侏儒》在艺术剧院一起上演。《情人》希望不大，因为它是我的决定，每个人都后悔——除了我——排演《侏儒》，这显然是最难对付，最不可能的一部作品。显然一百个人里有九十九个都觉得这是浪费时间，观众特别不喜欢。

《巴黎评论》：它似乎是你写得最密的一个戏，所谓"密"的意思是：话语很多，动作很少。这代表了你的一种实验吗？

品特: 不是。事实是,《侏儒》是我一部没有出版的小说改的,是很久以前写的。我从里面取了很大一部分内容,特别是角色的精神状态。

《巴黎评论》: 所以这种写作方式你不会再重复了?

品特: 不会。我应该加一句,即使它像你说的:很密,它也是很有价值的,我对它是很有兴趣的。从我的视角看,剧中大量的胡言乱语、意识状态、反应、关系——虽然特别稀少——对我而言都非常清楚。所有没说出的东西我都很清楚。包括角色实际上的互看方式,他们的互看所意味的东西。这是一个关于出卖、关于不信任的戏。表面上是显得让人糊涂,显然不可能成功上演。但是,对于我而言,是干了件好事。

《巴黎评论》: 导演你的戏可以通过不同的方法达到成功吗?

品特: 哦,是的,但是总需要围绕着这个戏的中心真理——如果这个中心思想被扭曲,那就不好。阐释的主要区别是来自演员的。当然导演也是可以为一次灾难性的排演负责的——德国第一次演《看门人》的时候,风格很沉重,拿腔拿调的。任何戏都没有蓝本,有几个我根本没参与排演的版本做得成功极了。

《巴黎评论》: 你在排一个戏的时候,作者和导演之间保持良好关系的关键是什么?

品特: 绝对关键的是避免作者和导演之间互相设防。需要相互信任,需要坦诚。如果没有这个,就只能是浪费时间。

《巴黎评论》: 彼得·霍尔导演过你的很多戏,他说他们对精确的言语形式和节奏很是依赖,你写了"停顿",意思就是和"沉默"不一样,省略号和完全的停止也不同。他这种对写作的敏感是否保证了你们二位之间合作的成功?

品特: 是的,一点没错。我对你说的这些确实非常关注。在排演《回家》时,霍尔有一次确实为演员做了一次句点和停顿的排练。虽然这听上去确实傲慢透了,但是显然是非常有价值的。

《巴黎评论》:你开始写一个戏之前会写大纲吗?

品特:根本不写。我根本不知道我的戏会有什么样的角色,直到他们……嗯,直到他们存在。直到他们向我暗示他们自己是什么。我不在方法上作任何概念化。我一旦找到线索,就跟随线索——这就是我的工作,真的,就是跟着线索走。

《巴黎评论》:你说"线索"是什么意思? 你记得你自己的一个戏是怎么在你头脑中发展出来的吗? ——还是说这是一种一行一行往下进展的方式?

品特:当然我不很确切记得一个特定的戏是怎么在我头脑中发展出来的。我觉得我是以一种非常亢奋、也非常沮丧的状态写作的。我跟从着自己在面前的纸上所看到的东西——一句跟着一句。这并不是说我没有一点模糊的、也可能是很笼统的想法——一开始的形象并不只是导致马上跟着发生的东西,而是造就了总体事件的可能性,它引导着我,自始至终。我能想到什么是可能发生的——有时候,我绝对是对的,但是很多情况下,我都被事实上发生的事情证明是错的。有时,我发现自己写了"C进来了",可我本来并不知道他会不会进来;但是他必得在这个时刻进来,就是这样。

《巴黎评论》:在《回家》中,山姆很长一段时间没有什么举动,却突然喊了出来,在全剧结束之前几分钟彻底垮掉了。这是你说的情况的一个例证吗? 这确实显得很突兀。

品特:这对我来讲突然显得是对的。这突然就降临了。我知道他这部分必须有一次得说点什么,这就是发生的东西,这就是他说的东西。

《巴黎评论》:那角色有没有可能超越了你对他们的掌控——即使只是一个模糊的想法——超越了剧本所关乎的东西?

品特:我基本上一直抓着绳子,所以他们不会走得太远。

《巴黎评论》:你会感觉什么时候该拉下大幕吗? 还是说你有意识地写到一个你已经决定了的时刻?

品特:这完全是直觉。节奏显得正确的时候,大幕就降下来了——当动作对结局提出呼唤的时候。我非常喜欢落幕前的台词,并恰当地处理它们。

《巴黎评论》:你感觉这样的话你的戏在结构上就会成功吗? 觉得你能够把这种节奏直觉传达到剧本吗?

品特:不,并不能,怎样让结构对头正是我的主要担忧。我总是写出三版草稿,但是,必须最终离开结构。总会到达这样一点:你说,就是它了,我再也多做不了什么了。我唯一一个远远接近了我所满意的结构整体的剧本是《回家》。《生日晚会》和《看门人》都写得太多了。我想删砍,去掉一些东西。有时候,词句太多让我不高兴,但是我禁不住写,它们就冒出来了——从这个家伙的嘴里。我不太检查自己的作品,但是我意识到,在我写的东西里面,某些家伙经常会在某些点说得太多。

《巴黎评论》:大家往往会这么看:你剧本中的力量恰恰在于这样的语言以及你能从这种语言中得出的角色模式和力量。你是从别人那里听到这些词句的吗? 你偷听别人谈话吗?

品特:我从不在这个意义上的听花时间。偶尔我听到什么东西,我们都这样,四处走的时候。但是词句是在我写作角色时来临的,不是以前就有的。

《巴黎评论》:你觉得为什么你的剧本中的对话这么有效呢?

品特:我不知道。我觉得可能是因为人依赖一切他们可以用语词触摸〔抓到、伤害〕的东西,避免知道和被知道的危险。

《巴黎评论》:写作剧本的什么领域你感觉最困难?

品特:所有领域都不可分开地缠绕在一起,我没法判别。

《巴黎评论》:几年以前,《文汇》杂志有规模很大的一系列报道,让艺术人士对英国是否应该参加欧共体发表看法。你的说法是所有人里面最短的:"我对此事不感兴趣,也不关心发生了什么。"这概括了你对政治、时事的感觉吗?

品特:不是的。尽管这正是我对欧共体的感觉——我根本就不关心欧共体。但是要说我对时事根本不关心,这是不太正确的。普遍而言,我经常感到非常迷惑——不确定、恼怒、义愤,一个接一个,有时候,我也是漠不关心的。普遍来讲,我试图做到我所能做到的,然后就不管了。我不认为自己有任何有价值的社会作用,政治上来讲,我不可能卷入,因为事件一点都不简单——作为一个政治人物,你必须有能力展示出一个简单的图景,即使你不这么看待事情。

《巴黎评论》:你有时候也会想用你剧中的人物表达政治观点吗?

品特:不会。最终来讲,我对政治很厌烦,虽然我认识到政治对很多苦难负有责任。我不信任任何种类的意识形态表述。

《巴黎评论》:但是你不觉得你在舞台上展现的个人受到威胁的图景在更大意义上、在政治意义上来讲是有麻烦的吗? 还是这跟这个没关系?

品特:我不觉得自己受到任何来自政体或政治活动的威胁。我喜欢住在英格兰。我不在乎任何政治结构——它们并不对我示以警告,但它们造成了成百万人大量的苦难。

我来告诉你我对政治人物的真正想法。有一天夜里,我在电视上看一些政治人物讨论越南问题。我很想用一把喷火器破荧屏而入,把他们的眼睛烧掉,把他们的蛋烧掉,然后问问他们:他们是怎么用政治观点决定这一行动的。

《巴黎评论》:你会在什么政治倾向的剧本里用上你的这种愤怒吗?

品特:我偶尔出于激怒,想用讽刺角度写一个剧本。实际上,我以前做过一个没人知道的戏。一个长戏,写在《看门人》后面。我把这鬼东西写了三稿。这个戏叫《暖房》,是关于一个病人住的疗养院:全是用一种等级制度表现的,管理这个机构的人;没人知道病人会怎么样,没人知道他们为什么在这里,没人知道他们是谁。这个剧本是非常具有讽刺性的,是非常没有用的。我从来没有开始喜欢任何一个角色;他们没有真正活起来。所以我马上把这个戏扔掉了。人物只是纯粹的纸板。我故意——我想是唯一一次——试图说点什么,说出明确的观点,说这是一些恶心的人,我反对他们。所以他们没有开始活起来。而在我其他剧作里的每个角色,即使是像《生日晚会》里格尔德伯格那样的恶棍,我也是在乎他们的。

《巴黎评论》:你经常把你笔下的角色说成是活的。他们是在你写完一个戏之后活起来的吗?还是在你写作的过程中?

品特:两者都是。

《巴黎评论》:他们像你所认识的人一样真实吗?

品特:不,但是不一样。写完《看门人》之后,我做了一个可怕的梦,是关于两兄弟的。在梦里,我的房子烧毁了,我试图找出是谁干的。我被牵引着穿过各种各样的小巷、咖啡馆,最后,到了一个什么地方里面的房间,里面有剧中的两兄弟。我说,那么是你们俩烧了我的房子。他们说,你别太当回事了。我说,我的东西都在房子里面,所有的东西,你们不知道自己干了什么,他们说,没关系的,我们赔偿你,我们照顾你,没事的——是弟弟在说话——然后我给他们写了一张五十块的支票……我给了他们五十块的支票!

《巴黎评论》:你对心理学有特别的兴趣吗?

品特:没有。

《巴黎评论》:根本没有吗?你头脑里有没有这样的想法:在《看门人》第

二幕结尾的地方写段台词,让哥哥描述自己在精神病院里遇到的麻烦?

品特:这个,我的目的是在这个意义上阿斯东突然开口了。我的目的是让他继续说话直到他完蛋,然后……就落幕。那里我不是别有用心的。大家忽略的一点是没必要下那结论:阿斯东说他自己在精神病院经历的每句话都是真的。

《巴黎评论》:在你大多数剧本里都有一种恐怖感和暴力威胁。你把世界看作一个本质上是暴力的场所吗?

品特:世界是一个充满暴力的场所,就这么简单,所以戏里的任何暴力都是很自然地出来的。这对我来说是一个很本质的、不可避免的因素。

我觉得你说的这种风格是从《送菜升降机》开始的,从我的观点看,这是相对简单的一部作品。暴力真的只是统治与服从的表现形式,这可能是我的戏里反复出现的一个主题。我很久以前写过一篇短篇小说,叫《考验》,我关于暴力的想法从这里就开始了。很清楚,这篇小说讲的是两个人在一个房间里,为了什么不确定的事而争吵,他们争论的问题是:谁在什么时候是统治者,怎么才能统治,他们用什么工具达到统治,怎样才能破坏其他人的统治地位。一种威胁自始至终存在:关于最高地位这个问题,或者是谋求最高地位。这是吸引我写了电影剧本《仆人》的原因,是个别人的故事,你知道。我不想把这种暴力叫作什么为地位而战;这本是很平常、很普通的事情。

《巴黎评论》:这些日常的战争,或日常暴力的想法是来自你自己的经历吗?

品特:每个人都会遇到过某种方式的暴力。是这样的:战后,我通过一种极端的形式接触到了暴力。在东区,法西斯在英格兰卷土重来了。我在那里卷入了好几场争斗。如果你远远看去像个犹太人的话,你就可能有麻烦。而且,我去了一个犹太人俱乐部,在一个旧铁路隧洞边上,有很多人经常拿着破牛奶瓶在一条我们过去常常必经的林荫道边等着。有一两个摆脱那个地方的办法——当然了,一种是纯粹身体性的办法,但你完全不能对付牛奶瓶——我们没拿牛奶瓶。最好的办法就是跟他们讲话,你知道,像什么"你都好吗?""嗯,我都好。""那,那就好,是不是?"然后一直都往主路有光的地方走。

另一件事:我们经常被当成共产主义者。如果你走过,或者碰巧路过一条法西斯集会的街道,看起来多少有点敌对情绪——这是在瑞德里路集贸市场,在多斯顿集汇站附近——他们就会将你特别的面貌,尤其是,如果你胳膊底下夹着书,解释成是共产党的证据。那里发生过很多暴力,在那些日子里。

《巴黎评论》:这促使你走向某种形式的和平主义吗?

品特:战争结束时,我十五岁。三年之后,我被征兵。我决不可能去参军:我根本不知道这意义何在。我拒绝参军。所以,我被一辆警车带去做医疗检查。然后我两次上特别法庭,两次审判。本来我可能入狱的——我把牙刷都带到审判法庭上去了。但是地方法官有点同情我,我就被罚了款,总共三十镑。可能下次战争,我还会被征兵的,但是我不会去的。

《巴黎评论》:罗伯特·布鲁斯汀说到现代戏剧时说:"反叛的剧作家变成了一个新教徒,为他的信仰布道。"你觉得自己扮演了这个角色吗?

品特:我不知道他在说什么。我不知道我能为什么信仰布道。

《巴黎评论》:戏剧界的竞争是很激烈的。你作为一个作家,意识得到自己和其他剧作家的竞争吗?

品特:写得好的就会让我特别兴奋,让我觉得值得活下去。我从来不知道存在任何竞争。

《巴黎评论》:你读那些写你的东西吗?

品特:读。大多时候,我都不知道他们在说什么;我不是真的全篇都看。

或者我看了又忘了——如果你问我里面说了什么，我不是很清楚。但是有例外，只要是非职业剧评人写的。

《巴黎评论》：你写作的时候对观众有多少意识？

品特：不是很多。但是我知道写作是一种公众媒介。我不想让观众觉得厌烦，我想吸引他们关注发生的东西。所以我试图尽量精确地写作。反正我尽量如此，不管有没有观众。

《巴黎评论》：有个故事——布鲁斯汀在《叛逆剧场》里提到的——尤奈斯库曾经在热内的《黑人》上演时退场，因为他感到自己受到了攻击，可演员们却还很得意。你想让你的观众有类似反应吗？你自己会做同样反应吗？

品特：我有过这样的反应——最近一次发生在伦敦这里，我去看《US》，皇家莎士比亚剧团一个反越战的演出。有一种攻击——我不喜欢被归为宣传，我讨厌临时演讲台。我想要在我自己的戏里清楚地展现什么，有时候这确实让一个观众很不舒服，但是不应该为了触犯而触犯。

《巴黎评论》：你因此觉得这个戏没有达到目的——挑起反战情绪吗？

品特：当然了。《US》在舞台上展现的画面和越南战争的现实之间的裂痕如此之大，简直都荒唐。如果这时要让观众受教育，受到震惊，我觉得就太夸大其词了。当电视和新闻界把一切都说得这么清楚的时候，是不可能为这么一件事情做一种主要的剧场陈述的。

《巴黎评论》：你有意让危机情境充满幽默吗？经常看你戏的观众会觉得他们的笑声是指向自己的，当他们意识到戏里的情境实际是什么的时候。

品特：是的，这是很对的，是的。我很少有意写得幽默，但是有时候我看到自己在对我来说突然显得很可笑的某个特定的点会发笑。我同意对话通常只是显得很可笑——而说的这个人实际上是在为自己的生命而战。

《巴黎评论》：在很多这种危机情境中有暗含的性含义，是不是？你如何看待今天剧场中性的应用？

品特：我的确反对和性有关的一点——很多"思想解放"的人正在进行的方案：让淫秽语言向大众商业敞开。这本应该是地下世界黑暗的秘密语言。这些词很少——你不应该过度使用，这样就把它们杀死了。我在自己的戏里用过一两次这样的词，但是我不能让它们登堂入室。它们好极了，是精彩的词，但是必须用得非常稀少。语言自由、纯粹的公开性让我感到疲惫，因为这是一种展示，而不是说出的什么东西。

《巴黎评论》：你认为自己有一些模仿者吗？你在一部电影或剧场作品里看到过你觉得是品特式的东西吗？

品特：这个词！这个该死的词，尤其是"品特式"这个词——我不知道他们他妈的在说些什么！我觉得这是太沉重的负担，我承担不了，其他作家也承担不了。哦，很偶然我也想听听什么东西，喂，这挺耳熟的。但是就止于此。我真的觉得作家是写……就是写作，我觉得很难相信我对其他作家有什么影响。我很少看到这种事情的证据，不管怎么说；其他人似乎比我看到的证据更多。

《巴黎评论》：批评家吗？

品特：关注他们是个极大的错误。我觉得，你看，这就是一个过分的广告、太强调判断的时代。我是个能写的作家的好例子，但是我不像人们说的那些那么好。我只是一个写作者；我觉得我被夸大得太厉害了，因为真正精妙的写作太稀少了，人们太夸大其词了。你所能做到的只是尽可能好地写作。

《巴黎评论》：从今往后五十年，你认为自己的戏还会演吗？普适性是你有意争取的一个特质吗？

品特：我不知道我的戏五十年后会不会上演，这对我来说根本不重要。

如果我的戏在南美洲或者南斯拉夫也有意义，我会很高兴——这很让人高兴。但是我当然不争取普适性——我写一个该死的戏就有足够的要去争取了！

《巴黎评论》：你认为你获得的成功改变了你的写作吗？

品特：没有，但是的确是越来越难了。我觉得我已经跨越了什么东西。我一九五七年写头三个戏的时候，就是从写它们的角度写的；上演剧目的整个世界都太遥远了——我知道这些戏在我工作的保留剧目轮演剧团永远不会上演，西区和伦敦在月亮的另一边。所以我写这些戏都完全是没有自我意识的。毫无疑问，很多年来，越来越难防止这种对写作很重要的自由了，但是当我写东西的时候，它就在那儿了。曾经一度，避免聚光灯这样的事情变得越来越困难。我写一个舞台剧本花了五年：《回家》，在《看门人》之后。那个时段，我做了很多事情，但是写一个舞台剧本，这才是我真正想做的事情，可我却不能做到。然后我写了《回家》，不管好坏，我觉得感觉好多了。但是现在，我又回到同一艘船里来了——我想写一部戏，它一直在我脑子里盘旋着，可是我却不能动笔。人没有认识到的东西，是自己跟自己的那种巨大的无聊感，就看着这些词句又落在纸上，我觉得：哦天哪，我做的一切确实显得都是可预期的，不让人满意，毫无希望。这让我清醒。分神不再是什么大事了——要是我有什么可写我就写。别问我到底为什么要一直写剧本！

《巴黎评论》：你觉得你永远不会用更自由的技法重新写作吗？

品特：在他人的戏里，我可以欣赏到这种技法——我觉得《马拉/萨德》那次演出太棒了，其他很不一样的戏，比如《高加索灰阑记》我也很爱看。但是我自己不会使用这样的舞台技巧。

《巴黎评论》：这让你觉得落后于时代吗？

品特：我是非常传统的剧作者——比如我坚持在我所有的戏里都有一个大幕。因为这个原因我要写上几行落幕台词！即使像彼得·霍尔或者巴黎的克洛德·雷奇这样的导演想去掉它们，我也坚持保留。对我来说，什么都和形状、结构、整个的统一有关。所有这些即兴表演、八小时电影大聚会对那些相关的人来说是很有意思的，肯定的。

《巴黎评论》：他们不应该觉得它们有意思吗？

品特：他们要是都觉得有意思，我就觉得很欣慰，但是完全不要把我算在其中。我不会待上五分钟以上的。麻烦在于：我觉得这些东西太吵了，我喜欢安静的东西。在那么多现代艺术中似乎有很多吵吵闹闹、乱七八糟的东西，大量的东西都不及它们的典范：比如说，乔伊斯囊括了这么多巴勒斯实验性的技法，虽然巴勒斯本身是一个很好的作家。这不是说我不把自己看作一个当代作家：我的意思是：我就在**此地**。

（原载《巴黎评论》第三十九期，一九六六年秋季号）

豪尔赫·路易斯·博尔赫斯

◎ 杨凌峰/译

　　这次访谈完成于一九六六年七月,对话地点是博尔赫斯时任馆长的阿根廷国立图书馆办公室。根据布宜诺斯艾利斯一位老市民的回忆,那个房间根本算不上是间真正的办公室,而只是当时新近翻修过的图书馆中一个轩敞的大单间,装饰繁复,天花板很高。墙上挂着各种学术证书和文学奖项的获奖凭证,但都挂得太高,让人无法一眼看清——仿佛是出于羞怯或不自信才故意如此。墙上还挂有几幅皮拉内西①的蚀刻版画,让人联想起博尔赫斯小说《永生》中梦魇般的皮拉内西废墟。壁炉上方是一幅肖像,尺寸挺大;我向博尔赫斯的秘书苏珊娜·奎恩特罗斯小姐问起肖像有何讲究,她以一种颇为恰切的方式回道:“没什么重要的,那只是另一幅画的复制品。”这种回答或许是对一个博尔赫斯式基本主题的无意识回应。

　　房间斜对面的角落里立着两个大大的旋转式书架。奎恩特罗斯小姐解释道,架子上是博尔赫斯频繁查阅的常用书,都以特定的顺序排列,而且从不改变,为的是让已经几乎完全失明的博尔赫斯能根据位置和开本大小找到所需书籍。比如说辞书,都被集中在一起;一本书脊被结实地重新加固过、但因长期翻阅而显得很陈旧的《韦氏英语语言百科大词典》与一本同样用旧了的盎格鲁-撒克逊词典便厕身其中。其他的书籍林林总总,从德语和英语的神学、哲学专著到文学和历史著作,不一而足;其中有全本的“鹈鹕书

---

　　① 乔万尼·巴蒂斯塔·皮拉内西(1720—1778),十八世纪意大利建筑版画名家。

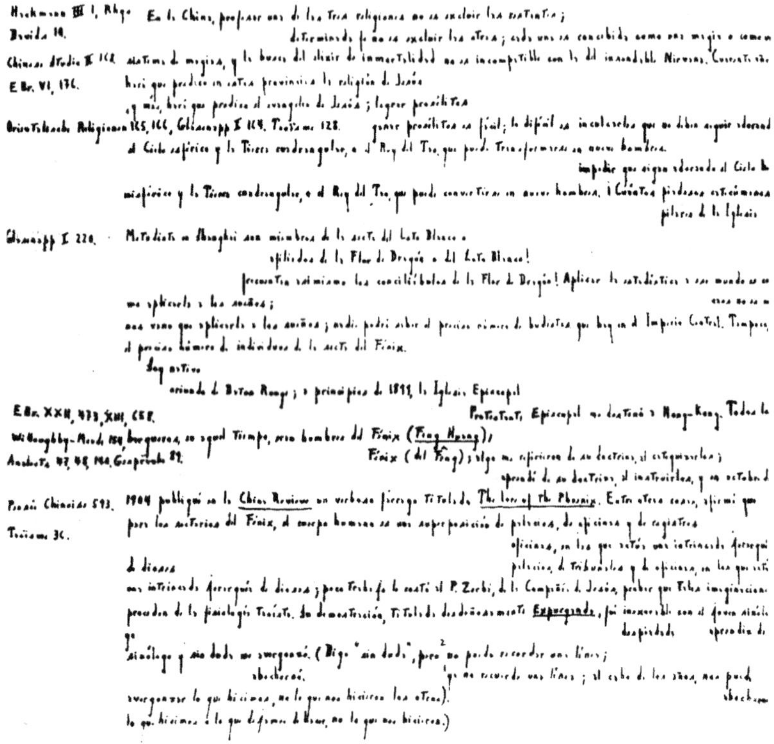

博尔赫斯手稿

系"《英语文学导读》、现代文库版《培根选集》、霍兰德的《韵文埃达》和《卡图卢斯诗选》、福塞斯的《四维几何学》、几卷哈拉普①出品的英国经典文学、帕克曼的《庞蒂亚克的叛乱》，还有一部钱伯斯版《贝奥武夫》。秘书小姐还透露，博尔赫斯最近在读"美国传统"丛书中的《内战历史图说》，而就在前一天晚上，他还将华盛顿·欧文的《穆罕默德的一生》带回了家——在家中，已然九十多岁的母亲会对着儿子大声读书。

每天午后稍晚时分，博尔赫斯来到图书馆；他已习惯于在此口授信件和诗句，奎恩特罗斯小姐负责打字记录再读给他听。遵照他的修改，每首诗秘书小姐都要打出两三份，有时还多达四份，直到博尔赫斯满意为止。有些日子里，秘书为他读书，而他则很仔细地纠正秘书的英语发音错误。偶尔，要凝神思考时，博尔赫斯便离开办公室，顺着图书馆圆形大厅的廊道缓缓踱步；廊道高高在上，而读者则在下方桌旁就座。他也并非一直很严肃，秘书小姐强调道："总是会有些逗趣的地方，小小的恶作剧。"她的说法也确证了部分读者可能会根据博尔赫斯的文字预判而得的一个印象。

博尔赫斯常常头戴贝雷软帽，身穿深灰法兰绒套装，上装从肩头宽松地披下，裤管垂挂到鞋面。当他走进图书馆，大家都暂时停止讲话——或许是出于尊敬，或许是出于对一个尚未全盲之人的同情而犹疑。博尔赫斯的步态带有试探性；他拿着一根手杖，走路时好像是在用手杖探矿。他个子矮，头发从脑袋上蓬起的样子看上去略有点不真实。他的面部特征不明显，由于岁月的打磨而更模糊；他那苍白的皮肤也部分地弱化了五官特点。他的声音也颇平淡，几乎是一连串嗡嗡的低音；可能是因为眼中那涣漫的神情，他的话音听上去仿佛来自面孔背后的另一个人。他的身体姿态和表情看似尚昏睡未醒——特别是其中一只眼睛的眼皮无意识地耷拉下垂。但一旦笑起来——事实上他也经常笑——他的五官会皱缩变化，真的像一个扭歪的问号。他还习惯于抬起手臂做出一个挥动或清扫似的手势，随之将手放置于桌面。他的大部分论断都采用修辞设问的形式，但真正提问时，他时而表

---

① 全称钱伯斯·哈拉普出版社，英国老牌出版商；后文中的钱伯斯也指此出版社。

现出一种隐约可见的好奇,时而又流露出一种胆怯的、几乎是可怜的怀疑。当他有意选择腔调,比如讲笑话时,他会采用一种干脆轻快的、戏剧化的语调;他引用复述奥斯卡·王尔德的某句台词,效果简直不逊于爱德华七世时代的演员。博尔赫斯的口音难以轻易归类:他的言谈措辞是一种世界主义的综合体,发端于西班牙语背景,经历过规整的英语语言教育,又受到美国电影的熏染。(很显然,英国人不会将"钢琴"/pɪˈænəʊ/读成"皮亚诺",美国人也不把"毁灭"/əˈnaɪəlet/读成"婀-妮-哈哀赖特"。)他的发音,主要的特征就是因含糊吞音而导致单词之间相互粘连;后缀音被一概弱化,以至于couldn't 和 could 这类读音几乎完全无法区分。当他想要表现得非正式一点,他也会用俚语俗词;但更多时候他的英文话语显得正式和富于书卷气,很自然地依赖于诸如"这也就是说"和"在此"之类的接续短语。很典型的一点是,他的语句之间总是用叙述引导词"然后"或者逻辑推断词"结果"来进行连缀。

　　不过最重要的一点是,博尔赫斯相当内敛。他离群索居,甚至隐忍自贬。他尽其所能地避免提及自我;当被问到有关他自己的问题,他都迂回作答,去谈论别的作家,引用他人的话甚至他人的著作来间接表述或掩饰自己的思想。

　　这则访谈有意识地保留了博尔赫斯英语口语的特质;这与他的写作对照,构成一种很有启发性的反差,同时也显示出他对英语的熟稔程度甚至是与之狎昵的关系——随着博尔赫斯写作生涯的进展,这种语言对他来说已然相当重要。

——罗纳德·克莱斯特,一九六七年

《巴黎评论》:我们的谈话我要录音,您不反对吧?

豪尔赫·路易斯·博尔赫斯:没事,没关系。你弄好那玩意儿吧。录音对交谈有所妨碍,但我会假定那些东西不存在,照常说话。告诉我,你从哪儿来的？

《巴黎评论》：纽约。

博尔赫斯：噢，纽约。我去过，我很喜欢那里——我对自己说："嗯，我创造了这个；这是我的作品。"

《巴黎评论》：你是说那些大楼高墙，街道组成的迷宫？

博尔赫斯：对的。我在街上闲逛，第五大道什么的，后来迷路了，好在纽约人总是那么友好。那些腼腆的高个年轻人问起我的作品，我记得我回答了很多问题。在得克萨斯时，他们告诉我纽约很可怕，结果我却喜欢那里。纽约客，你准备好了吗？

《巴黎评论》：好了，机器已经开始录音了。

博尔赫斯：好的。开始之前，你告诉我要谈哪类问题？

《巴黎评论》：主要是关于你自己的作品，还有那些你曾关注过的英语作家。

博尔赫斯：噢，那就好。要是你问我那些更年轻的当代作家，恐怕我就不知道什么啦。过去的大概七年里，我一直在尽力，去学一点古英语和古斯堪的纳维亚语。从时间和空间来说，那里离阿根廷，离阿根廷作家都距离遥远，不是吗？但如果你要我跟你谈论《芬斯堡断章》①或哀歌，或者《布伦南堡大捷》②……

《巴黎评论》：那你乐意讨论这些吗？

博尔赫斯：不，不是很想。

《巴黎评论》：是什么让你决定去学古英语和古斯堪的纳维亚语的？

_____

① ② 均为古英语诗歌，吟咏英雄与战争。

博尔赫斯：因为对其中的隐喻很感兴趣，我就开始学了。就是在某本书中——我想是安德鲁·朗恩的《英国文学史》——我读到了复合词隐喻，古英语常用的隐喻；在古斯堪的纳维亚诗歌中，复合词隐喻更是复杂得多。然后我就开始研究古英语了。现在，或者干脆说如今，几年的学习之后，我对那种隐喻不再感兴趣了，因为我觉得对诗人自己来说，这种手法其实让他们肉体疲倦了——至少对古英语诗人是如此。

《巴黎评论》：你的意思是重复太多？

博尔赫斯：就是重复，一遍又一遍地反复使用；不断地说什么 hranrād①、waelrād②，或者"鲸鱼之路"，而不是说"大海"——就是这类用词；还有什么"海洋之木""海中奔马"，而不是说"船"。所以我最终决定不用这些隐喻了，就是这样；但那时我已经开始学习这种语言，还爱上了它。现在我召集了一个小组，大约六到七个学习者，我们几乎每天都学。《贝奥武夫》《芬斯堡断章》和《十字架之梦》③的精华部分我们已经读完。另外，我们也开始读阿尔弗雷德大帝④时期的散文。古斯堪的纳维亚语言的学习也已开始；这个与古英语关联紧密，有很多相似之处。我意思是说词汇差别并不是非常大：古英语相当于是北方日耳曼语与斯堪的纳维亚语之间的一个中途停留站。

《巴黎评论》：史诗作品一直都让你很感兴趣，对吗？

博尔赫斯：是的，一直都是。比方说，有很多人去看电影，还会哭。总是有这样的事发生，在我身上也有过。但看苦情催泪的东西，或者那些煽情伤感的桥段，我从来不会哭。但是，比如说，我看约瑟夫·冯·斯登伯格早期的黑帮片时，每当电影中有些史诗特质的片段——我指的是片中芝加哥黑

---

① ② Hranrād，古期英语，waelrād，中古英语；二词拼写不同，都指 whale-road，即"巨鲸之路"，喻指海洋。

③ 最早的古英语基督教诗歌之一。

④ 韦塞克斯王国国王，870—890 年在位，抗击维京人入侵，倡导教育，并亲自用古英语翻译拉丁语经典。

帮慷慨赴死、喋血街头的场面——我记得,这么说吧,我就感到眼中满是泪水。我对史诗的感触要比对抒情诗或哀歌的体会深刻得多,总是如此。或许,这可能是因为我身世中的军人血统。我的祖父弗朗西斯柯·博尔赫斯·拉菲努尔上校在前线与印第安人面对面交战,后来死于革命暴动;我的曾祖父,苏亚雷斯上校,在抗击西班牙殖民者的最终大决战的一场战役中,率领一支秘鲁骑兵队冲锋陷阵;我的一位高曾叔父领导过圣马丁大军的先遣队——就是这一类的家族渊源。另外,我听说我的高曾祖母辈当中的一位是罗萨斯*的妹妹——对这种亲缘关系我并不是很引以为荣,因为我认为罗萨斯独裁,相当于他自己那个时代的庇隆;但所有这些渊源结合起来,将我与阿根廷的历史紧密关联,也与这么个观念——也就是说,人不得不勇敢——密切相关,你说是不是?

《巴黎评论》:但你提出来作为史诗英雄的人物,比如说那些黑帮,通常不会被认为有史诗气质,不是吗? 而你似乎在这里发现了史诗?

博尔赫斯:我想,黑帮身上也许有一种低俗的史诗,你说呢?

《巴黎评论》:既然那种古典的旧式史诗很显然不可能再发生在我们身上,我们只能从现在的主角身上去注意寻找他有没有这种品质,你说的是这个意思?

博尔赫斯:我认为就史诗韵文篇章,或更恰当地说,史诗文学而言,如今搞文学的人们似乎已经忽略了自己有写史诗的职责——但有些作家,比如写了《智慧七柱》的托马斯·爱德华·劳伦斯,或者有些诗人,比如写下《丹麦妇人的幽怨之歌》①的吉卜林,甚至是仅凭他写就的那些故事,则不在此列——但颇为怪诞的是,反倒是西部片为我们保存了那种史诗特质。

---

* 访谈者注:胡安·曼努埃尔·德·罗萨斯(1793—1877),阿根廷军事政权独裁者。

① Harp Song of the Dane Women,直译"丹麦妇人的竖琴之歌";此诗从寡居妇人的角度追怀出海杀伐直至杳无音信的丈夫,一唱三叹,幽怨哀苦;实则与竖琴无关,只是取竖琴"唠叨不休、反复吟哦"之意。

《巴黎评论》:我听说《西城故事》你看了很多遍?

博尔赫斯:很多遍,是的。当然了,《西城故事》不是西部片。

《巴黎评论》:虽不是西部片,但在你看来有着同样的史诗特质?

博尔赫斯:我想是这样,是的。我想说,这个世纪以来,所有地方当中,只有好莱坞为这个世界保留下了史诗传统。我去巴黎时,有意识地想让人们惊悚一下。他们问我——他们知道我对电影有兴趣,或者说我曾经如此,因为现在我的视力很差了——他们就问我:"你喜欢那类电影?"我就回道:"坦率地说,我最喜欢西部片。"那些人可都是法国人啊;他们对我的话完全赞同。他们说:"当然了,我们看《广岛之恋》或《去年在马里安巴》之类的影片是出于一种义务感,但当我们真想找点乐子,想让自己开心娱乐一把,当我们想,这么说吧,想弄点兴奋刺激的,我们就去看美国片。"

《巴黎评论》:那么,是影片的内容,影片的"文学"蕴涵,而不是什么技术方面的因素引发你的兴趣?

博尔赫斯:对电影的技术部分我几乎一无所知。

《巴黎评论》:如果允许我把话题转移到你自己的小说上,我想问问这个:你曾经说过刚开始着手写小说时,你很胆怯,无自信?

博尔赫斯:是的,我很忐忑,因为年轻时我认为自己是个诗人,所以我就想:"如果我写小说,所有人都会看出我是个外行,我是在闯进一片禁地。"后来我在一次意外中受伤——你可以摸到这里的疤痕;如果你摸我的头,这个地方,你就知道了。摸到这些坑坑洼洼了吗,凸起的鼓包? 然后我住院治疗两周,做噩梦,还失眠。治疗期间,医生告诉我说我刚入院时情况危急,生命垂危;很幸运的是手术成功,真是运气。我开始担心自己的脑力和神志——我自语:"也许,我不能再写作了。"那样的话,我的生活实际上就完蛋了,因为文学对我非常重要。并不是因为我认定自己写的东西特别好,而是因为我知道不写作自己就没法对付下去。如果我不写作,我会觉得,怎么说呢,会相当懊丧,不是吗? 然后我就想我可以先试试写篇文章或一首诗。但是我又想:"我已经写过几百篇文章和诗歌。如果我现在突然就不能写这些东西了,那我将立刻明白我是废掉了,我所有的一切都完了。"所以我想到应该去尝试某种我以前没写过的体裁:如果我写不了这个新东西,那也没什么奇怪的,因为我没写过短篇小说啊——我干吗要写? 这样的尝试可以让我准备好接受那最后的毁灭性打击:明白自己已经山穷水尽、走投无路。我写了个小故事,叫作,什么来着……我想一想……叫作《〈吉诃德〉的作者彼埃尔·梅纳德》*,结果每个人都很喜欢。这让我大大松了一口气。如果不是因为脑袋受伤昏迷过,或许我永远也不会去写短篇小说。

《巴黎评论》:而且,或许你的作品也永远不会被翻译成其他文字。

博尔赫斯:那样的话,也不会有人想到要翻译我的东西,所以这次事故我是因祸得福。这些小说,不知怎么的,反正时来运转,有了市场,被译为法语;我获得了欧洲的伏蒙托文学奖,后来作品好像就被翻译成了许多种文字。我的第一个译者是伊巴拉。他是我的一位好友,是他把我的小说译为法语。我想他大概将那些小说加工改良了很多,不是吗?

《巴黎评论》:伊巴拉是第一个译者? 不是卡卢瓦吗?

博尔赫斯:他和罗杰·卡卢瓦**都是。在迟暮之年,我开始发现世界各地的很多人对我的作品有了兴趣。这看起来有点怪异:我的很多文字被译成了英语、瑞典语、法语、意大利语、德语、葡萄牙语,还被翻译成几种斯拉夫语,以及丹麦语。而这对我来说始终是匪夷所思的事情,因为我记得我出版

---

* 访谈者注:这里可能是博尔赫斯记忆失误。小说《〈吉诃德〉的作者彼埃尔·梅纳德》刊发于杂志《南方》第 56 期(1939 年 5 月)。在这以前,博尔赫斯实际上已写过两个短篇,分别是《接近阿尔莫塔辛》(1938)——这是对一本不存在的虚拟之书的评论(与《〈吉诃德〉的作者彼埃尔·梅纳德》题材相似),以及《玫瑰街角的汉子》——他的第一篇小说,最初收录于《丑闻恶行世界大观》(1935, *A Universal History of Iniquity*)中。本访谈中稍后提到的"伏蒙托奖"是因《虚构集》而颁发;该小说集未收录《玫瑰街角的汉子》。

** 访谈者注:卡卢瓦是出版人。

过一本书——那肯定是很久以前了,我想是在一九三二年*——结果到了那年年底,我发现终于有至少三十七本卖出去了!

《巴黎评论》:那本书是《恶棍列传》?

博尔赫斯:不是,不是。是《永恒史》。起初我想找到买这本书的每一个读者,为此书向他们说抱歉,另外也为他们垂顾此书而表示感谢。这里需要来一点解释。你可以试着设想一下这三十七个人——真实的大活人;我意思是说他们每人都有着一张只属于他自己特有的面孔,他自己的家庭;他住在某条特定的小街上——因为他的存在,那小街便似乎只属于他的。但是,如果说你的书卖出了,假定两千本吧,这就跟你的书连一本都没卖出去是一码事,因为两千这个数字太庞大了——我意思是说你不可能对两千个读者都有着具体的想象或印象。而三十七个人——也许这也太多,或许十七个甚至七个会更好——但三十七个就仍然在一个人的想象范围之内。

《巴黎评论》:说到数字,我注意到在你的小说中有些特定数字重复出现。

博尔赫斯:哦,是的。我极度迷信。我觉得这有点羞耻。我对自己说,迷信毕竟是,一种轻微形态的疯癫;我想是这样的,不是吗?

《巴黎评论》:那或许也是宗教信念的一种形式吧?

博尔赫斯:好吧,就算是宗教吧,不过……我猜如果一个人活到一百五十岁,那这个人会疯得相当厉害,对吧?因为所有那些小症状在很多年后都会变得严重。不过,回过头来看看我妈妈,她都九十了,但她的迷信念头却比我少很多。再比如,当我读鲍斯威尔写的《约翰逊传》——我猜是第十遍了吧——我发现约翰逊也是满肚子迷信,而且同时,他非常害怕自己会变疯。他写的祷告词中,向上帝祈求的事情之一就是别让他变成疯子,所以他

---

* 访谈者注:应该是在 1936 年。

70

肯定对这种事挺担心的。

《巴黎评论》：你会不会说，是因为同样的原因，也就是迷信，才让你在小说中一次又一次地用同样的颜色，红、黄，还有绿色？

博尔赫斯：可是，我用绿色了吗？

《巴黎评论》：用了，但用得没有其他颜色多。你看，我做了一点相当琐碎的工作，数了那些颜色，在……

博尔赫斯：不，不用了。那是"语言文体论"，西班牙语的说法叫"*estilística*"，这种学科这里也有人研究。我想你会发现黄色。

《巴黎评论》：还有红色；经常变化移动，渐渐褪色成玫瑰红。

博尔赫斯：真的吗？我倒是从没注意过。

《巴黎评论》：今天的世界仿佛是昨日之火的灰烬——这是你用过的一个隐喻。举个例子，你说过"红色的亚当"。

博尔赫斯："亚当"这个词在希伯来语中的意思，我想是"红土"吧。另外，"红色的亚当"这个词听起来很入耳，不是吗？用西班牙语说就是Rojo Adán。

《巴黎评论》：听起来确实不错。但那不是你试图表达的意思；颜色的运用是一种隐喻，寓意世界的退化堕落。对吗？

博尔赫斯：我没有试图表达什么。［笑］我没有意图。

《巴黎评论》：只是描述而已？

博尔赫斯：我就是描述。我只管写作。说到这个黄颜色，有个视觉生理的解释。我的视力开始恶化几乎失明时，我最后看到的颜色，或者说最后突出呈现在我眼中的颜色——当然了，我现在还能分辨出你的外套颜色与这张桌子或你身后木头家具的颜色不同——是黄色。黄色比其他颜色突出，因为它是最鲜明生动的色彩，所以你们美国的出租车就是黄色的。出租车公司最初其实是考虑用猩红色的，然后有人发现在晚上或者有雾的时候，黄色比猩红色更显眼，所以你们就有了黄色出租车，因为所有人都能一眼辨认出这个颜色。当我视力衰弱，逐渐失明，当世界在我眼前褪色遁形，有一段时间我的那些朋友……好吧，他们拿我取乐，他们取笑我因为我总是戴着黄领带。后来他们就以为我真的喜欢黄色，虽然黄色确实过于花哨和张扬。我就说："是的，对你们来说是这样，但对我可不是这回事，因为这是我能看到的唯一颜色。事实如此！"我生活在一个灰色世界中，就像黑白片时代的银幕世界，但黄色却能跳脱而出。这也许能说明[我的文字中为什么常出现黄色]。我想起奥斯卡·王尔德讲过的一个笑话：他的一个朋友系了条领带，上面有黄色、红色，还有其他颜色；王尔德就说说道：哦，老兄，只有聋子才会系这么条领带！

《巴黎评论》：王尔德说的或许就是我现在正系着的这条黄领带！

博尔赫斯：哦，就算吧。我记得曾把这个笑话讲给一位女士听，但她完全不得要领。她回应道："当然了，这个人肯定是聋了，所以他才听不到人们怎么奚落他的领带。"这样的回答大概也能让王尔德捧腹，是不是？

《巴黎评论》：我倒是真想听听王尔德是如何作答。

博尔赫斯：当然了，谁都想听。我从没听过这样绝好的例子，一件事竟被如此完美地误解，完美得愚不可及！当然，王尔德的话是对某个概念的机智诙谐的翻译：在西班牙语和英语中，我们都有这么个说法，"响亮的色彩"或"吵闹的色彩"。这固然是个普通的词组，不过文学中所讲的其实也总是同样的东西。重要的是表述和言说的方式；比如说，采用隐喻表达。我年轻的时候总是尽力寻求新奇的隐喻，然后发现真正好的隐喻总是同样的。我是说，你把时间比喻成漫漫长路，把死亡比喻为沉睡，把生活说成是做梦；这都是文学中一些伟大的隐喻，因为对应着人世间的根本问题和基本要素。

如果你编造出新的隐喻,可能有那么短暂的一瞬,它们会显得新颖奇特,但不会激发任何深层情绪。如果你觉得人生如梦,那确实是一种想法或念头,但这个念头是真实的,或者至少是大部分人都必定会有的一种感受,不是吗?一种"常常会想到,但从未得到如此恰切表达"的念头。我想这些[经典隐喻]要比憋着劲去耸人听闻的更好,比特意去寻找那些以前从未被相互关联过的事物之间的关联要好;没有真正关联的事物被组合起来,那整个事情就像是一种杂耍、变戏法的花招。

《巴黎评论》:只是文字的杂耍?

博尔赫斯:只是文字花招而已。我甚至不愿把它们叫作真正的隐喻,因为一个真正的隐喻中,[本体和喻体的]两个概念是真正关联在一起的。但我也发现了一个例外——一个奇异、新鲜、漂亮的隐喻,出自古斯堪的纳维亚语的诗歌。古英语诗歌中,战斗被说成是"刀剑的演出"或"长矛的对抗";而在古斯堪的纳维亚语言中,并且,我想在凯尔特语诗歌中也一样,战斗被说成是一张"人之罗网"。这很奇特,不是吗?因为说到网,其中还应该有着图案样式,用人编织而成,西班牙语的说法就是"一种丝线纤维"。我猜在古代战役中,确实可以看到某种形式的网:交战双方以长剑和矛枪对峙,在各自的阵地上排列交叉——诸如此类的形态。所以我想这里就有了一个新隐喻。当然了,感觉挺阴森恐怖的,像噩梦,不是吗?想想看,用活人,用有生命的东西结成一张网,而且还要有网的样式,网的图案。这个概念挺诡异,对吧?

《巴黎评论》:大致来说,这跟乔治·艾略特在《米德尔马契》中用过的隐喻相对应:社会是一张网,谁都无法抽开其中一根线绳而不触动到所有其他的编结线。

博尔赫斯:[表露出极大的兴趣]是谁提过这个?

《巴黎评论》:乔治·艾略特,在《米德尔马契》里。

博尔赫斯：哦，《米德尔马契》！是的，没错！你是说整个宇宙关联在一起，每样东西都关联着。这也正是斯多噶派哲学家相信预兆的原因之一。德·昆西写过一篇文章，很有趣的文章，正如他所有的文章那样妙趣横生；这个文章讲的是现代迷信，其中他提到了斯多噶派的理论。那个意思是说，因为整个宇宙是一个生命体，是个活物，所以那些看上去风马牛不相及的东西之间也有着姻亲般的关系。比如说，如果十三个人同桌吃饭，那一年之内其中一个人必定会死掉。这不仅是因为耶稣基督和"最后的晚餐"的典故，而且是因为**所有的**事物都是关联绑定在一起的。德·昆西说——我不记得那句话具体怎么说的了——世界上每一样事物都是一面秘密的镜子，是宇宙的映像。

《巴黎评论》：你经常提到那些给你带来影响的人，比如德·昆西……

博尔赫斯：是的，德·昆西〔对我〕影响巨大，还有叔本华的德语著作。第一次世界大战期间，实际上，是卡莱尔——说一下，我对卡莱尔还是相当反感的，我认为他是纳粹主义之类概念的发明人，是这类东西的策源地之一或者是始祖之一；不过，是卡莱尔把我引向了德语学习。然后我试着去读康德的《纯粹理性批判》。当然了，跟大多数人一样，我读不下去，一筹莫展——大多数德国人其实也如此。然后我就说："好的，算了吧，我来试试读德国人的诗歌；诗歌嘛，因为要控制篇幅，怎么着也会短得多。"我找了一本海涅的《抒情的间奏》，还有一本英德词典，就看起来；结果第二个或第三个月底，我发现自己不用再翻词典也能挺自如地读下去了。

我记得自己完整通读的第一部英文小说是一本苏格兰小说，叫作《有绿色百叶窗的房子》。

《巴黎评论》：谁写的？

博尔赫斯：一个名叫道格拉斯的作者。这本小说后来被人剽窃，那个家伙——叫作克罗宁——写了《制帽商的城堡》；故事情节几乎完全一样的。道格拉斯的小说是用苏格兰方言写的。我意思是说苏格兰人不用"钱/

money"这个词，而是说"碎银两/bawbees"；还有"孩子/children"，苏格兰人说起来是"娃娃/bairns"——这是个古英语词，也是古斯堪的纳维亚词汇。再比如"夜晚/night"，苏格兰人说成"冥夜/nicht"，这也是古英语。

《巴黎评论》：读这个小说时你多大？

博尔赫斯：我肯定是大约——当时书里还有很多地方我读不懂——我肯定是大约十到十一岁吧。当然了，在那之前，我已经读过[吉卜林的]《丛林之书》，还读过史蒂文森的《金银岛》——那是本很棒的书。但第一部真正的小说就是前面才说过的那个。我读的时候，就很想当个苏格兰人；我问我外婆有何见教，外婆对此大为光火。她说："谢天谢地，你不是[苏格兰乡巴佬]！"当然了，外婆可能犯了个错误。她虽然来自[英格兰]诺森伯兰郡，但肯定也有些苏格兰血统的。如果追根溯源，或许甚至还有丹麦血统呢！

《巴黎评论》：你对英语文学的兴趣如此长久，而且你是如此热爱英语……

博尔赫斯：还是让我们注意到这一点吧：我是在跟一个美国人谈话。有一本书我**必须**讲一讲，而且是毫不意外的，那就是《哈克贝利·芬历险记》。我完全不喜欢汤姆·索亚。我认为汤姆·索亚的出场毁掉了《哈克贝利·芬历险记》的最后几章。瞧瞧那些愚不可及的笑话，都是些无谓的笑料；我猜测大概是马克·吐温认为他必须表现得有趣，责无旁贷，即使他并无玩笑幽默的心情，但还是要通过某种办法把这些笑料加入作品。根据乔治·摩尔的说法，英语国家的人总是这样想："再糟的笑话也好过没笑料。"

我认为马克·吐温是真正伟大的作家之一，但我猜他自己对这一事实几乎全无感觉。也许，为了写出真正伟大的作品，你**必须**对这样的事实不以为意。你可以埋头苦干、勤奋写作，将文中用到的每个形容词都斟酌再三，甚至一一尝试替换；但如果你能避免一些错误，那你就有可能写得更好。我记得萧伯纳说过，关于风格，一个作家确信自己能达到什么风格，那便是他所能有的风格，不会有更多可能。萧伯纳认为那种可把风格视为随意游戏的念头是相当荒谬,相当无意义的。举例来说,他认为班扬是个伟大的作家,因为班扬对自己所说的话抱有确定的信念。如果一个写作者对自己所写的东西都不能信任,那也根本不能指望读者会相信他的作品。不过,在阿根廷这个国家,有一种倾向是把任何一种写作——尤其是诗歌写作——都看作是一种风格游戏。我认识很多诗人,他们写得很好——都是很雅致的东西,情绪氛围细腻精巧,如此等等——但如果你和他们交谈,他们跟你说的所有内容无非是些淫秽的小故事;他们或者也谈论政治,但说法或观念跟街头白丁并无二致,所以他们的写作被证明是某种闲情逸致的小杂耍、余兴节目。他们学习写作的方式类似于人们去学下棋或者打桥牌。他们根本不是真正的诗人或写作者。他们学到的只是一种机巧花招,并且学得很彻底、很充分。整个事情在他们那里[无涉心灵]只是一种手指尖上的游戏。他们当中的大多数人——但有四到五个除外,我应该这么说吧——看起来完全不认为生活有什么诗意的或神秘的地方。他们认为世界就只能如此,一切理所当然。而他们明白,当他们必须要去写作时,那么,他们就不得不突然变得相当悲哀、忧郁或者冷嘲热讽、愤世嫉俗。

《巴黎评论》:也就是说戴上作家的"帽子"[摆出写作的伪姿态]?

博尔赫斯:是的,戴上作家的"帽子",酝酿出恰当的情绪,然后写作。写完了,再投靠到现世政治[的庸俗怀抱]。

[秘书苏珊娜走进来:"打扰一下。坎贝尔先生来了。"]

博尔赫斯:噢,请让他再等一会儿。哦,你看,有位坎贝尔先生在等着;来的是坎贝尔一家子。

《巴黎评论》:你写小说时,修改很多吗?

博尔赫斯:最初的时候修改的。然后我发现当一个人达到一定的岁数,他会找到自己真正的调子。如今,写完的东西放了两周左右之后,我会争取再过一遍;当然了,总是有很多笔误和无意重复要避免,某些个人喜好的文字花招要注意不能玩得过火。不过,我想我现在写的东西总是能保持某一特定的水准——我无法再提高很多,但也不至于会写砸了。因此,我就任其自然,干脆就完全忘掉已经写好的文字,只去考虑手头上正在做的事情。我此前最后写过的东西是《米隆加集》,[意思是]通俗歌曲。

《巴黎评论》:哦,我看过其中一辑;书印得很漂亮。

博尔赫斯:是的,那本《为六弦琴而写》,意思是,当然了,是指吉他。我小的时候,吉他是种很流行的乐器。那时,在几乎每个城镇的每个街角,你都可以看到有人拨弄吉他,虽然或许并不太熟练。有些最好的探戈舞曲是那些既不能写下曲谱也不识谱的人创作的。但当然了,这些人灵魂中有音乐——好像莎士比亚说过这样的话。所以他们就把曲调哼唱给别人听:曲子在钢琴上弹出来,然后被记下来,写在纸上,再出版,大量印出来给识字识谱的人看。我记得曾遇到过这样一个人,叫——欧内斯托·彭乔。他创作了"唐璜",那是最好的探戈舞曲之一;但后来探戈被博卡区的意大利佬以及其他地方的人搞烂了:我意思是说,以前跳探戈的是拉美的西班牙裔女人,那时才纯正。彭乔曾经对我说:"博尔赫斯先生,我坐牢是坐过很多次,但可都是因为杀人!"他这样说的意思是他不是[可鄙的]小贼或皮条客。

《巴黎评论》:在你的《自选集》中……

博尔赫斯:听我说,我要说那本书里满是印刷错误。我的视力太弱,所以校读的事只有让另外的人去做了。

《巴黎评论》:我明白,但那些只是小差错,不是吗?

博尔赫斯:是小差错,我也明白;但这些差错混进来,会让作者烦恼不安,而不是读者。读者什么都接受,不是吗? 即便是十足的、最不折不扣的胡诌。

《巴黎评论》:那本《自选集》,内容遴选的原则是什么?

博尔赫斯:我的挑选原则很简单,就是入选的东西要比淘汰出去的让我感觉更好。当然了,如果我能更聪明点,我应该坚持把那些小说也剔除在《自选集》之外;然后在我死后,也许有人会发现被剔除在外的东西才真的好。这样做,或许更聪明,不是吗?我意思是说,只把薄弱平庸点的东西印出来,然后让某人来发现我把真货色遗漏在外了。

《巴黎评论》:你可真喜欢开玩笑,对吗?

博尔赫斯:是的,我喜欢,确实。

《巴黎评论》:但写文章评论你的书,尤其是你的小说的那些人,他们……

博尔赫斯:不是这样的,跟我不同——他们写得太严肃。

《巴黎评论》:他们似乎很少意识到你的有些作品很有趣。

博尔赫斯:那些作品本来就打算逗趣的。现在有一本书要出来了,叫《布斯托·多梅柯的编年史》,是与阿道尔夫·比奥伊·卡萨雷斯合写的。书里写到了建筑师、诗人、小说家、雕塑家,诸如此类的。所有这些角色全是虚构的,而且都很贴近这个时代,非常有当代感;这些人很把自己当回事,正儿八经的;书中的作者也是这样,但这些角色不是对任何现实人物的戏仿影射。我们仅仅是尽量发挥,这件事能做到什么程度就做到什么程度。比如说,这里的很多作家对我说:"我们想了解你文字的寓意、内在的讯息。"告诉你吧,我们根本没什么内在讯息。我写作的时候,我写只是相当于有一件事必须要去做。我认为写作者不应该对自己的作品搅和干预得太多。他应该让作品自己往下写,不是吗?

《巴黎评论》:你说过写作者永远不要被自己的理念裁判和操纵。

博尔赫斯:是的,不要。我认为理念不重要。

《巴黎评论》:那么,该用什么来裁判和评价写作者?

博尔赫斯:应该用他所能提供的乐趣和读者所能体会到的情绪感受来评判。至于理念,一个写作者有没有什么政治观点或者别的主张毕竟不是很重要的事,因为一部作品将会无视这些理念而存在下去,就像吉卜林的《吉姆》那样。让我们假设你会考虑到大英帝国的理念和立场,好吧。《吉姆》当中的人物,我想读者真正喜欢的不是英国人,而是很多印度小人物,那些穆斯林。我认为他们是更可爱的人。而且是因为读者认为他们——不不不! 不是读者认为他们更可爱更美好,而是因为读者**感觉**到那些印度人更美好可亲。

《巴黎评论》:那么,那些形而上的理念,又怎么说呢?

博尔赫斯:哦,形而上的理念,是的。这些理念可以整合进作品,用寓言之类的形式。

《巴黎评论》:读者经常把你的小说称作寓言。你喜欢这种说法或描述吗?

博尔赫斯:不,不喜欢。这些小说没打算写成寓言。我的意思是说如果它们是寓言……[长时间的停顿]……就是说,如果它们是寓言,那它们是**恰巧**成为寓言,但我的意图从来不是去写寓言。

《巴黎评论》:像卡夫卡那样的寓言,也不是吗?

博尔赫斯:说到卡夫卡,我们了解得极少。我们只知道他对自己的作品非常不满。当然,当他嘱咐朋友马克斯·布罗德,要后者把他的所有文稿都烧掉——诗人维吉尔也说过这样的意愿,我猜测卡夫卡也知道布罗德不会那么做。如果一个人想毁掉自己的作品,他把作品扔到火中,那样就结束了一切。当他对自己的亲密友人说"我要你把我那些文稿销毁",他知道朋友永远也不会照办;而这个朋友也明白他[嘱托人]知道,而他知道另一个人知道他知道……如此循环不已。

《巴黎评论》:[心理迷踪]听起来非常的亨利·詹姆斯化。

博尔赫斯:是的,确实如此。我想,我们可以用一种远为复杂的方式在詹姆斯的小说中发现卡夫卡的整个世界。我猜这两个人都认为世界是复杂的,同时也是无意义的。

《巴黎评论》:无意义吗?

博尔赫斯:你认为不是这样?

《巴黎评论》:不,我并不真这样想。拿詹姆斯来说……

博尔赫斯:拿詹姆斯来说,好吧。在詹姆斯那里,是这样的。我不觉得他认为这个世界有任何的道德目标或追求。我猜他也不信上帝。我想,实际上他给兄长,心理学家威廉·詹姆斯写过一封信;在信里他说到世界是个钻石博物馆。我们不妨说这个博物馆是个畸人怪事大集合,不是吗? 我猜亨利·詹姆斯指的就是这个意思。而说到卡夫卡,我认为卡夫卡在寻找什么东西。

《巴黎评论》:寻找某种意义?

博尔赫斯:某种意义,是的;但没找到,或许。我认为他们都生活在某种迷宫中,你说呢?

《巴黎评论》:我愿意赞同你的说法。比如说像《圣泉》那样的书[说的就是这个]。

博尔赫斯:对的,《圣泉》,还有很多短篇小说。举例来说,《让诺斯摩尔夫妇丢丑》;整个故事写了一次漂亮的报复行动,但是读者永远也无法知道这次报复行为会不会发生。其中的女主人公[霍普夫人]坚信她丈夫的作品——虽然看起来根本无人读过或在意过——比他那名人朋友[诺斯摩尔爵士]的作品要好得多。但也许事情并非如此;也许只是因为她对丈夫的爱才导致她有这样的想法。谁也不知道那些信——如果出版了——是否会真的造成影响或带来什么结果。当然了，詹姆斯经常会在同一段时间内写两篇或者三篇小说，正因为如此，他从不对作品做出任何解释。也许解释反而会让作品显得贫乏糟糕。他说过写《螺丝在拧紧》只是为了拿点稿酬糊口，挣点"烧开水"的煤钱，请大家都无视这部小说。但我不认为他说的是实话。比如他还说过：如果我对作品给出解释，那么这个小说将会显得更糟而不是更好，因为更多可能的解读诠释就会被排除在外了。我猜詹姆斯这么做是有意为之。

《巴黎评论》：我同意；人们都不会知道那是怎么回事。

博尔赫斯：人们不明白，而且，也许他自己也说不明白！

《巴黎评论》：你希望给自己的读者也带来这种效果吗？

博尔赫斯：哦，是的。我当然希望。不过，我认为亨利·詹姆斯的短篇故事大大胜过他的长篇小说。在他的短篇中，重要的是他营造设计出的情境，而不是其中的人物角色。《圣泉》[是长篇]，如果你能将其中的人物彼此区分开来，就会好得多。但你必须要费劲地看完大约三百页才有可能发现谁是某某女士的情人，然后在小说的结局，你可能会猜测，哦，事情是这样这样的，而不会说怎样怎样的一个男士的名字是某某；因为你无法区分人物：他们说话的方式都一样，其实都没有真正的个性角色；其中只有那个美国人看起来与众不同。如果你看看狄更斯，那么，虽然他的人物角色看起来并不是多么地明显突出，但是要远远比情节更重要。

《巴黎评论》：你会不会说，你自己的短篇中，起始点也是一个情境，而不是一个人物？

博尔赫斯：在一个情境中，没错。但那些围绕勇猛这一理念的篇章除外；勇猛、好勇斗狠，是我很喜欢的一个主题。英勇勇猛，对的，也许是因为我自己本人不很勇敢。

《巴黎评论》：就是因为这个，你的短篇中才有那么多的刀啊、剑啊，还有枪？

博尔赫斯：是的，可能吧。哦，不过，这里有两个原因：首先，因为我祖父和曾祖父等人的缘由，我在家里老看到剑；看到各种各样的刀剑。另一个原因是我在布宜诺斯艾利斯市郊的帕勒莫长大，当时那里根本就是个混乱的贫民区，人们总是想着自己——我不敢说这完全就是事实但他总是这样——是比住在镇子另一边的居民更棒的，是更棒的格斗高手；如此等等的想法。当然了，这些想法可能都是愚不可及的垃圾。我并不认为他们特别勇敢。给一个人扣上"胆小鬼"的帽子，或者认为他是"胆小鬼"，就已经突破他承受的底线，是他难以忍受的事情。我甚至听说过这样一个例子，一个家伙从镇子最南边跑来，就是为了向另一个人挑起争端，因为那人是镇子北边大名鼎鼎的刀客；结果就因为这家伙不服气，心里恼火，他被那刀客给杀了。他们实在没有争斗的理由：两人此前从未照过面，也没有诸如钱啊、女人啊或其他类似利益的瓜葛。我猜美国西部以前也是同样的一个情形，只不过西部是用枪，而帕勒莫这里是用刀子。

《巴黎评论》：用刀使得这种行为的发生方式显得更古老？

博尔赫斯：是的，一种更古老的形式。而且，用刀体现了一种更个人化的勇气理念；因为你可以是个神枪手，但未必很勇猛；但如果你是与对手近距离格斗，双方手拿刀子……[就是很具体的勇气。]我记得曾看过一个家伙对另一人挑起争斗，另一个人先退缩认输了。但他认输，我想，是因为要玩一点计谋。其中一人是个老手了，七十岁。而另一个，那个挑战的，年轻，生龙活虎，大把的力气；他肯定才二十五到三十岁之间。然后那个老的就说抱歉，请年轻的稍候；他拿了两把匕首回来，一把比另一把长一拃的样子。老的说："来吧，挑你的家伙。"他就把选长匕首的机会让给了年轻人，让对方首先有了优势；但这同时也意味着老的对自己非常有把握，确信自己能对付这种不利情况。结果，当然了，年轻的表示道歉，认输了。我还记得，当我还很年轻，住在那个贫民区时，有个勇猛的人总是随身带着一把**短**匕首，就装在这里。就像这样[他指着胳肢窝那里]，所以在紧急时，匕首可以在一眨眼间拿出来；贫民区有些专门的词——或者说这些词当中的一个——来指这种刀子，一个就是 el fierro/钢刀；不过当然了，这个词没什么特别的意思。但其中一个称法——很遗憾这个词已经几乎失传了——叫作 el vaivén/挥动、甩动，意思是"快速来回闪动"。这个词[一边做出手势动作]让你看到刀子的闪烁光亮，突然的闪耀。

《巴黎评论》：那[刀鞘]就像枪手的枪套？

博尔赫斯：的确，是的，就像枪套——装在身子左侧。在转瞬之间拔出刀子，你就能完成一次"闪动"攻击。这个 el vaivén 是当成一个词来拼写的，大家都知道它指的就是刀子。而 el fierro 就是个相当没劲的名字，因为把刀叫作"钢"或者"铁"完全没什么味道，但 el vaivén 就很有神韵。

[秘书苏珊娜（再次走进来）："坎贝尔先生还在等着。"]

博尔赫斯：噢，哦，我们知道的。坎贝尔一家子来了！

《巴黎评论》：有两个作家，就是乔伊斯和 T. S. 艾略特，我想问问你的看法。你是乔伊斯最早的读者之一，甚至还把《尤利西斯》部分地翻译成了西班牙文，是吗？

博尔赫斯：是的，不过，我只翻译了《尤利西斯》的最后几页；我的翻译恐怕错误百出。至于艾略特，一开始我认为他是个更好的评论家，好过他作为诗人的表现；现在，我想他有时候是个很高妙的诗人，但我发现，作为一个评论家，他过度习惯于划清一些微妙的界线，而且总是如此。如果你以一个伟大的批评家为例，比方说爱默生或者柯勒律治，你会感觉他确实已经读过一个作者的作品，他的评论来自他对这个读者的切身感受；而在艾略特那里，你总是会想——至少我总是感觉到——他只是在对某位教授的观点表示同意或者对另一位的见解表示略有保留或反对。因此，艾略特的评论没有创造性的新东西。他是个聪明人，会划清一些微妙界线，我想他的做法也没错;但同时,读过另外的评论后,举个现成的例子来说,柯勒律治评莎士比亚,尤其是对哈姆雷特这个角色的评价,你会发现柯勒律治为你创造了一个新的哈姆雷特;再比如读过爱默生对蒙田或者其他任何作家的评论后[,也会有新发现]。但在艾略特这里,就没有这样的创造行为。你会觉得关于某个主题,他是读了很多书,但他只表示同意或者反对——有时候还做出些稍微有点刻毒难听的评价,不是吗?

《巴黎评论》:确实是,不过后来他又收回了那些话。

博尔赫斯:是的是的,他后来收回了。当然了,他收回那些话是因为在那时他一开始可能被人扣上了什么帽子,就像我们今天常说的"愤青"。最后最根本的,我猜他把自己当成是英语文学的经典大家,然后他发现自己必须对同行大家礼貌尊重,所以后来就把以前说过的大部分话收回——他那些话说到了弥尔顿,甚至还批过莎士比亚。不管如何,他毕竟可能会从一个自我理想化的角度去看,觉得他与那些经典大家都属于同一个学术和文艺队列。

《巴黎评论》:艾略特的作品,主要是他的诗歌,对你自己的写作有过什么影响吗?

博尔赫斯:没有,我不认为有影响。

《巴黎评论》:但《荒原》与你的小说《永生》之间有些特定的相似之处,给我印象挺深的。

博尔赫斯:好吧,可能会有点什么吧,但就此而言我几乎完全没有意识到、注意,因为我喜欢的诗人中不包括他。济慈在我心目中的位置会比艾略特高许多。实际上,如果你不介意我这样说,我认为弗罗斯特也是个比艾略特高明得多的诗人。我的意思是,一个更优良更好的**诗人**。不过,我猜艾略特非常聪明,比前二者聪明得多;但是,智力与诗歌没多大关系。诗歌发源于某种更深层的东西,超出智力的边界范围。诗歌甚至与智慧都没有关联。诗歌是它自身的东西,有它自己的天然本质;无法定义。我记得——当然,是在我年轻时——当艾略特对桑德堡表示不屑和轻蔑,我甚至为此愤怒。我记得他这样说的——我不是在照搬原话,而是转述他的主旨;他说古典风格很好,因为古典风格可以让我们去解决诸如卡尔·桑德堡先一生之类的写作者。把一个诗人称作"先一生"[笑],这个词透露出说话者傲慢自大的心态;潜台词是说某某先一生只是碰巧进入了诗歌王国,但完全没有理由或权利待在那里,因为他实际上是个外行。在西班牙语中,这样的情形只会更刻薄,因为说到诗人,我们有时候会说"某某博士"①。如此说法就是给人一记重重的闷棍,把他彻底打翻,扫地出门。

《巴黎评论》:那么,你欣赏桑德堡?

博尔赫斯:是的,我欣赏。当然了,我认为惠特曼比桑德堡重要得多,但当你读惠特曼,你会觉得他是一个文学之人,也许是个不那么博学多识的文人;是这么个文人在尽其所能地用口语方言,在尽量多地使用俚俗语言写作。而在桑德堡笔下,俗言俚语看上去是自然到来的。当然了,我们实际上有两个桑德堡:一个是**剽悍的、粗糙的**桑德堡,另一个则是很雅致精巧的桑德堡——尤其是在他那些处理自然风景的清新小诗中。举例来说,他有时候描绘雨雾,会让人联想到中国水墨山水。而在桑德堡的另一些诗作中,你则会想起黑帮啊、街头混混啊,这一类的流氓人物。但我以为他可以两方面兼顾,而且我认为他在这两方面同样真诚恳:一方面他力尽所能去做他的芝加哥主题诗人,同时他又能以截然不同的情绪心态去写另一种诗行。关于桑德堡,我发现另一个奇特的地方是,首先是惠特曼——当然,惠特曼是桑德堡的前辈先行者——惠特曼的笔下充满了面对未来的希望;而桑德堡的写作,他写的时候似乎已经置身于将来的两三个世纪。当他写到美国[向西部]探险开拓的力量洪流,或者当他写到工业帝国的扩张,写到当时的战争以及其他等等时,他笔下给人的感觉是,仿佛所有那些事情都早已发生,

---

① 意思类似于当代汉语之"湿人"。

他是在回顾。

《巴黎评论》:他的作品中有一种幻梦元素,这也触发了我的一个问题;我想问问你对"奇异"的见解。这个词,你在自己的写作中用得也非常多;我记得,比如说,你把《绿色宅邸》①称作一部奇异的小说。

博尔赫斯:是啊,是这样。

《巴黎评论》:那么,你愿意如何定义**奇异**?

博尔赫斯:我在想,我们**能否**定义这个词。我以为,这更多是作者心中的一个意愿。我记得约瑟夫·康拉德——他是我最喜爱的作家之一——说过一句很深刻的话;我想这句话是在某本书的前言中,那书好像是《暗之线》,但好像又不是,是……

《巴黎评论》:是《阴影线》吗?

博尔赫斯:是的,《阴影线》。在前言中,康拉德说有人认为这个故事很奇异,是因为有个船长的鬼魂让船静止在大海深处。他写道——他的话对我冲击挺大,因为我也矢志写匪夷所思的奇异故事——特意去写一个奇异的故事并不是要觉得整个宇宙都是奇异和不可思议的,也不是说,一个人坐下来,有意去写点奇异的东西,就必然要抛弃常识、感受力和辨识力。康拉德认为,当一个人去写作,即使是以一种现实主义的方式去写他身边的世界,他也是在写一个奇异的故事,因为世界本身就是奇异的、神秘莫测的、不可理解的。

《巴黎评论》:你有同样的想法?

博尔赫斯:是的,我发现康拉德没错。我跟比奥伊·卡萨雷斯谈过;他也写些奇异的故事——非常、非常精妙的故事;卡萨雷斯说:"我想康拉德是

---

① 《绿色宅邸》(*Green Mansions*):英国作家 W. H. 哈德逊著。

对的。真的,谁也不知道这个世界到底是现实的还是奇异的;也就是说,谁也不知道究竟这个世界是一个自然演变的过程还是某种形式的幻梦——一种我们与他人或许共同参与或许并未共享的梦幻。

《巴黎评论》:这些年,你经常与比奥伊·卡萨雷斯合作,是吗?

博尔赫斯:是的,我总是跟他合作。每天晚上,我在他家吃晚餐,然后我们就坐下来写东西。

《巴黎评论》:能不能描述一下你们是怎么合作的?

博尔赫斯:好吧,不过情形说起来相当怪异。当我们一起写,当我们合作时,我们把自己叫作"H. 布斯托·多梅柯二人组"。布斯托是我的一个高祖父,多梅柯是他的一个高祖父。你看,怪异之处是当我们写作时,我们写的大多是滑稽幽默的东西——即使是悲剧故事,也都用一种幽默的方式讲出来,或者说讲的时候,仿佛讲述者几乎不明白自己在说什么。我们一起写的时候,我们写出的东西,如果是成功的——有时候我们就是成功的,干吗不能成功?还有,我在说的时候用的是复数,我们,不是吗?当我们的写作成功,结果出来的东西跟卡萨雷斯的就大不相同,跟我的也相差甚远,甚至连那些笑话也不一样了。所以我们创造出来一个介于我和卡萨雷斯之间的第三人;我们不知怎么搞的就弄出了一个第三者,跟我和他都差异挺大。

《巴黎评论》:一个奇异的作者?

博尔赫斯:是的,一个奇异的作者,有他自己的好恶,还有一种就是要显得荒谬乖异的个人风格;但是他自己的风格,跟我自己想创造一个乖谬角色时所用到的那种风格大不相同。我想,这就是合作时唯一可行的方式。一般来说,我们先是一起把情节过一遍,然后开始动笔——其实,我这里应该说动打字机,因为卡萨雷斯有台打字机。我们开始写之前,先讨论整个故事,然后检查细节;当然,我们也会改动这些元素:比如,我们想出一个开头,但后来又可能想到开头也可以充当结局,或者会想到,如果某个人物什么也不说或说了什么无厘头的话,效果或许更惊人。故事定稿之后,如果你问我们,某个形容词啊或者某个特定的句子是比奥伊写的还是出自我的手笔,我们就答不上来了。

《巴黎评论》:是来自那个第三者。

博尔赫斯:是的。我想这是合作的唯一办法,因为我之前也试着与其他人合作过。有时候合作进展得不错,结果很好,但有时候其中一人会觉得对方是来跟他竞争的。或者,如果不是竞争,就拿我跟贝鲁的合作为例,我们开始合写,但他羞怯而且很谦逊,是那种非常礼貌的人,因此,如果他说了什么,而你又表示了一点异议,他就会觉得受了打击,就收回自己的意见。他会说:"噢,是的,当然了,当然,对的。是我完全搞错了,是个大错误。"或者,如果你提议什么,他会说:"哦,那很棒!"这样合作的话,就什么都做不了。而在我和卡萨雷斯这里,我们不觉得彼此好像是两个竞争者,或者说,也不会感觉我们两个人是在下棋,在相互博弈。没有谁胜谁输的概念。我们所考虑的是故事本身,作品内容本身。

《巴黎评论》:很遗憾,我对你提到的那第二个作家不熟。

博尔赫斯:他叫贝鲁。他一开始写作是模仿[英国作家]切斯特顿,写小说,写侦探故事;他并不是不值一提,甚至与切斯特顿相比也不可小觑。现在,他已经开始写另外一种类型的小说,目标是描绘这个国家在庇隆独裁时期以及庇隆逃亡之后分别是什么样子。我对这种题材不是很感兴趣。我理解他的小说;我应该说,从历史,甚至是从新闻价值的角度来说,他的小说很好。当他开始模仿切斯特顿的路子写作,他写出了一些很好的小说——其中一部还让我落泪了,不过,当然了,我落泪或许因为他讲到了帕勒莫,那是我从小长大的街区,以前是流氓混混的地盘。那本小说叫作《重复的夜晚》,其中的故事非常非常棒,讲的是黑帮、暴徒流氓、抢劫犯,诸如此类的内容。所有故事的时代背景都是很久以前,我们就这么说吧,是在二十世纪初期。现在,他已经开始了这种新类型的小说,就是要呈现出这个国家曾经的模样。

《巴黎评论》：多多少少的，大概就是乡土特色？

博尔赫斯：本土色彩和本土政治。另外，他笔下的人物角色都热衷于贪污、搜刮掳掠、弄钱，如此等等。因为我对这些题材不是很感兴趣，如果我更喜欢他的早期作品，那，或许是我的错误，而不是他的。不过，我一直认为他是个伟大的作家，一个重要的作家，也是我的一位老朋友。

《巴黎评论》：你说过，你自己的作品已从早期的**表现表达**转变为后期的**暗示**，或说隐喻？

博尔赫斯：是的。

《巴黎评论》：那么，**暗示**，你指的是什么？

博尔赫斯：是这样的，我意思是说这个：当我开始写作，我认为一切都应该由作者定义。比如，在作品中说"月亮"是绝对不可接受的，一定要找出一个形容词，一个替代名称来指称月亮。（当然了，我现在只是在将事情简化。我举这个例子是因为已经有很多次，我都［把月亮］写成"月光女神"，但这只是我那时所用的一种象征［符号］。）是的，那时我认为所有东西必须由作者定义，任何普通的惯用措辞都不应该用在作品中。我不能说什么"某某走进来，坐了下来"，因为那过于简单也过于容易了。我想我一定要找出某种奇妙的方式来说这些话。如今我明白了，这些花招伎俩一般来说都让读者觉得厌烦。但我想整个事情的根源在于这样一个事实，就是说作家年轻的时候，他多少会担心或觉得他要说的话相当蠢笨无聊，或者平淡无奇，然后他就尽力给这些话加上巴洛克式的华丽修饰，借用那些十七世纪作家的语汇；或者，如果不是这样，他就决定写得很现代，然后就朝相反的方向去努力：他不断生造新词，或者总是指涉到飞机、火车或者电报和电话之类的，因为他要力显得摩登。不过，随着时间慢慢过去，写作者会觉得他的意思和想法，无论是好是坏，应该简单朴素地表达出来，因为如果你有什么想法，你必须试着把你的想法或者那种感觉或那种情绪传达到读者的意念中。如果你想同时,让我们比方说,写得同时既像托马斯·布朗爵士又像埃兹拉·庞德,那就不可能做到。所以,我认为一个作者开始写作时总是失之于过度复杂:他想同时玩好几种游戏;他想传达一种特别的情绪,同时他又想表现得很现代;如果不是想表现得摩登,那么他就又想显得很贵族气——反对改革,坚持古典风度。至于词汇,一个年轻写作者所想的第一件事,至少在这个国家是这样,就是决意去向他的读者炫耀他词汇丰富,脑袋里装着词典,知道所有的同义词,所以在他的笔下,举例来说,假如这一行里有个"红",然后另一行里就出现个"绯红",然后我们又看到其他不同的词;但这些词实际上多多少少指的是同一个颜色:深红。

《巴黎评论》:那么,你的努力方向就是一种经典的文字风格?

博尔赫斯:没错,我现在是尽力这样去做。一旦我发现有格格不入的词,也就是说,一个也许是西班牙古典文学中才用的词,或者一个只在布宜诺斯艾利斯贫民窟才用的词,我意思是说,假如这个词与其他词明显不是一回事,然后我就把这个词剔除,换上一个普通的常用词。我记得史蒂文森这样说过,在一页写得好的文字中,所有的词看上去都应该是同样的感觉。如果你写下一个粗鄙的词,一个惊悚突兀的词或者一个古色古香的词,那么篇章的规则[和统一性]就被打破了;而且更重要的是,读者的注意力就被这个词分散了。即使你写的是形而上的玄学论述,或是哲学,或者是任何别的什么东西,也应该让别人读起来感到流畅才行。

《巴黎评论》:约翰生博士也说过类似的话。

博尔赫斯:是的,他肯定说过;不管怎么说,他肯定也同意这种说法。你看,他自己的英文相当累赘;你的第一感觉是他是在用一种累赘笨重的英文写作——有太多的拉丁语词汇在里面,但如果你再读读他已经写完的东西,你会发现,在那些交错纠缠的词语背后,总是有着一个含义,而且一般来说总是一个有趣的、全新的含义。

《巴黎评论》：一个个人化的内在含义吗？

博尔赫斯：是的，个人化的。因此，即使他是以拉丁文风格写作，我还是认为他是所有作家中最能体现英语风骨的。我认为他是——我这里大概要亵渎神明，对前人不恭了；不过当然了，既然我们在讨论这个问题，干吗就不能亵渎神圣？——我认为约翰生远远比莎士比亚更能代表英语文字的特质。这是因为，如果说有一样东西是英国人最典型的特质，那就是他们那种有保留的、不把话说满的表述方式。而在莎士比亚这里，没有什么有保留的和有节制的陈述；反倒是完全相反，他过分渲染、夸大其辞——我想好像有美国人这样说过。我认为约翰生，他写的是一种拉丁文风格的英文，此外还有华兹华斯——他写作用到更多的撒克逊［古英语］词汇——另外，还有第三个作家，他的名字我一下想不起来了；噢，这样吧，让我们就说约翰生、华兹华斯，还有吉卜林，我认为他们三个都远远比莎士比亚更能体现英语的典型风骨。不知道是为什么，但我总觉得莎士比亚那里有些意大利人的做派，有些犹太人的东西；或许正是因为这一点，英国人才钦慕赞赏莎士比亚吧，正是由于莎士比亚跟他们是如此不同。

《巴黎评论》：从这个意义上来讲，这也是法国人讨厌莎士比亚的原因吧；因为他夸大其辞。

博尔赫斯：他就是相当地夸大其辞。我记得看过一部电影——那已经有些天数了，影片也不是很精彩——叫作《亲爱的》。那里面引用了莎士比亚的几行诗句。那些诗句被引用时总要好一些［比在原作中好一些］，因为他是在［以这些诗行］定义和指称英国；他把英国称作，比如说"这另一个伊甸，一半的天堂……这嵌在银海中的宝石"，还有如此等等；最后莎士比亚还说了这样的话，"这个王国，如斯之英国。"在引用的情形下，观众听到这里也就算了，即刻终止，但在原文文本中，我想这些诗句还要继续下去，以至于味道和意义尽失。真正的意义要点本来是说一个人试图去定义他的国度英格兰，他是如此热爱这个王国，发现自己最终能做的唯一事情就是直接感叹一声"哦，英格兰"——就像你会感叹"哦，美国"。但如果他说"这个王国，这方土地,如斯之英格兰",然后还继续说什么"这半个天堂"之类的,那全部意味就会流失,因为英格兰应该就已是最后一个词。好吧,我猜想莎士比亚写作总是很匆忙——处于打拼期、身为演员的莎士比亚曾向本·琼生说过此事,所以大概就是那样吧。他没时间停下来感觉一下,英格兰这个词就已经足以概括一切,可以把其他一切排除掉,应该是最后一个词了;[此时他实际上可以对自己说:]"好吧,我已经尝试了,但不可能再做什么发挥了。"但莎士比亚在这里没停步,而是继续他的暗喻修辞和高调渲染,因为他已经惯于夸大其辞。即使在"此外,仅余沉寂"这样一句著名台词中——我想那是哈姆雷特的临终遗言吧——也不例外。这句话显得有些虚假矫饰,故意去强化留给观众的印象。我想谁都不会[在临终时]这么说话的。

《巴黎评论》:根据这部戏的情境,《哈姆雷特》中我最喜欢的一句台词出现在克劳狄斯祷告的那一幕之后,哈姆雷特走进母亲的房间,说道:"哦,母亲,有什么事吗?"

博尔赫斯:"有什么事吗?"正好与"此外,仅余沉寂"相反。至少在我看来,"此外,仅余沉寂"有种空洞虚假感。人们会觉得莎士比亚是在这样想:"那么,丹麦王子哈姆雷特就要死了,现在怎么办?他一定要说点让人印象深刻的东西。"所以他处心积虑写出了这一句"此外,仅余沉寂"。现在可能是让人印象深了,但却虚假做作!他是在以诗人的身份去升华发挥,却没有把哈姆雷特当作一个真实人物,从这个丹麦青年的角度去考虑。

《巴黎评论》:你写作时,会设想自己在为哪一类读者而写,假如你确实这么设想的话?什么样的人是你的理想读者?

博尔赫斯:也许只是我的几个私人朋友。不包括我自己,因为我从来不去读自己已经写完的东西。我恐怕会为自己所写的文字而感到羞愧,我很怕去读旧作。

《巴黎评论》:很多人读你的作品,你指望许多读者能理解其中的暗示和讽喻指涉吗?

博尔赫斯:没这样指望。大部分的暗示和指涉放在作品中仅仅是作为一种私人的玩笑。

《巴黎评论》:私人玩笑?

博尔赫斯:是那种不指望与别人分享的玩笑。我意思是,如果读者也理解,那当然更好;但如果读者不理解,我也毫不在意。

《巴黎评论》:那么,你的手法和意图与其他人作品中的暗示反差很大,比如说艾略特的《荒原》。

博尔赫斯:我认为艾略特和乔伊斯都想让他们的读者感到困惑茫然,然后再绞尽脑汁去理解他们的意思。

《巴黎评论》:看起来,你读过的非虚构或纪实作品大概与小说诗歌之类的一样多,如果不是更多的话。是这样吗?比如说,很显然的,你喜欢看百科全书。

博尔赫斯:哦,确实。我非常喜欢百科全书。我记得有一段时间我来这个图书馆看书。我那时很年轻,也很害羞,都没有胆量跟人家说要借哪本书。那时候,我也很,我不想说我很穷,但那时候我确实也没两个钱——所以我就每天晚上来这里,拿起一册《大不列颠百科全书》来看,那种老版本的。

《巴黎评论》:是第十一版?

博尔赫斯:十一或者是十二版吧,因为那些版本比其他新百科全书好得多。这些老版就是来让你读的,而那些新出的仅仅是工具书而已。在十一或十二版的《大不列颠百科全书》中,你可以读到长文章,有麦考利①写的,有柯勒律治写的;哦,不不,不是柯勒律治,是……

---

① 托马斯·巴宾顿·麦考利(1800—1859):英国诗人。

《巴黎评论》：是德·昆西吧？

博尔赫斯：是的，德·昆西，还有其他人。所以我就从书架上捧下我的那册书——因为是工具参考书，所以都不用麻烦去借——然后打开翻看，直到发现自己感兴趣的文章就开始读，比如说，关于摩门教的或者关于某个特定作家的。我就坐下来读，因为这些文章是货真价实的专著、真正的书或者薄一点的小书。我看德文的百科全书也是这样读，看的是《布罗克豪斯百科》或者《梅耶斯百科》。当时新书才到图书馆，我还以为那是人们所说的压缩版《布罗克豪斯》，好在不是。人们告诉我，因为住在小公寓房里的读者没有地方来安置三十卷本的大书。百科全书如今境遇都很凄惨，都被压缩了。

[秘书苏珊娜（插话）："再打搅一次。坎贝尔先生在等着。"（西班牙语）]

博尔赫斯：哦是啊，请让他稍稍再等一会儿。总是会有这些人来访的。

《巴黎评论》：我能再问几个问题吗？

博尔赫斯：可以，当然可以，请吧。

《巴黎评论》：有些读者觉得你的故事冷漠、不近人情，挺像更年轻一代法国作家中的一些人。那是你的本意吗？

博尔赫斯：不是。[丧气地]如果这样的情况发生了，那完全是因为我太笨拙吧。因为我对笔下的人物感触很深。我对他们的感受是如此之深，所以我才讲他们[的故事]，所以我用那些陌生奇异的表达符号来写故事，为的是让读者不至于会发现那些故事全都多多少少带有自传的色彩。那些故事跟我有关联，是我自己的亲身经验。我猜，那是一种英国人式的内敛，不是吗？

《巴黎评论》：那么，像那本叫作《永恒性》（Everness）的小册子之类的，对于要读你作品的读者来说，就是一本好参考书喽？

博尔赫斯：我想是吧。此外，写了那本小书的女士是我的一个密友。我是在《罗杰氏分类辞典》中看到[everness]这个词的。然后我想到这个词是约翰·威尔金斯主教①发明的;他发明了一种人工语言。

《巴黎评论》:你的作品写过这个。

博尔赫斯:是的,我写过威尔金斯。他还造过一个很精彩的词,但很奇怪的是,至今都没有哪个英语诗人用过;那是一个精彩到恐怖的词,真的,一个可怕的词。当然了,everness 比 eternity/"永世"要好,因为 eternity 如今已经用俗用滥了。Everness 也比德语中的同义词 Ewigkeit 好得多。但威尔金斯还造过一个漂亮的词,一个仅凭它自身便构成一首诗的词,充满了无助、悲怆和绝望;那就是 neverness②。一个漂亮[到冷酷]的词,不是吗? 他发明了这个词,但我不明白诗人们为什么任由这个词荒废着却从来不曾用过。

《巴黎评论》:那你用过吗?

博尔赫斯:不不,从来没有。我用过 everness,但 neverness 可真漂亮。其中有一种无助无望感,不是吗? 任何其他语言中,或者包括英语在内,都没有一个词能有着同样的意义。你或许会说"不可能性"/impossibility,但相较于以 ness 结尾的这个撒克逊单词 neverness,就非常柔和平淡了。济慈用过 nothingness 这个词,写道:"直到情爱与名望沉入虚空/Till love and fame to nothingness do sink";但 nothingness/"虚空",我觉得,比 neverness 的冲击要弱。西班牙语中有 nadería/"琐屑、虚空"这个词以及很多相似的近义词,但没有一个能对应 neverness。所以,假如你是个诗人,你就应该用这个词。遗憾的是,现在的辞典中也不收录这个词。我不认为这个词曾经有人用过。或者也许有哪个神学家用过;这是有可能的。我猜乔纳森·爱德华兹③可能

---

① 约翰·威尔金斯主教(1614—1672):英国皇家学会第一任秘书,提出多项科学设想。
② Neverness:无,空。汉语中似亦无对应词。该词内蕴可如此比方:若人类文明突然彻底毁灭,痕迹全无,地球回复至数亿年前的状态;以人类的视角去看,那种感受便是 neverness——一切皆无,仿佛也从来不曾有过。
③ 乔纳森·爱德华兹(1703—1758):美国神学家。

会喜欢使用这一类词,或者托马斯·布朗爵士也会;当然了,莎士比亚也可能,因为他非常热衷表词语游戏。

《巴黎评论》:你对英语的理解和感受这么敏锐,你这么喜爱英语,但你几乎都不用英文写作,为什么呢?

博尔赫斯:为什么? 是啊,为什么呢,是因为我担心。恐惧。但是明年,我要发表一些演讲,我打算用英文写讲稿。我已经给哈佛写信了。

《巴黎评论》:你明年要去哈佛?

博尔赫斯:是的。我将提供一个讲座课程,关于诗歌的。我认为诗歌,差不多来说,是无法翻译的;另外,我认为英语文学,当然其中也包括美国文学,到目前为止,是世界上最丰富的,所以我打算大部分范例诗句——如果不是全部的话——都采用英语诗歌材料。当然了,既然我有自己的喜好,我也会尝试加入一些古英语的诗歌范例,但那毕竟还是英语啊! 实际上,根据我的一些学生的看法,古英语远远比乔叟的英语还更像是英语呢!

《巴黎评论》:还是暂时回到你自己的作品:我常常好奇,你的作品是如何安排进那些不同的集子的。很明显,写作年代顺序不是安排的原则。是不是根据主题的相似性来编选?

博尔赫斯:不,不是按写作年代。有时候同样的一个寓言或者故事,我发现自己已经写了两次,或者发现两个不同的故事有着同样的寓意,我就决定把它们并列放在一起。这就是唯一的编选原则。因为,比如说,发生过这样的事情,我写了一首诗,一首不太好的诗,在多年以后又来重写;重写完了之后,我的某些朋友告诉我:"哦,这跟你大约五年前发表的那首诗是一样的。"我就说:"哦,事实上就是同一首啊!"但我一点儿都不认为它们是完全一样的。我认为,毕竟,一个诗人可能只有五或六首诗可写,不会再多。他所有其他的诗歌都是相当于从不同的角度来重写那几首,在不同的年代也许会换成不同的情节和不同的人物主体,但这些诗在本质上和内在核心方面还是那同样的几首。

《巴黎评论》:你也写过很多评论和杂志文章。

博尔赫斯:对的,我必须要写那些。

《巴黎评论》:你只挑自己想评论的书去写书评吗?

博尔赫斯:是的,我一般是这样做的。

《巴黎评论》:所以你的选择真正表明了你的趣味?

博尔赫斯:哦,是的是的。比如,有人叫我去写什么"文学史"的书评,我发现其中很多滑稽可笑的明显错误,而作者却是我非常欣赏的一位诗人,于是我就说:"不行,我不想写这个书评了,因为如果我要写的话,就会说些反对的意见。"我不想攻击别人,尤其是现在;我年轻时,是的,那时我曾很喜欢批别人,但随着时间的流逝,你会发现攻击别人是很徒劳的举动。你写文章赞同或者反对别人,那既不会帮到他,也不会伤到他。我想,好吧,我想一个人可以得到提升,从他自己的写作中得到提升——无论是被他自己的作品激励还是打击,而不是从别人对他的评价中得到帮助;所以即使你大肆自吹自擂,而且别人也夸你是天才,但你最终会露出原形。

《巴黎评论》:你为笔下的人物取名,是否有什么特定的策略?

博尔赫斯:我采用两种手法:其一是用我祖父、曾祖父等等先人的名字。这样可以给祖先们一种,怎么说呢,我并不想说是一种所谓名垂后世的不朽感,但这就是我的手法之一。另一种手法就是采用那些在某个方面能触动冲击我的名字。举例说,在我的一篇小说中,来来去去出场的人物之一名叫亚莫林斯基(Yarmolinsky),是因为这个名字让我很有感觉——这是个奇特的词,不是吗? 另外还有个角色名叫红萨拉赫(Red Scharlach),因为"萨拉赫"在德语中的意思是猩红,而这个人物是个嗜血的杀人犯,所以他是双重的红色,不是吗? 红萨拉赫:红上加红。

《巴黎评论》:有个角色在你的两个故事中出现,那是位名字很优美的公主,她的名字有什么说法吗?

博尔赫斯:你是说"弗茜妮·露辛"(Faucigny Lucinge)?听我说,那是我一个极好的朋友,她是位阿根廷淑女,嫁给了一位法国亲王;就因为这个名字很美,就像法语中大多数人和物的命名一样;如果把前面的"弗茜妮"去掉,这个名字就特别优美。事实上她也是这样做的,她称自己为"露辛[家族的]公主"。这是个很美好的词。

《巴黎评论》:那特隆(Tlön)和乌科巴尔(Uqbar)呢?

博尔赫斯:哦,那没什么,只是为了显得野蛮、粗笨一点。[听听看,]"俗-乌-磕-巴-尔"。

《巴黎评论》:某种程度上,有点不易发音?

博尔赫斯:是的,读起来多多少少有点麻烦。再说说特隆:t 和 l 在一起,这种组合不常见,不是吗?后面接着的是 ö,出自拉丁语中的 Orbis Tertius,[意思是"第三个世界"]——这个大家可以顺利地说出来,不是吗?用"特隆"这个名字,我或许是想到了[德语中的]traum 这个词,与英语中的"dream/梦"是同样的意思。不过呢,[如果与 traum 关联,]那"特隆"就不得不拼写成 Tröme①,但这个词或许会让读者联想起火车;t 和 l 是个相当怪异的组合。我想我生造过一个词来称呼想象中的事物,把那些东西叫作 hrön/赫隆;但当我开始学习古英语,我发现 hran 是古英语中用来指称鲸鱼的单词之一。古英语中,有两个词 wael 和 hran 都指"鲸鱼",所以 hranrād 说的就是"巨鲸之路";古英语诗歌中的"巨鲸之路"指的就是"大海"。

《巴黎评论》:那么,你生造出的那个词,指一种事物,它通过想象来作

---

① Tröme:该词当为博尔赫斯生造,可能与丹麦语中的"tromme/鼓",或古爱尔兰语中的"trom/巨大、沉重"相关。

用于或扰乱现实；那个你已经发明出来的词“赫隆”，实际上是不是就是hran？

博尔赫斯：是的是的，这个词自己从我脑中冒出来的。我倒是愿意认为它来自我十个世纪前的先祖——这是一种有点靠谱的解释，不可以吗？

《巴黎评论》：你是否承认，在你的故事中，你尝试把短篇小说与随笔杂交混合？

博尔赫斯：是的——但我可能不是特意那样做的。第一个向我指出这一点的是卡萨雷斯。他说我写的短篇故事介于随笔和小说之间，真的像两者之间的一个中途落脚点。

《巴黎评论》：那是否是为了部分地缓解你对叙事作品写作的畏怯和焦虑？

博尔赫斯：或许曾经是这样吧，是吧。因为如今，或者说至少现在，我开始写系列小说了，关于布宜诺斯艾利斯的黑帮混混的——这些直接是纯粹的小说了。其中没有什么随笔散文的，更不用说有什么诗歌。小说叙事是直接展开的，里面的故事在某种程度上是悲凉的，或许还可怖。故事都很节制冷静，讲述的人也是流氓恶棍；这样的人我们几乎无法理解。他们或许是悲剧，但他们自己感觉不到悲剧。他们只是讲述故事，[而叙述会]让读者感觉到——我希望如此——故事比其本身更深入。关于人物角色的情绪，丝毫都没提到——我是从古斯堪的纳维亚语的《萨迦》史诗中领悟到这一点的，也就是说，应该通过人物角色的言语和行为让读者了解人物；作者不应该闯进人物的脑壳，把人物的所思所想讲出来。

《巴黎评论》：所以这些故事是非心理化的，而不是非个人化的？

博尔赫斯：是这样，但故事背后也有着潜藏的心理表现，因为，否则的话，人物角色就完全是傀儡了。

《巴黎评论》：你对卡巴拉①又是什么看法？你最初对这个感兴趣是什么时候？

博尔赫斯：我想我是通过德·昆西接触卡巴拉的；他的理念是，整个世界是一套象征符号，或者说，每样事物都喻指着别的什么东西。后来，我住在日内瓦的时候，有了两个私人朋友，两个极好的朋友——莫里斯·埃布拉莫维奇和西蒙·耶希林斯基；他们的名字已经明确告诉你他们的血统来源了：是波兰的犹太人。我极其欣赏瑞士以及这个国家本身，不仅喜爱那里的自然风物，更爱那些秀美城镇；但是瑞士人太冷漠了，你几乎没法与一个瑞士人成为朋友，我猜那是因为他们必须靠外国游客来生活吧，所以他们厌倦外国人。对于墨西哥人来说恐怕也是一码事，因为他们主要依靠美国人，依靠美国游客来生活吧。我不认为有谁当个开旅馆的小老板还会乐此不疲，虽然开旅馆没什么见不得人的。但假如你是开旅馆的，假如你总是要忙于招待许多外国人，那么，你会觉得这些人是跟你不同的异类，而且，时间长了，你大概会厌烦他们的。

《巴黎评论》：你试着把故事写得神神秘秘的，对吗？

博尔赫斯：是的，有时候是的。

《巴黎评论》：采用那些传统的卡巴拉神秘见解吗？

博尔赫斯：不是。我读过一本书，书名叫《犹太教神秘主义主要思潮》。

《巴黎评论》：是肖勒姆写的那本？

博尔赫斯：是的，肖勒姆写的，还有特拉亨伯格写的一本，也是探讨犹太教迷信的。虽然我读过所有我能找到的研究卡巴拉的书和百科全书中的专题篇章，以及其他等等，但希伯来语我是一窍不通。我祖上也许有犹太血统，但我说不清，不能肯定。我母亲姓阿塞维多（Acevedo），这可能是一个葡

---

① 卡巴拉：犹太教中的神秘一支。

萄牙裔犹太人的姓,但话说回来,也可能不是。假如你叫亚伯拉罕,我想那就绝对毫无疑问[,你是犹太血统]。但随着很多犹太人取了意大利、西班牙、葡萄牙语的名字,假如你也用了这当中的一个名字,那并不一定意味着你有犹太血统。当然了,acevedo 这个词,指的是一种树木;这个词并不特定是属于犹太人的,尽管确实很多犹太人姓阿塞维多。所以我不能确定。不过,我倒是希望我祖上有点犹太血统。

《巴黎评论》:你曾写道,所有人类要么是柏拉图派,要么就是亚里斯多德派。

博尔赫斯:不是我说的。是柯勒律治说的。

《巴黎评论》:但你引用过。

博尔赫斯:确实,我引用过。

《巴黎评论》:那么,你是哪一派?

博尔赫斯:我想我是亚里斯多德派,经验主义者,但我希望自己是相反的那一派。我猜是英国人的务实气质让我把具体的人和事物作为真实实在的对象来思考,而不是把抽象的总体概念视为实在物。不过,我恐怕只能到此为止了——坎贝尔一家人在等着。

《巴黎评论》:我告辞之前,能否请你在这本书上签名,你的集子《迷宫》?

博尔赫斯:欣然从命。啊,对了,我知道这本书。这里有我的照片——但我看起来真的是这个样子吗? 我不喜欢这张相片。我没这么闷闷不乐吧? 怎么这么沮丧的?

《巴黎评论》:你不觉得看上去是在沉思吗?

博尔赫斯:也许吧。但是这么愁容满面? 这么沉重? 看那眉头……哦,算了吧。

《巴黎评论》：你喜欢这个集子吗？

博尔赫斯：很不错的翻译，不是吗？只是里面的拉丁文词语太多了。举个例子，假如我写了这个，就这么说吧，我写了 habitación oscura①（当然了，我不会这么写的，我只可能写 cuarto oscuro②，但只是说说而已，假定我这么写了），那么翻译的人就会受到诱导，用"寓所、居所"（habitation）这个词去对应 habitación；这个译词听起来与原文很接近。但我想要的词只是"房间、屋子"（room）：这个表达更明确、更简单，也更好。你知道的，英语是一种优美的语言，但那些老旧的语言甚至更优美：它们有很多**元音音素**。但元音在现代英语中已经失去了重要性，失去了特色和趣味。我对英语的希望——对英文这种多国语言的希望——寄托在美国这里。美国人的英语说得清晰。现在我去看电影，都看不到什么了，但看美国片，我听得懂每一个字。而英国电影我没法听得同样清楚。你是否也觉得这样？

《巴黎评论》：有时候如此，尤其是喜剧片。英国演员好像讲话太快。

博尔赫斯：正是！正是如此。太快，语气重音的强调又太少。他们把词和声音说得很模糊。太快就模糊了。这样不行；美国人必须挽救这门语言。另外，告诉你吧，我认为西班牙语也面临同样的问题！我更欣赏南美洲的西班牙语音，一直如此。我猜现在的美国人不再读林·拉德纳和布莱特·哈特了吧？

《巴黎评论》：还是有人读的，不过主要是中学生读。

博尔赫斯：那欧·亨利呢？

《巴黎评论》：还是那样，基本是在中学读。

博尔赫斯：我猜中学强调的主要是那种写作技巧，那种出人意料的结

---

① ②　habitación oscura：西班牙语，较古雅，相当于中文之"一处暗昧寓所"。cuarto oscuro：还是西班牙语，比较朴素简单，意为"一间黑屋子"。

尾。我不喜欢那类花招,你呢? 当然了,那种技巧在理论上说起来很好,但在实际写作中,就是另外一码事了。如果仅仅只有惊奇和意外,那只要读一遍就够了。记得蒲柏怎么说的吗,"突降的艺术"①。但现在的侦探小说,情况就不同。故事中,意外和悬念还是有,但是也有[鲜明生动的]的人物,还有场面或者场景来犒劳读者。不过,我必须失陪了;我记得"坎贝尔们"来了,坎贝尔一家来了呀! 我估计他们肯定是"声势浩大"的一群。他们人呢?

(原载《巴黎评论》第四十期,一九六七年冬/春季号)

---

① 突降的艺术:the art of sinking,或译"弄巧成拙的艺术"。

艾萨克·巴什维斯·辛格

◎ 菊　子/译

艾萨克·巴什维斯·辛格和他的妻子住在上百老汇大街一座公寓楼内，一套宽敞、阳光很好的有五个房间的公寓里。除了大量的书和一个大电视，公寓里摆放的是伪维克多利亚式样的家具，那种曾经是二十世纪三十年代舒适家庭典型的摆设。

辛格在起居室内的一个窄小的、拥挤的桌子上工作。他除了访谈、访问和电话以外，每天都写作，但没有特定的写作时间。他的名字还列在曼哈顿的电话簿上，差不多每天都要收到几个陌生人的电话，这些人读到了他写的什么东西，想跟他谈谈。直到不久前，他还会邀请任何打电话的人来吃午餐，至少是喝咖啡。

辛格用意第绪语在带条格的笔记本上写作，不用速记。他写的大部分作品，首先还是出现在纽约出版的、美国最大的意第绪语杂志《犹太前进日报》上。找翻译来将他的作品翻译成英文，一直是个大问题。他坚持和译者密切合作，和他们一起反复切磋每一个字。

辛格总是穿深色西装，白色衬衣，系深色领带。他的嗓音有点尖，但很令人愉快，并且从不抬高嗓门。他中等个子，很瘦，脸色有一种不自然的苍白。多年来，他一直严格保持素食。

辛格给我的第一印象是，他是一个弱不禁风、虚弱的人，走一条街区都要花很大力气。实际上，他每天要走五六十个街区，走路途中一定要停下从一个棕色纸袋里拿出东西来喂鸽子。他喜欢鸟，家里有两只宠物长尾鹦鹉，

57

8

《教授的妻子》的一页手稿

不关笼子,在他的公寓里飞来飞去。

——哈罗德·弗伦德,一九六八年

《巴黎评论》:很多作家起步时,将别的作家当作模仿的样本。

艾萨克·巴什维斯·辛格:对,我模仿的样本是我的哥哥 I.J.辛格,他写过《阿什肯纳兹兄弟》。我哥哥是我最好的写作模范了。我目睹他如何跟父母争斗,目睹他如何开始写作,如何慢慢成长,开始发表作品。很自然,他对我有影响。不光如此,后来一些年,我开始发表作品以后,我哥哥还教给我一些写作规则,对我来说,这些规则是神圣的。倒不是说这些规则不能偶尔违反一下,但最好是记住它们。他的一个规则是:事实永远不会变得过时或陈旧,但议论总是会变得过时或陈旧。当一个作家试图作出过多的解释、进行心理分析时,那么,他创作伊始,就已经过时了。想一想吧,假如荷马用古希腊的哲学或者是他那个时代的心理学去分析他的主人公的行为,那么,谁也不会去读荷马!幸运的是,荷马只为我们呈现了形象和事实,而正因如此,《伊利亚德》和《奥德赛》在我们的时代还仍然新奇。我认为这条规则适用于所有的写作。一旦作者开始试图从心理学的角度解释主人公的动机,他就已经失败了。这并不意味着我反对心理小说。有很多大师把心理小说写得很好。但是,我认为让一个作家、尤其是年轻作家去模仿他们,不是什么好事情。譬如说,陀思妥耶夫斯基。你可以说他是心理派的作家;我可能不会那么说。他有他的探索,他试图用他自己的方式诠释事件,但即便是他,他的基本力量也是在于铺陈事实。

《巴黎评论》:你如何看待心理分析和写作?很多作家都被人做过心理分析,并且觉得心理分析不仅帮助他们理解自己,还帮助他们理解他们笔下的人物。

辛格:如果一个作家是在医生的办公室里做了心理分析,这是他自己的事。但是,如果他想把这个心理分析写进作品,那就很可怕。最好的例子是那个写《旋律的配合》的那个人。他叫什么名字?

《巴黎评论》:奥尔德斯·赫胥黎。

辛格:奥尔德斯·赫胥黎。他试图按照弗洛伊德的心理分析来写一篇小说。我认为他失败得一塌糊涂。这篇小说现在这么老,这么陈旧,即使在学校也无人问津。所以,我认为,当一个作家坐下来进行心理分析时,他是在毁坏自己的作品。

《巴黎评论》:你有一次告诉我,你读的第一部小说是《夏洛克·福尔摩斯探案集》。

辛格:喔,我十岁、十一岁的时候读到这些东西,在我看来,它们是那么崇高,那么美妙,直到今天,我还是不敢再去读夏洛克·福尔摩斯,因为我担心可能会失望。

《巴黎评论》:你认为柯南·道尔对你有过什么影响吗?

辛格:没有,我觉得夏洛克·福尔摩斯的故事对我没有什么实际影响。但我可以说一条——从我的童年起,我就热爱一个故事中的悬念。我喜欢一个故事应当是一个故事。故事应当有一个开头和一个结尾,还有一种最后会发生点什么的感觉。这个规则,我到今天还在遵守。我觉得,到我们这个时代,讲故事已经差不多成了一门被遗忘的艺术。但是,我在尽力不要感染上这种健忘症。对我来说,故事仍旧是一个故事,在故事中,读者聆听故事,然后想知道有什么事情会发生。如果读者从一开始就什么都知道,那么,即使叙述很好,我也觉得这不是一个好故事。

《巴黎评论》:诺贝尔奖颁给了 S. Y. 阿格农和奈利·萨克斯,你怎么看?

辛格:关于奈利·萨克斯,我一无所知,但我知道阿格农。从我开始阅读就知道他了。我认为他是一个好作家。我不会称他为天才,不过这年头你到哪里去找那么多天才? 他是老派作家里面一个很扎实的作家,这一派作家的作品,一翻译就失去很多东西。但是,仅就希伯来语来说,他的风格简直就是美妙。他的所有作品,都和《塔木德》《圣经》和《米德拉什》有关。他写的东西都有许多层面,特别是对那些懂希伯来文的人来说。翻译之后,所有这些层面都消失了,剩下的只有纯粹的写作,不过,这剩下的纯粹的写作也还是很好。

《巴黎评论》: 诺贝尔文学奖颁奖委员会说,他们是在将诺贝尔奖发给两位反映以色列声音的犹太作家。这让我思考,你如何定义一个犹太作家,而不是一个碰巧是犹太人出身的作家?

辛格: 在我看来,只有意第绪语作家、希伯来语作家、英语作家、西班牙语作家。整个犹太作家或天主教作家的概念,在我看来都有些牵强附会。但是,如果你一定要逼着我承认有一种叫犹太作家的东西,我可以说,他必须是一个真正浸染在犹太性中的人,懂希伯来文、意第绪语、塔木德、米德拉什、哈西德文学、卡巴拉,等等。然后,如果他还写有关犹太人和犹太生活的作品,或许我们称他为犹太作家,不管他用什么语言写作。当然,我们也可以简单地直称他为作家。

《巴黎评论》: 你用意第绪语写作,今天,能读意第绪语的人已经很少了。你的书被翻译成了五十八种文字,但你说过,你对这个事实很忧虑,就是你的大多数读者,你的绝大多数读者,都是从英文或法文等译文中读到你的作品的。没有几个作家能读你的意第绪语作品。你是否觉得很多东西在翻译过程中损失掉了?

辛格: 我的意第绪语读者没有我期望的那样多,这个事实确实使我感到忧虑。一门语言在走下坡路,而不是上坡路,这可不好。我想让意第绪语蓬勃发展,就像意第绪语学者们号称它**确实是在**蓬勃发展的那样。不过,就翻译来说,很自然,每个作家在翻译中都有所损失,尤其是诗人和幽默作家。

还有那些与民间传说密切相关的写作者损失也很大。不过,最近我在帮助别人翻译我的作品,由于已经意识到这个问题,我就加倍小心,不要损失太多。问题是,在另外一种语言中,为一个成语找到一个完美的对应词非常困难。当然,我们都从翻译中学习文学,这也是一个事实。大多数人都是从译文学《圣经》的,从译文读荷马和所有的古典文学。翻译虽然会损害一个作者,但不会杀死他:如果他确实优秀,即使是在翻译中,他也能够出类拔萃。我在我自己作品的翻译中也见过这样的情形。此外,翻译在一个方面也对我有帮助。我在编辑译文、和译者合作的时候,一遍又一遍地阅读自己的作品,我在这么做的时候,能够看见我作品中所有的缺陷。翻译帮助我避免一些陷阱,如果我用意第绪语写一部作品,然后就发表它,而不是因为翻译逼着我再读它一遍,那我可能就无法避开这些陷阱。

《巴黎评论》:听说你停止写作五年,因为你觉得你没有为之写作的读者,这个说法对不对?

辛格:我来到美国以后,确实停写了几年。我认为那不完全是因为我觉得没有读者。读者多得很。从一个国家到另一个国家,移民,是一种危机。我有一种感觉:我的语言丢失了。我的形象也不存在了。事物——我看见成千上万的物体,波兰的意第绪语里没有它们的名称。拿地铁举个例子吧——我们波兰没有地铁。意第绪语中没有地铁这一名词。突然,我得应付地铁、穿梭火车和区间火车,我的感觉是,我失去了自己的语言,也失去了对周围事物的感觉。当然,此外还有谋生、适应新环境的麻烦……所有这些事情交织在一起,那几年间,我不能写作。

《巴黎评论》:你觉得意第绪语有没有未来,还是觉得它很快就会完全成为一种死亡的语言?

辛格:它不会成为一种死亡的语言,因为意第绪语和五六百年的犹太历史,非常重要的犹太历史,联系在一起。任何想研究这段历史的人,都必须学意第绪语。我开过一个玩笑,我从意第绪语得到一种特别的安慰,这就是,我们现在的世界人口只有三十五亿,但一百年以后,我们很可能就会有一千亿,而每个人都需要一个博士学位。想想看,意第绪语对所有这些找题目的学生该多有用处。他们会挖出所有跟意第绪语有关的东西,分析它,写与之相关的东西,文章啊,那些你为大学写的东西——论文啊。因此,我觉得它不会被忘记。举阿拉米文作个例子吧。犹太人不用阿拉米文有两千年了,但语言却还在那里。它现在成了希伯来文的一部分。阿拉米文现在用于证书和离婚文件中。犹太人从来不会忘记任何东西,尤其是不会忘记像意第绪语这样有这么多创作、起过这么大作用的语言。

《巴黎评论》:我们想想用意第绪语写作的当代作家时,马上想到了你。但是,然后就很难找到任何别的名字了。还有别的你比较推崇的用意第绪语写作的作家吗?

辛格:我比较推崇的作家有一个。确实,他是一个伟大的作家。他是一个诗人。他的名字是阿哈龙·泽特林。这个人,他是我的朋友,但我不是因为他是我的朋友才夸奖他。他确实是一个伟大的诗人。我认为他的作品和托马斯·哈代的诗歌有同样的价值,而我对哈代的评价是很高的。其他的……还有其他一些意第绪语作家……有些人比较有名,比如肖勒姆·阿施,还有大卫·贝格尔松。还有个叫 A. M. 富克斯的很有力量的散文家,他是一个强有力的作家,但他总是写同一个题材。他用一百万种形式讲述一个故事。但我得说,意第绪语写作中有一种非常有效却非常老派的东西——因为现代意第绪语作家不写真正犹太的东西,尽管事实上他是启蒙的产物。他是在这种观念中成长起来的:要脱离犹太性,成为普世的人。正因为他这么处心积虑地要变得普世,反而变得褊狭。这就是悲剧所在。不是所有的意第绪语写作都这样,但很多是这样。感谢上帝,我开始写作的时候,避开了这个不幸。尽管我常常受到劝阻。他们说,你干吗写恶魔和小鬼啊。你干吗不写写犹太人的处境,犹太复国主义、社会主义、工会、裁缝们应该涨工资,等等,等等。但我内心深处有什么东西拒绝干这些。他们向我抱怨,说我过时了。说我退回到已经消失了的那几代人那里去了。说我差不多算是个反革命派。但是,青年作家有时候十分固执。我拒绝走他们的路,我后来感到庆幸,我有这样的个性,没有做他们想让我做的事情。这种写作到了如此过时和陈旧的程度,问题已经不是找到意第绪语的翻译,而是实际上我们可以翻译的东西很少。

《巴黎评论》:你说"这种写作"的时候,指的是关于工会的作品和……

辛格:关于工会,关于移民,关于进步,关于反犹主义。这种新闻记者式的写作,作者有创造一种他们所称的更好世界的欲望写作。让世界更好,让犹太人的处境更好。这种写作在二十年代很时髦,我得说,意第绪语作家实际上一直就没有从中跳出来。

《巴黎评论》:你相信一个更好的世界吗?

辛格:我相信一个更好的世界,但我不认为一个坐下来写一篇小说让世界变得更好的小说家能取得什么成就。更好的世界是由很多人,由政治家、国务活动家和社会学家造就的。我不知道谁会去创造它,也不知道是不是终究会有一个更好的世界。我唯一确定的,就是小说家做不到这一点。

《巴黎评论》:超自然在你几乎所有作品中,尤其是你的短篇小说中屡屡出现。你为什么这样关注超自然? 你本人相信超自然吗?

辛格:绝对相信。超自然之所以总是频繁出现,是因为它总是在我的头脑中。我不知道我是否应该称自己为神秘主义者,但我总是觉得我们周围环绕着力,一种神秘的力,它在我们所做的所有事情中都发挥着很大的作用。我觉得,心灵感应和千里眼在每个爱情故事中都起作用。甚至在生意中也起作用。在人类从事的所有活动中都起作用。几千年来,人们曾经穿羊毛衣服,晚上他们脱衣服的时候,会看见小火星。我不知道,几千年前,当人们脱衣服时看见这些小火星,他们怎么想? 我敢肯定,他们假装没看见,如果小孩子们问他们,"妈妈那些小火星是什么呀?"我敢肯定,母亲会说,"都是你想出来的!"人们肯定是不敢谈及这些小火星,免得被人怀疑成巫师和巫婆。不管怎么说，人们假装没看见小火星，我们现在知道它们并不是幻觉，这些小火星背后的力，就是如今催动我们的工业的力。我还要说，我们每一代人都看见这样的小火星，但我们忽视它，因为它们不符合我们的科学和知识的图画。我认为，作家的责任，以及作家的乐趣和功能，就是引出这些小火星。对我来说，千里眼和心灵感应……恶魔和小鬼……所有这些东西……

《巴黎评论》：鬼魂？

辛格：鬼魂和所有这些人们今天称之为迷信的东西，恰恰是我们今天正在忽视的东西。

《巴黎评论》：你觉得它们将来能从科学上得到解释吗，就像今天可以用电来解释小火星？

辛格：我觉得，科学的概念——什么是科学的，什么是不科学的——是会随着时间而发生变化的。有很多事实，不能在实验室里制造出来，但它们仍旧是事实。你不能在实验室里显示曾经有过一个拿破仑，你不能像证明电流那样证明拿破仑的存在，但我们知道**确实有过**一个拿破仑。我们今天称作鬼魂、灵异和心灵感应的东西，也是那种不能准备、不能进行试验的事实。但这并不说明这些事实不是真实的。

《巴黎评论》：那恶魔呢？在你很多作品中，恶魔是主要角色。

辛格：自然，我将恶魔和小鬼当作文学象征来使用。这是真的，但我使用它们的原因是因为我对他们有感觉。如果我对这些实体没有感觉，我便不会使用它们。我仍然恪守这条信念，就是我们周围环绕着各种力，我是在这种信念中长大的，如今我还坚持这种信念。倒不是我刻意而为，而是它们附着在我身上。如果你关上灯，我就在一个黑屋子里，那么我就会感到害怕。就像我七八岁的时候一样。我和很多理性主义者说过这个，他们都觉得这太反逻辑了，不过，当我问他们会不会在一个冬天的晚上和一具尸体睡在同一间屋子里,他们便会发抖。每个人都害怕超自然。既然我们都害怕超自然,我们便没有理由不利用它。因为假如你害怕什么东西,你在害怕这桩事实,就说明你承认它确实存在。我们不会害怕不存在的东西。

《巴黎评论》:你是唯一一个写魔鬼的犹太作家。即使是希伯来文学也避免恶魔题材。

辛格:意第绪和希伯来文学都确实经受了启蒙的影响。从某种意义上讲,它们都是现代类型的文学。作家们在成长过程中,相信他们已经在中世纪里沉沦太久,也相信既然现代文学应当是理性和有逻辑的,他们就应当面对真实世界。对他们来说,当我刚开始写作时,我像是一个最反动的作家,一个想回到黑暗时代的作家。但是,如我所说,青年作家有时候是十分固执的。对你来说是**黑暗**,对我来说是**真实**。他们都为此而谴责我。但是今天,既然这种写作取得了一定程度的成功,他们也设法接受了它。因为你知道这个世界是怎么回事:如果什么事情能行,那它就能行。事实上,我并没有指望什么人能够对我那种写作感兴趣。我感兴趣,这对我就足够了。

《巴黎评论》:你对仪式和迷信这么感兴趣,那你对你自己有什么仪式和迷信吗——特别是有关你的写作和写作习惯?

辛格:我确实相信奇迹,或者说,天上的恩典。但是,我相信的是生活所有领域的奇迹,**单单除了**写作。写出好作品的唯一途径是埋头苦干。口袋里装一条兔子腿,靠这个是不可能写出好故事的。

《巴黎评论》:你是怎么动手写小说的?你是不是像一个记者那样随时都在观察?你记笔记吗?

辛格:我从来不出去寻找故事。我记笔记,但从来不是像记者那样。我的故事都是基于生活中发生在我身上的故事,而不是我走出去寻找它们。我记的唯一笔记是关于一个故事的想法。但这个故事必须有一个高潮。我不是那种写生活片段的作家。如果我有了一个故事的想法,我会把它写在我随时携带着的小笔记本上。最后,故事要求被写出来,然后我就把它写出来。

《巴黎评论》:除了写故事和小说以外,你还多年从事新闻行业。你还在给《前进》当记者。

辛格:是。我是一名记者。每个星期,我写一到两篇新闻文章。意第绪语新闻业和其他语言尤其是英语的新闻业有很大不同。在美国,一个记者要么完全处理事实,要么就政治局势发表评论。至于意第绪语报纸,虽然它是日报,实际上,也是个每日杂志。在《前进》上,我可以写关于生活是否有意义的文章,或者写你不应当自杀的文章,或者是关于小鬼和恶魔无处不在的专著。我们读者的习惯,主要是从广播、电视和每天晚上发行的英文报纸中得到新闻。当他早上买《前进》时,并不是为了新闻;他想读文章。所以,如果我是记者的话,我也不完全是那种比如说给《纽约时报》工作的记者。

《巴黎评论》:你认为给《纽约时报》那样的报纸工作,对于想写小说和故事的人是不是很好的背景?

辛格:我觉得,人,尤其是一个作家,任何信息对他都是有好处的。我觉得当记者对一个作家不会有坏处。

《巴黎评论》:你认识别的作家吗?

辛格:很少,因为在美国这儿我发现没有什么地方可以和他们碰头。住在波兰的时候,我曾经在作家俱乐部里出入。我每天都去那里。但美国没有那样的地方。我基本不认识别的作家。偶尔,我会在一个鸡尾酒会上认识一些作家,我也喜欢他们;他们是很好的人。但不知怎么的,我们从来没有超出那种点头之交。对此我觉得很遗憾。我想和其他作家更友好一些。

《巴黎评论》:很多当代作家都在大学里教书。你如何看待在写作的同时以教书为生?

辛格:我认为对一个作家来说,当记者是个比教书更健康的职业,尤其如果他教的是文学。如果教文学的话,作家习惯于时时刻刻地分析文学。有个人,一个批评家,告诉我:"我从来不能写任何东西,因为我刚刚写下头一行,就已经在想写一篇关于它的文章。我已经在批评我自己的作品。"

作家同时又是批评家,又是作家,这样不好。如果他只是偶尔写一篇评论,甚至是写一篇关于批评的论文,这还没有关系。但是,如果他时刻进行这种分析,分析变成他每天的口粮,某一天这种分析也会成为他写作的一部分:一个作家,一半是作家,一半是批评家,这非常糟糕。他在为他的主人公写文章,而不是在讲故事。

《巴黎评论》:你能跟我们谈谈你写作的方式吗?你是不是每天都写作,一个星期写作七天?

辛格:哦,我早上起来的时候,总是有点想坐下来写作的愿望。大多数日子,我确实写点什么。可是,然后我就接到电话,有时候我得给《前进》写篇文章。偶尔,我得写一篇书评,我被人采访,我总是被人打扰。不管怎么着,我坚持写点什么。我不用逃走。有些作家说,他们只有到一个遥远的岛上才能写作。他们会跑到月球上去写,免得被人打搅。我觉得,被人打搅是人生的一个部分,有时候,被人打搅是有用处的,因为你中断了写作,你休息的时候,你在忙着做别的事的时候,你的视角会发生变化,或者视野会变得开阔。关于我自己,我能说的是,我从来没有像一些作家说他们自己那样,平平安安地写作过。不过,不管我有什么想说的东西,我坚持说下去,不管周围有什么干扰。

《巴黎评论》:你觉得写作最困难的是什么?

辛格:故事结构。对我来说,这是最困难的部分。如何安排一个故事的结构,使它有趣。实际写作本身对我来说倒容易一些。一旦我将结构安排好了,写作本身——叙述和对话——就自然地流淌出来了。

《巴黎评论》：大部分西方作品的主人公是超人，普罗米修斯的性格。而意第绪语小说、犹太作品的主人公，似乎是小人物。一个贫穷而骄傲、永远在挣扎的人。你自己的小人物的经典范例是傻瓜吉姆佩尔。这么多意第绪语小说的主人公是小人物，你认为原因是什么？

辛格：嗯，意第绪语作家确实不是在英雄观念中长大的。犹太人聚居区中，英雄很少——很少骑士、伯爵、决斗的人物等等。至于我自己，我不觉得我是在按照意第绪语作家的"小人物"传统在写作，因为他们的小人物实际上是一个"受害者"——一个反犹主义，经济状况等等的受害者。我的人物，虽然他们不是在世界上发挥很大作用那种意义上的大人物，但他们仍然不是小人物，因为他们以自己的方式，成为有性格的人物、有思想的人物、有伟大的苦难的人物。傻瓜吉姆佩尔确实是个小人物，但他不是肖勒姆·阿莱汉姆笔下的特维那种小人物。特维是一种欲望很少、偏见很少的小人物。他想做的一切，就是谋生。如果特维能够谋生，他便不会被赶出自己的村庄。如果能将他的女儿都嫁出去，他就会是一个幸福的人。而在我这里，我大多数主人公都不会仅仅满足于一些卢布、或者是满足于得到在俄国或其他什么地方居住的许可。他们的悲剧不同。吉姆佩尔不是一个小人物。他是一个傻瓜，但他不小。小人物的传统，是我在自己的写作中回避的东西。

《巴黎评论》：如果你大多数作品涉及一个没有权力、没有土地、没有国家和政治组织，甚至没有选择职业权利的人民，而这些人却还有着伟大的道德反应和热忱的信仰，你是不是实际上在说，犹太人在受限制、受歧视的时候更好？

辛格：我觉得，毫无疑问，权力是很大的诱惑，那些有权的人，迟早都会陷入不公正。犹太人两千年没有任何权力，这对犹太人民来说是个好运气。他们拥有的那一丁点权力，也跟别的任何有权力的人一样，被滥用了。但是，将近两千年来，我们一直幸运地根本没有权力，所以，我们从来没有像那些有权力决定别人生死的人那样罪孽深重。不过，我提这一点，并不是为了讲道。我从来就不认识很有权力的人。除了我描述波兰人的时候，或者我偶尔描述一个富人,他的钱就是他的权力。但是,即便如此,这些人也没有富裕到能够行使很大权力的程度。

《巴黎评论》: 阅读你的作品时,我不由自主地感到,你对仅有知识甚至智慧是否足够,存有严重的怀疑。

辛格: 哦,在某种意义上讲,这是对的。意第绪语写作差不多完全是建立在启蒙思想基础上的。启蒙,不管它进步多大,都不可能带来救赎。我从来就不相信社会主义或任何其他**主义**能够拯救人类、创造出他们所称的"新人"。我和很多写这些东西的作家讨论过。我年轻时,刚开始写作的时候,人们真的相信一旦生产力归诸政府,"新人"就会应运而生。我因为自己够聪明,或者是够傻、够怀疑主义,所以知道这是胡言乱语;不管谁拥有铁路或工厂,人仍旧是一样的。

《巴黎评论》: 你认为有什么东西可以拯救人类吗?

辛格: 什么都不能拯救我们。我们可以取得很大进步,但我们会继续经受苦难,永远不会有终结。我们永远会发明新的痛苦的根源。说人会得到拯救的观念,完全是一种宗教性的观念,而且即使是宗教领袖,也没有说我们在今生今世就能够得到拯救。他们相信,灵魂将在另一个世界里得到拯救,相信如果我们在这里表现好,我们的灵魂就有希望进入天堂。在这个尘世中建立天堂的思想,不是犹太人的,当然也不是基督教的,而是一个完全希腊或者异教的思想。如犹太人所说,用猪尾巴,你不可能造出一只丝质钱包。你不能将人生拿来,然后突然把它变成一种极大的乐趣、海量的享受。我从来不相信这个,当人们谈起一个更好的世界的时候,我一方面承认条件可以改善,我也希望我们能够远离战争,另一方面,还是会有足够多的疾病、足够多的悲剧,人类还是会一如既往地以差不多同样的方式继续经受苦难。对我来说,做一个悲观主义者,就意味着做一个现实主义者。

我觉得,尽管我们有苦难,尽管生活永远不会带来我们想让它带来的天堂,我们还是有值得为之活下去的东西。人类得到的最大礼物,就是自由选择。确实,我们对自由选择的使用是有限的。但是,我们拥有的这一点自由选择,是一份如此伟大的礼物,它的潜在价值可以有如此之大,以致仅仅为了它本身,人生就值得活下去。从一种意义上来说,我是个宿命论者,但我知道,我们迄今为止所达到的这一水准,主要是因为自由意志,而不是像马克思主义者所相信的那样,是因为条件发生了变化。

《巴黎评论》:很多读者将你当作一个讲故事大师来景仰。另外一些人认为,你在你的写作中有一个目的,这个目的比仅仅是讲故事要重要得多。

辛格:哦,我认为,将一个故事写**好**,是一个讲故事人的天职。要呕心沥血,把故事讲对。我说的对,就是结构要对,叙述要对,形式和内容之间应当平衡,如此等等。但这还不是一切。每个故事中,我还试图说些东西,我试图说的东西,和我的这些思想多多少少是有些关联的,就是:今生和今世并不是一切,灵魂是存在的,上帝是存在的,死亡之后是有生命的。我总是回到这些宗教真理上,虽然从教条的意义上看,我并不是一个笃信宗教的人。我不恪守有组织的宗教的所有清规戒律。但是,宗教的基本真理离我很近,我总是在思考它们。我觉得,和大多数意第绪语作家相比,我更像一名犹太作家,因为我比他们更相信犹太人的真理。他们大多相信进步。进步成了他们的偶像。他们认为,人们要进步到这一程度,这样犹太人就会得到很好的待遇,他们也能够同化,和非犹太人混合,得到好工作,说不定哪一天还能当上总统。对我来说,这些希望都非常渺小、非常过时、非常狭隘。我觉得,我们真正的伟大希望在于灵魂,而不是在于肉体。在这个意义上,我认为我自己是一个宗教作家。

《巴黎评论》:有时候,读你的作品的时候,我会想起某些远东哲学家,比如说印度哲学家克里希那穆提。你受到过佛教或印度教作品的影响吗?

辛格:我读这些作家的作品太晚,没有真正受到他们的影响。但是,当我后来一些年间读到他们时,也就是不久前,我告诉自己,我尚未读过他们的东西的时候,就已经有过同样的思想。当我阅读《薄伽梵歌》的时候,它在我眼里是那么近,我差一点想到,我是不是前世曾经读过它。读到佛祖的言论和其他远东作品的时候,我也有这样的感觉。所谓永恒的真理,确实是永恒的。它们是在我们的血液中,在我们的本质里。

《巴黎评论》:有些评论当前状况的评论家,比较有名的有马歇尔·麦克卢汉,觉得我们几百年来所知道的文学是一种时代错误,觉得它在走向末路。他们觉得,由于电器娱乐、收音机、电视、电影、立体声录音、磁带和其他即将被发明的机械交流方式,阅读故事和小说,很快就会成为陈年旧事。你认为这是真的吗?

辛格:如果我们的作家不再是好作家,那当然会是真的。但是,如果我们有人具有讲故事的能力,那么,就永远会有读者。我认为,人类本性不会变到这个程度,使人们变得对想象的产品不再感兴趣了。当然,真实的事实、真正的事实,总是很有趣的。如今,非虚构作品发挥着很大的作用……倾听发生了什么的故事。如果人们到了月球,记者会告诉我们,或者电影会告诉我们,那里发生了什么事情,这些是比任何小说家能够写出的东西更有趣味的故事。但是,好的小说作家还是会有一席之地。没有任何一台机器、任何一种报道、任何一部电影,可以做托尔斯泰、陀思妥耶夫斯基和果戈理做过的事情。确实,诗歌在我们这个时代遭受了很大损失。但这不是因为电视或其他东西,而是因为诗歌本身变糟糕了。如果我们继续写很多坏小说,而坏小说家之间还互相模仿,那么,他们写的东西,就不会有趣,也不会被人理解。自然,这可能会扼杀小说,至少是在一段时间以内。但是,我不认为文学、好的文学,需要对技术有任何恐惧。恰恰相反。技术越多,对人脑在**没有**机器的帮助下能够创造出来的东西感兴趣的人,就会越多。

《巴黎评论》:那么,你会鼓励今天的年轻人将严肃写作当作一种生活方式?

辛格:涉及生意经,也就是写作的经济方面,我真不好说。有可能,有朝一日,小说家的稿费如此之低,他不能以此为生。对此我不知道怎么应答你。但是,如果一个年轻人到我这里来,我可以看出他有才能,然后他问我他是不是应该写作,我会说,接着写去吧,不要害怕任何发明和任何种类的进步。进步永远不会扼杀文学,就像它不能扼杀宗教。

《巴黎评论》:我们很难不注意到,在今天的美国,那些读者最多、最受尊敬的作家里,犹太作家的比例很高——你本人、索尔·贝娄、菲利普·罗斯、亨利·罗斯、伯纳德·马拉默德。即便是非犹太作家,也在写犹太主题,还发表了畅销书,比如说,詹姆斯·米切纳和他的小说《本源》。你认为"二战"以后犹太作家和犹太主题流行的原因是什么?

辛格:我认为,在几个世纪中,犹太人在文学中完全被忽略了。作家们总是用一种似曾相识的老套子写犹太人。犹太人要么是高利贷者,一个坏人,一个夏洛克,要么他就是一个穷人,一个反犹主义的受害者。换句话说,作家们或者斥责犹太人,或者可怜犹太人。因此,犹太人的生活方式,犹太人爱的方式,对人类来讲都是一个秘密。只是到了不久以前,犹太作家才像美国作家写美国人,英国作家写英国人那样写犹太人。他们讲述犹太人的所有事情,包括好的和坏的。他们不试图为犹太人道歉。他们不试图去斥责他们。我得说,正是因为人们对犹太生活有很多好奇心,犹太文学现在才这么流行。这并不说明,今后也永远会是这样。我相信,迟早都会平衡下来。有多少犹太人是好作家,有多少是坏作家,这个我不知道。我觉得我们出的好作家不像人们以为的那样多。我们有很多有能力的、有才能的作家,有很多有能力的人,但我觉得我们中的伟大的作家很少,就像在别的人群中间的伟大的作家也很少一样!任何地方,伟大的作家都很少很少。

(原载《巴黎评论》第四十四期,一九六八年秋季号)

E. B. 怀特

◎ 丁　骏/译

E. B. 怀特去世两周后出版的一期《纽约客》上，他的继子罗杰·安戈尔在杂志的"城中闲谈"栏目里写了下面一段话：

去年八月，两位水手意外造访了我在缅因州的避暑屋：两位小水手——一个十二岁的女孩和一个十一岁的男孩。他们正搭档参加当地一个游艇俱乐部的全国小型船划船比赛，那时我和我妻子刚好有几个空床位，于是便就范做了房东，倒也心甘情愿。他们挺好相处——晒得黝黑，有点害羞，处处察言观色，但是几块蓝梅松饼和我们那只活泼的猎狐梗就让他们放下了戒备。事实证明他们也爱读书。他们到达的第二天晚上大家一起吃饭，席间提到 E. B. 怀特是我们的邻居，我们的客人觉得这太不可思议。"不可能！"男孩轻轻地道，他的眼睛在大人们脸上扫来扫去。"不——可能！"略微年长些的女孩很想弄清到底是怎么回事。"他是我最喜欢的作家，"她道，"至少他是我小时候最喜欢的作家。"其实以他们的年龄，看《精灵鼠小弟》《夏洛的网》《吹小号的天鹅》是嫌大了，但是鉴于他们对这些书烂熟于胸，而且也需要一点精神鼓励（他们比赛成绩不佳），我们安排了第二天早晨一起去拜访 E. B. 怀特。

那天病中的怀特没能接待我们这个小分队，但是欢迎我们的尚有各种景物和动物：几大家子矮脚母鸡和小鸡在草坪上东奔西跑；那只名叫"红"的胖嘟嘟的狗总在尽职地摇着尾巴；还有鹅群沿着牧场小路吵吵嚷嚷地急奔过来，它们张着翅膀，一副受惊的模样。那是个碧空如洗

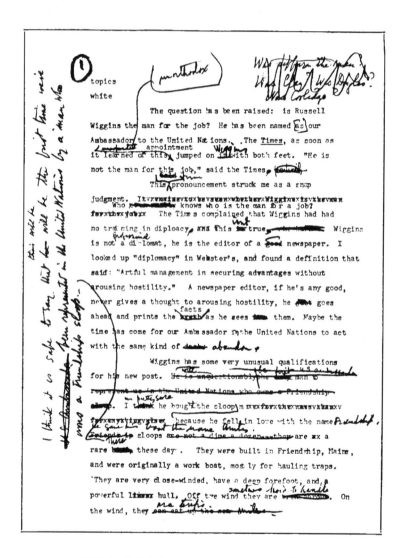

E. B. 怀特发表在《纽约时报》上的一篇文章手稿

的无风的早晨,在牧场的尽头,仍有些许薄雾弥散在艾伦海湾的水面上;后来我知道是要刮夏季的西南风了,哈里曼海岬和蓝山海湾以及附近的群岛也会再次放晴。这一回画面中缺少的是安迪·怀特本人:从柴棚里探出身来的怀特,手里拿着一篮鸡蛋或者一段绳子;要么是沿着绿草悠悠的小路往前走着的怀特(迈着不紧不慢的步伐,不是散步——从来都不是散步,身后紧随着那只狗),然后弯进森林到沙滩上;又或者是钻进他的车里往镇上去一趟,带着一种淡淡的倦意上了车,他不管上什么车都是这样,也就是我们大多数人上自行车时的样子。没有怀特我们也凑合了,既然别无选择。我们钻进谷仓,仔细研究了空荡荡的圈栏、隔篱以及废弃的牛棚;我们逛了菜园子和刚刚砍下堆得整整齐齐的柴火堆;我们看了车库后面的裁床和一小块黑梅地,还有那个以前是猪圈的地方——也就是威伯①出生的地方。谷仓的门口吊着一个单绳秋千,两个孩子轮流荡秋千,他们爬上用一块桦木板做的光滑的秋千椅,在阳光和谷仓的阴影里来回滑翔,横梁在他们的头顶吱嘎作响,高处敞开的谷仓窗户口燕子正在飞进飞出。对他们来说秋千算不上什么娱乐活动,但是考虑到身在何方也就凑合了。女孩问那个夏洛蒂②是在哪个走廊里织网的,她还提到了特普勒顿,那只老鼠,以及芬,那个跟威伯做朋友的女孩。我感觉她是在参观一座博物馆,她会记住很多东西,日后可以作为跟朋友的谈资。男孩却要安静得多,我一度以为他对这次活动很失望。后来我又偷偷看了他一眼,然后我明白了。我觉得我明白了。他是在观察这个地方,在这个老农场上四处走动时他没有放过任何一个角落、一抹阴影、一丝气味,但是他没有努力想记住什么。他看上去像是个曾经来过这里的人,他的确来过,他读过那些书。安迪·怀特早在男孩到来之前就把这个地方献给了他——确切地说,不是这个农场,而是书里的那个农场,男孩心里的那个农场。只有真正的

---

① 威伯:《夏洛的网》中的一只小猪。
② 夏洛:《夏洛的网》中的一只蜘蛛。

作家——少之又少的一群——能做到这一点，但是他们所做的对我们而言就是永恒。那天男孩没能见到 E. B. 怀特，但是他已经在心里拥有了怀特。怀特永远都属于他。

——罗杰·安戈尔

《巴黎评论》：太多的评论家将一个作家的成功归结于拥有一个不幸的童年。你能谈谈你自己在弗农的童年生活吗？

E. B. 怀特：我小时候感到过害怕但是并没有经历不幸。我的父母慈祥善良。我们是个大家子（六个孩子），组成一个自己的小型王国。没有人来我们家吃晚饭。我父亲正统保守，事业有成，工作勤奋，也常忧心忡忡。我母亲慈祥、勤劳、孤僻。我们住在一个大房子里，位于绿化很好的郊区，有后院、马圈和葡萄棚。除了自信我什么都不缺。我也没受过什么苦，除了童年时人人都会经历的恐惧：害怕黑暗，害怕未来，在缅因州的一条湖上度过一个暑假之后害怕又要回到学校，害怕上讲台，害怕学校地下室里的卫生间，那里的石板小便池水流不止，害怕对于我应该知道的事情一无所知。我小的时候对花粉和灰尘过敏，现在也还是。这种过敏，也许就像某些评论家指出的，有助于促成一个不幸的童年。如果是这样，我也是毫无知觉的。也许受到惊吓或者对花粉过敏都不无好处——我不知道。

《巴黎评论》：你是多大的时候知道自己要从事文学这一行的？是因为某个特殊的事件，或者某个时刻吗？

怀特：我从来都没有肯定地知道我要专事文学这一行。我稍有把握觉得自己不妨尝试一下写作时已经有二十七八岁了。当时我已经写了不少东西，但是我对自己有没有能力让写的东西派上用场却缺乏信心。一年夏天我出国，回纽约后发现我的公寓里堆了很多邮件。我拿了信，也没打开就去了一个十四大街上的儿童餐厅，我在那里点了晚饭，然后就开始拆信。其中一个信封里掉出两三张支票，是《纽约客》寄来的。我想大概总共不到一百美元，但当时对我来说这是一笔不小的财富。我现在仍然记得那种"这就对了"的感觉——我终于也是个专业作家了。那种感觉很好，那顿晚饭也吃得很愉快。

《巴黎评论》：你最早被《纽约客》刊用的都是些什么文章？你是自己附信投稿还是通过经纪人投稿？

怀特：是一些短篇速写——即罗斯①所谓的"随笔"。其中一篇我想题目是"一流导航"，是关于当时跨大西洋游轮上新的团体二等舱的。我投稿从没有附带自荐信或者通过经纪人。我过去常把手稿放在信封里，再附一个贴了邮票的信封，以备退稿用。这对我来说是高度的原则问题：我相信完美的拒绝法则。我从没有用过经纪人，我不喜欢经过经纪人修饰的手稿模样，加上封面封底，用铜夹子一夹。（我现在有一个经纪人主要负责类似剧本改编和翻译版本之类我搞不清的事情）

《纽约客》上发表的早期文章其中大部分都是不请自来，是意料之外的稿源。这些稿件或者是邮寄的，或者干脆是被作者夹在胳膊下面送进来的。约翰·奥哈拉的《下午的特尔斐人》就是无数例子中的一个。《纽约客》有几年一度平均每年发表五十个新作者的作品。我觉得有些杂志拒绝发表非邀约稿件是懒惰、故步自封、狂妄自大的表现。我是说发行量很大的这一类杂志。科技类杂志如果要求作者是知根知底的行家那尚且情有可原。但是如果我是出版商，我就不愿意发行一本不能全面关注所有事件的杂志。

《巴黎评论》：但是《纽约客》致力于发表当时新生代作家的作品了吗？像海明威、福克纳、多斯·帕索斯、菲茨杰拉德、米勒、劳伦斯、乔伊斯、沃尔夫这些人？

---

① 哈罗德·罗斯：《纽约客》创刊人。

怀特:对于任何能交出一份好稿子的作家,《纽约客》都有兴趣发表他的作品。《纽约客》通读所有投递的稿件。《纽约客》登场的时候海明威、福克纳这些人已经功成名就了。如果能发表这些作家的作品,杂志本身是求之不得的,但是它付不起他们的稿费,而且主要是这些人并没有投稿。他们把稿子卖给《星期天晚报》以及其他阔绰的出版社,总的来说对于规模小、稿酬低的新周刊他们是不大有兴趣投稿的。而且我的想法是这些作家中有一些对于《纽约客》的调侃风格并不欣赏。罗斯并不急于发表大腕级人物的作品;他对于挖掘新的尚未被发现的有才华的人更感兴趣,像海伦·霍金森和詹姆斯·瑟伯①这些人。我们的确发表了一些沃尔夫的东西——《唯死者识布鲁克林》就是一篇。我肯定我们还发表了一些菲茨杰拉德的东西。但是罗斯没有浪费太多时间去网罗"出头"作家。他搜寻的是那些需要翻石倒砖才能找到的作家。

《巴黎评论》:《纽约客》拒绝一个老作者的稿件是什么样一个程序呢?由罗斯出面吗?

怀特:《纽约客》拒绝一个老作者跟拒绝一个不常写稿的作者的稿件是完全一样的态度。就是退稿而已,通常由负责这个作者的审读编辑出面。罗斯不直接跟作家和艺术家交涉,只有一些早年认识的老朋友是例外。他甚至都不愿跟伍尔考特②打交道——罗斯觉得他太难相处,有些小题大做。罗斯不喜欢退稿,也不喜欢解雇人手——这两件难事他都尽量推给别人去做。

《巴黎评论》:小团体间的宿怨会威胁杂志本身吗?

怀特:宿怨不会威胁《纽约客》。我记得的唯一一桩《纽约客》的宿怨是编辑部和广告部之间的不睦。很大程度上是个一边倒事件,编辑部会时不时地在不违背基本原则的基础上向敌对阵营扔一个手榴弹,警告他们靠边站。罗

---

① 詹姆斯·瑟伯(1894—1961):美国幽默作家,漫画家,《纽约客》编辑及撰稿人。

② 亚历山大·伍尔考特(1887—1943):美国戏剧评论家,《纽约客》撰稿人。

斯铁了心不让他的杂志被广告部的小子们左右。就我所知他是成功的。

《巴黎评论》:你是什么时候搬去纽约的? 在加入《纽约客》之前你都干过什么工作? 你是阿冈昆团体的成员吗?

怀特:一九二一年我大学毕业后就去纽约工作,但没有住在纽约。我住在佛农山父母家里,每天坐车去上班。七个月里我换了三个工作——先是合众通讯社,然后是跟着一个叫维特的搞公共关系的人干,再后来是美国退伍军人协会新闻处。三个工作我没一个喜欢的,一九二二年春天我和一个大学同学哈佛·库什曼坐着一辆 T 系列的福特车向西走,既是寻求发展,也是为了远离我不喜欢的东西。六个月后我到达西雅图,在那里我当了一年《西雅图时报》的记者后被解雇了,然后坐一艘货船去了趟阿拉斯加,又回到纽约。这次回去后我干起了广告这一行,先后在弗兰克·西蒙和 J. H. 纽马克这两家广告公司工作。二十年代中期我搬进了西十三街 112 号公寓,一共有三个室友,都是在康奈尔的大学同学:布克·亚当姆斯、古斯塔夫·洛布兰诺和米奇尔·盖尔布里兹。房租是 110 美元一个月。除以四就是 27.5 美元,这是我能负担的数目。当时我交往的朋友就是前面提到的那些人。另外还有彼特·维什、罗素·罗德、乔·塞耶斯、弗兰克·沙利文①(他年长很多,更成熟,但是我认识了他,也挺喜欢他)和詹姆斯·瑟伯,等等。我从来都不是阿冈昆的成员。加入《纽约客》之后我在阿冈昆饭店的那个圆桌边上吃过一顿中饭,但是我并不喜欢,和大人物在一起我感觉很尴尬。我跟本奇利②、布龙③、多萝西·帕克④还有伍尔考特始终都不算熟。我不认识唐纳德·马奎斯⑤及林·拉德纳⑥,这两人我都很钦佩。我当时相对年纪比较小。

---

① 弗兰克·沙利文:美国幽默作家,报刊专栏作者,曾为《纽约客》写圣诞诗。
② 罗伯特·本奇利:美国幽默作家、戏剧评论家和演员。
③ 海沃德·布龙:美国新闻工作者、专栏作家,创办美国报业工会并任主席。
④ 多萝西·帕克:美国女诗人、短篇小说家。
⑤ 唐纳德·马奎斯:美国记者、作家。
⑥ 林·拉德纳:美国作家,长期从事报业工作,擅用口语写幽默讽刺作品。

《巴黎评论》：你年轻时是个读书狂吗？

怀特：我从来都不是一个读书狂，事实上我这一辈子读书很少。跟读书比起来有太多其他事情是我更想做的。我年轻时读动物故事——威廉·朗和欧内斯特·汤普森。我读了很多关于小船航行的书——这些书虽然没什么价值但就是让我着迷。二十年代我读报纸专栏：F. P. A. ①，克里斯托夫·莫里，唐纳德·马奎斯。我试着投稿，也发表了一些东西。（小时候我参加过儿童杂志《圣尼古拉斯》的作文比赛，身上挂着金银徽章开始了我的文学事业）我的读书习惯多年来都没有改变，变的只有我的视力。我不喜欢在家里待着，一有机会就往外跑。要读书就得坐下来，一般都是在室内的。我是不安分的人，宁愿扬帆起航不愿啃书本。我从来都没有过非常强烈的文学好奇心，有时候我感觉我根本不是一个真正搞文学的人。除了我以写作为生这一事实。

《巴黎评论》：亲近自然对你来说一直很重要。这与《纽约客》的都市化格调及它早期的一些文章似乎是相矛盾的。

怀特：没有矛盾可言。纽约是自然世界的一部分。我爱这个城市，我爱这个国家，且都出于同样的原因。城市是国家的一部分。我曾住在东四十八街上的一个公寓里，当时一到迁徙季节，后院里的鸟比我在缅因州看到过的多得多。春天或者秋天，我走到阳台上就看到隐士夜鸫在麦克沃耶的院子里啄食。也可能是白喉带鹀，棕鸫，松鸦，戴菊鸟。约翰·奇兰报道过大纽约区内动植物的丰富物种。

但也不光是鸟和动物。城市的风景是一道让我着迷的奇观。人就是动物，城市里充满了披挂着奇奇怪怪毛羽的人，在维护他们的领土权，在为了晚饭掘地三尺。

《巴黎评论》：虽说你称自己"根本不是一个真正搞文学的人"，但你在过

---

① 美国专栏作家福兰克林·波尔斯·亚当斯(1881—1960)爱用自己名字首字母 F. P. A. 代称。

去十年里有没有读过什么给你留下深刻印象的书呢?

怀特:我敬佩任何有勇气写东西的人。至于出版物,我没有谈论的资格。在我应该读书的时候,我几乎总是在做一些别的什么事情。我从没有读过乔伊斯以及很多其他改变了文学面貌的大作家,这对我来说是件颇让人尴尬的事。前天晚上我一眼扫到《尤里西斯》就拿起来想看看。我只读了大概二十分钟,然后就走人了。作者是天才并不足以让我看完一本书。但是我拿到像温德尔·布莱德利写的《他们因风而活》这样的书我就会被牢牢地粘在椅子上。因为布莱德利写的是一直让我迷恋(和亢奋)的东西——帆船。而且他写得很好。

蕾切尔·卡森的《寂静的春天》给我印象很深。人类是生存还是毁灭也许就由这本书决定了。我读纳博科夫的《说吧,记忆》时很喜欢这书——记忆的感觉就是那样的。

《巴黎评论》:你对别的艺术形式有什么特别兴趣吗?

怀特:我对于任何别的艺术形式都没有兴趣。无论音乐还是美术还是雕塑还是跳舞我都一无所知。要是让我看芭蕾舞,我宁愿看一场马戏或者球类比赛。

《巴黎评论》:你能够边听音乐边做事吗,或者说一心二用?

怀特:我工作的时候从不听音乐。我没有那种专注力,而且我也不喜欢。相反如果是一般的分散注意力的事情倒是不会打扰我正常工作。我的房子有个起居室,是进行大小事务的中心场所:它是通往地窖、厨房和橱柜(我家电话在橱柜里)的必经之地。起居室里总是人来人往。但那个房间很亮堂,让人心情开朗,我常在那里写作,对身边热闹的狂欢节可以置若罔闻。一个在我放打字机的桌子下面推地毯清洁器的姑娘从不会让我感到什么特别的烦躁,我也没为此停止写作思路,除非这个姑娘特别美或者动作特别笨。感谢上帝,我的妻子从来没怎么保护过我,听说很多作家的妻子对她们的丈夫都很有保护欲。结果我的家人对于我是个舞文弄墨的人这一点从来没放在心上——他们就是想吵就吵,想闹就闹。如果我受不了,我有自己可以去的地方。一个等待理想写作环境的作家至死也写不了一个字的。

《巴黎评论》:你有没有什么写作前的热身运动?

怀特:拖延对于作家来说是很正常的。作家就像一个冲浪者——他会等待时机,等待一个完美浪潮的出现。拖延是他的本能。他等待可以把他推向前的(情感,抑或力量,抑或勇气?)的波涛。我没有什么热身运动,有时候我会喝点酒,仅此而已。把一些东西变成文字前我倾向于先让它们在我的脑子里蒸腾一阵子。我会来回地走,一会儿把墙上贴的画拉拉直,一会儿把地板上的地毯拉拉直——仿佛只有这世界上所有的东西都排成队,都达到完全真实的状态,我才有可能在纸上创造出一个世界。

《巴黎评论》:你曾惊叹肯尼思·罗伯茨的写作方法——他的耐力和节制。你说你去动物园的时候比写作的时候多。你能就节制和作家谈谈你的想法吗?

怀特:肯尼思·罗伯茨写的是历史小说。他知道自己想做什么,方向在哪里。他早晨起床然后就去工作,讲究方法,又很勤奋。我的情况则大相径庭。我写出来的东西内容很杂乱——是锅大杂烩。每天早晨我都不知道这一天将会有怎样的进展,除了一些每天必做的杂务。我就像个守株待兔的猎人。关于节制则有两点。如果一个人(写作的人)想去动物园,他就无论如何应该去那里。他甚至可能会很幸运,就像我有一次去布朗克斯动物园有幸参与了一对双胞胎小鹿的接生。这一幕很有趣,我回头立即就写了一篇故事。节制的另一方面在于,不管去不去动物园,不管要不要娱乐,最后这个人总是要坐下来在一张纸上写字的,尽管异常艰难。这就需要耐力和决心。即使已经写出来了,如果写的这些东西不过关,他还必须有勇气抛弃它们;他必须带着敌意的目光来审视自己写的东西,而且必须尽他所能一遍又一遍地重写,直至达到完美,或者接近完美的程度。这有可能只需要一次,也可能得二十次。

《巴黎评论》:已经完成的作品需要一个妊娠期吗——也就是说,你会把写好的东西先放在一边,等到一个月后再去读吗?

怀特:这得看这是一篇什么样的作品。很多诗歌都可能要花九个月不止的时间。另一方面,关于一间仓库着火的报纸报道就不太可能有幸享有妊娠期。我刚写完《夏洛的网》的时候把它搁在一边,我感觉总有点不太对劲。我花了两年时间写这个故事,写写停停,但是我并不急于求成。我又花了一年时间重写,这一年花得很值。如果我写完之后又感觉不对劲,我就会把这篇东西滤一滤。时间有助于对作品的评价。但是总的来说,我倾向于赶紧付印,乘着一股子激情。

《巴黎评论》:你会无休止地修改吗? 你怎么知道一篇东西是真的写好了呢? 对于作家来说评论能力是否的确是必不可少的呢?

怀特:我修改得很多。我知道这篇东西没问题了,因为那时候铃会响,灯会亮。至于一个作家"必不可少的能力"到底是什么我完全不清楚——似乎不同的人差别是很大的。有些作家天生有超感观的认识能力。有些听觉很好,比如奥哈拉。有些有幽默感——尽管往往不像他们自己认为的那么多。有些绝顶聪明,比如威尔逊。有些能创造奇迹。我的确觉得能在一定程度上正确评价自己的作品是很有用的一项才能。我认识拥有这种能力的优秀的作家,我也认识没有这种能力的优秀的作家。我还认识一些作家,他们百分百地坚信只要是他们笔下的东西就一定是天才的作品,是对路得不能再对路的东西。

《巴黎评论》:在你的文章《试论风格》中你说作家的第一条准则是把自己放在背景里。但是最近有人引用你的话说:"我是个自我主义者,几乎会把我自己投射进所有我写的东西中去。"这难道不是自相矛盾吗?

怀特:这并不矛盾。"把自己放在背景中"是一条有用的戒律。只是我没有太把这条戒律放在心上。很多其他作家也都没把它放在心上。一切都取决于事物进展的状态，取决于这头野兽的天性。一位成功的记者常常把自己放在背景里。一位经验丰富的小说家也是如此。但是显然没有人会希望插画家 B. 科利·凯尔维特把他自己放在背景里——那样的话就不剩下什么了。至于我自己，我不是凯尔维特，我也不是记者或者小说家。我靠脑子吃饭，很小的时候我就会把自己投射进行动中，就像舞台上的小丑。如果你可以成功脱身，那么这样做就毫无问题，但是一个年轻的作家会发现与其勇往直前，以为非自己出场才能保证文章的成功，还不如遵循待在背景里的原则更明智些。

《巴黎评论》：你对斯特伦克①关于风格的书很感兴趣，除此之外，你还有想推荐的类似的书吗？

怀特：我对关于风格的书并不熟悉。我会参与复兴斯特伦克的书实属偶然——我做这件事因为当时我没别的事可做。它从我的一辈子里占去了一年时间，因为我对于语法实在一窍不通。

《巴黎评论》：风格是可以教授的东西吗？

怀特：我觉得不是。风格更多取决于你是一个什么样的人，而不是你知道些什么。但是的确可以给出一些有帮助的暗示。

《巴黎评论》：什么样的暗示呢？

怀特：就是我在《风格的要素》第五章里给出的二十一条暗示。这二十一条没有什么新鲜或者原创性可言，但是它们就在书里，大家都可以读。

《巴黎评论》：瑟伯说过如果"纽约客风格"真的存在的话，那么也许就是"玩低调"。你同意吗？

---

① 威廉·斯特伦克(1869—1946)：怀特的老师，著有《风格的要素》，被誉为英文写作圣经。

怀特:我不同意存在"纽约客风格"的说法。这本杂志已经发表了大量文章,各路作者的名字可以写满一本花名册。举个例子,我就看不出约翰·契弗和已经去世的阿尔瓦·约翰斯顿的风格有丝毫相似之处。瑟伯和穆丽尔·斯帕克的风格之间我也看不出有任何相近的东西。如果《纽约客》有时候让人感觉其声音中有某种同一性,那也许可以在杂志的文字编辑部那里找到源头,那是一座坚守语法精确度和风格传统性的堡垒。《纽约客》里的逗号的使用就和马戏团里的飞刀一样精确无误,一点一个准。这可能有时候会让一个作家跟另一个作家读起来稍微有点相似的感觉。但是总体来说,《纽约客》的作家们对自己的行文风格都很当回事,从不会违背自己的意愿听从他人指挥。

《巴黎评论》:你觉得像电视和电影这样的媒体对于当代文学风格有什么影响吗?

怀特:电视影响孩子们的风格——这个我是知道的。我收到小孩的来信,其中很多是这样开头的:"亲爱的怀特先生,我叫唐娜·雷诺兹。"这是沃尔特·克朗凯特开场白的腔调,照搬电视上的一套。我小时候写信从来不会在开头说"我叫艾尔文·怀特"。我就是在信的结尾署名。

《巴黎评论》:你有一次在文章里说英语的使用通常"完全就是运气,跟过马路一样"。那么我们是否可以依此类推地说伟大的作家也都是运气好呢?

怀特:不,我不同意。我关于英语使用里有运气成分的说法只是指每个作家都有可能跨进烂泥洞。写一个句子,写到一半,然后发现除了回过头去重新来过之外没有别的完成这个句子的办法。我所谓语言使用中的运气就是指这个。

《巴黎评论》:我们能问一点关于幽默的问题吗?幽默如此稍纵即逝,这对你来说是个问题吗?

怀特："幽默"这个词让我头疼,用"幽默大师"来定位一个作家同样让我头疼。那天我在《世界名人录》里查弗兰克·沙立文的生日,发现他被说成是一个"幽默大师",我不禁吓了一跳。这样概括沙立文未免太以偏概全了。写好玩的东西本身无可厚非,但是我怀疑文学中有生命力的幽默跟一个有趣的家伙评论新闻时的搞笑噱头是两回事,幽默是有时候会渗入写作中去的那种微妙的且几乎是难以察觉的元素。我觉得简·奥斯丁是一个有着深刻的幽默感的女人。还有梭罗,他在乖戾之余尚懂幽默。

《巴黎评论》:多萝西·帕克说 S. J. 佩雷尔曼①是唯一现存的"幽默大师",他因而肯定感觉非常寂寞。

怀特:佩雷尔曼是我们的幽默导师,因为他达到了一个写作的极高的标准,而且维持这个标准这么长的时间。他的多才多艺是无人能出其右的。但是他不是唯一现存的幽默大师。反正我本来就受不了"幽默大师"这个词。这个词似乎不能说明全部的问题。佩雷尔曼是个讽刺作家,他写的东西很有趣。如果拨开灌木丛,你肯定会发现还有人隐伏在那里——就算不是更出色的,但也许是个更年轻的人。至于他的名字我不得而知。

《巴黎评论》:帕克在"风趣"和"俏皮"之间做了严格的区分。她说讽刺作家是那些"大男孩……属于上几个世纪的男孩"。

怀特:我同意讽刺是关键,但我不同意说讽刺是"上几个世纪"的特质。少说几个,我们就有沃尔考特·吉布斯②,拉塞尔·马洛尼,克莱伦斯·戴③,林·拉德纳,弗兰克·沙利文,佩雷尔曼,唐纳德·马奎斯。讽刺是非常困难而微妙的写作形式,需要天生禀赋。任何有一定教育背景的人都可以以讽刺的笔调写作,但是要找到做得成功的人就难多了。

---

① S. J. 佩雷尔曼(1904—1979):美国幽默作家、剧作家,常给《纽约客》撰稿。
② 沃尔考特·吉布斯(1902—1958):以调侃见长的美国专栏作家。
③ 克莱伦斯·戴(1874—1935):美国作家,主要作品有《同父亲在一起》《同母亲在一起》。

《巴黎评论》：你也是个画家。瑟伯以及其他《纽约客》的画家对于你的绘画及给《纽约客》画的封面作何评价？

怀特：我不是画家，也从没有给《纽约客》画过任何东西。我的确交过一个封面也出版了。素描、绘画我都不会，但是那时候我卧病在床，好像是扁桃腺炎吧，我也没有什么可做的事情，但是我有一个关于封面的想法——一只挂着饲料袋的海马。我向我儿子借了一套水彩画的工具，在《韦氏词典》里找到一张海马图，照着画下来，然后就弄出了那个卖掉的封面。那根本不值一提。我最后甚至在饲料袋上写了"燕麦"两个字，生怕别人看不明白，却把整幅画都给毁了。我想那张封面的原稿可以作为某个收藏家的小件收藏品，那可是我唯一一次涉足绘画艺术的世界。但是我不知道那画现在在哪里。我把它给了杰德·哈里斯。他把这画怎么样了，只有上帝知道。

《巴黎评论》：你的确给卡尔·罗兹的一幅漫画写过一段著名的配词，一个母亲对她的小孩说："这是西兰花，亲爱的。"——孩子答道："我说这是一派胡言，我说见鬼去吧。"①这段对话引起了巨大的反响，以至于用瑟伯的话来说成了"美国语言的一部分"，你觉得这到底是什么原因呢？

怀特：某些东西会被大众接受，比如这段插图配词，但是很难说清楚为什么。那幅卡尔·罗兹的画出现在办公室的时候，配词完全是另一回事——具体是什么我已经记不清了，但是它跟西兰花、菠菜一点关系都没有。画被搁在我桌上要求重新配词，我就把罗兹的配词放到一边，自己想了一句新的出来。我说不出为什么这段话会进入美国语言。也许它碰到了父母亲的一根共鸣弦，他们发现孩子的确就是那样的，或者更确切地说，他们认为这种情况下孩子可能就是会那么回答。

《巴黎评论》：很多人说你的妻子凯瑟琳·S. 怀特是早期《纽约客》的"智

---

① 原文为"It's Broccoli, dear.""I say it's spinach, and I say the hell with it."西兰花（broccoli）在当时美国东部是比较少见的蔬菜，而菠菜（spinach）又意为"胡说八道"。

慧灵魂"，而她的影响和贡献却从来没有得到充分的记载。

怀特：我从没有见过关于凯瑟琳在《纽约客》里的角色的充分报道。当时她是欧内斯特·安吉尔夫人，是最早的编辑之一，我很难想象如果没有她这本杂志会是什么样的。尽管罗斯算是个天才，但是他也有严重的缺陷。他在凯瑟琳身上找到了能弥补这些缺陷的东西。没有哪两个人比罗斯先生和安吉尔夫人之间的差异更大了；罗斯没有的，安吉尔有；安吉尔没有的，罗斯有。现在回想起来这本杂志能生存下来，凯瑟琳与罗斯的相辅相成是不可或缺的。凯瑟琳毕业于温泽女校和布林莫尔学院。罗斯高中就退学了。凯瑟琳谈吐自然优雅；罗斯口齿不清，还常大呼小叫。凯瑟琳很快在这本尚处于摸索阶段的一贫如洗的周刊里找到了吸引她的东西：即杂志对幽默的追求，对卓越的追求，对年轻作家和艺术家的鼓舞。凯瑟琳喜欢跟人交往；罗斯除了少数情况下一般是鄙视人际交往的——尤其是办公时间。凯瑟琳耐心而文静；罗斯则缺乏耐心，嗓门很大。凯瑟琳不久就开始负责艺术和策划两大板块，编辑小说和诗歌，鼓励作者及艺术家，将他们引领至他们乐于踏上的道路，她也学习排版，学习校对，她是虚构作品部门的头，无数投稿作者和杂志员工遇到挫折或是深陷绝望，她都会分担他们的痛苦和烦恼。总而言之，凯瑟琳以一只孵蛋母鸡的温情和热忱拥抱正蹒跚学步的杂志，事无巨细统统揽下。

我对这一切都看得清清楚楚，因为就是在这期间我成了她的丈夫。白天我看着她在办公室工作。晚上我看着她把一大摊的事装进她那只撑得鼓鼓囊囊的便宜的公文包带回家。她总是开夜车，我们的床上堆满了编辑稿件，我们的家充满了她的笑声以及她专注投入、辛勤工作的精神。四十四年的时间里，她的这种专注从来没有降过温。直到今天她仍然很投入，只是因为年龄和健康问题她已经退居二线了。也许只要看一眼我们楼上起居室里的那堆书，就能对她在这本杂志中扮演的角色有个数了。那些书是这么多年来凯瑟琳编辑过的无数作家和诗人出版的作品。他们在献辞页上写满了对她的感激、崇敬和爱。每个人在他的一生中都有过几天幸运的日子。某一天，一位名叫安吉尔夫人的女士跨出电梯，全力以赴地准备投入工作，我想那就是罗斯幸运的一天。

《巴黎评论》:写像《夏洛的网》和《精灵鼠小弟》这样的儿童故事需要换挡变位吗？你的写作有没有针对某个特定年龄群的读者？

怀特:任何人如果在为儿童写作的时候换挡，那么他很有可能最后会弄断挡杆。但是我并不想绕开你的问题。为儿童写作和为成人写作是有区别的。然而我很幸运，因为我工作的时候似乎很少会想着我的读者，好像他们根本不存在一样。

任何人若有意识地去写给小孩看的东西，那都是在浪费时间。你应该往深里写，而不是往浅里写。孩子的要求是很高的。他们是地球上最认真、最好奇、最热情、最有观察力、最敏感、最灵敏，且一般来说最容易相处的读者。只要你的创作态度是真诚的，是无所畏惧的，是澄澈的，他们便会接受你奉上的一切东西。我对专家的建议充耳不闻，送给孩子们一个鼠小弟，他们眼也没眨就收下了。在《夏洛的网》里我给他们一只博学的蜘蛛，他们也收下了。

有些童书作家刻意避免使用一些他们认为孩子不认识的单词。我感觉这样做会削弱文章的力量，且让读者觉得无聊。孩子们什么都敢尝试。我把难词扔给他们，他们一反手就击球过网了。如果孩子们身处一个吸引他们的文本环境，他们反而会喜欢让他们为难的词。我再次感到幸运:跟大多数作家比起来，我自己的词汇量很小，我倾向于使用短的单词。所以对我来说给儿童写作不成问题。我跟儿童有很多的共同点。

《巴黎评论》:你对作家关注政治和国际事务怎么看？你写过大量关于政府和国际事件的文章(比如《野旗》这本书里的文章等)。

怀特:一个作家应该关注任何让他浮想联翩、让他心潮澎湃、让他的打字机进入状态的东西。我没觉得自己有关心政治的义务。我的确感觉到对社会有一种责任，因为我在出版东西:一个作家有责任尽力而为，不滥竽充数，力求真实而不作假，生动而不乏味，准确而不谬误连篇。他应该去鼓舞大众,而不是让大众丧气。作家不仅仅反映和诠释生活,他们也丰富并且塑造生活。

有很多年我几乎不停地思考着这个世界上莫名其妙的混乱和残忍,我们的世界本质上是狭隘的,由超过一百多个教派或者国家组成,互相之间虎视眈眈,尔虞我诈,几乎都只关注自己的领地和自己的噱头。我写过关于世界政府的文章,或者叫"超国家"政府。我不是出于什么使命感而去写的,我只是觉得想这么写而已。今天尽管我很少再讨论这个主题,我仍然坚信我们要实现一个有序的世界,唯一的办法就是建设一个法治的世界。我觉得停火协议是神话,目前情况下的外交策略都是邪恶的,绝对主权则有待淘汰。

《巴黎评论》:你关于目前的文字状态,或者未来的文字状态有什么想说的吗?

怀特:我觉得一个没有读过《波特诺伊的怨诉》①的人不应该对文字状态妄加评论。总的来说,我不反对写作中的放任自流。然而放任自流的结果是推倒了栅栏,致使一支非作家大军蜂拥而入,口若悬河,中饱私囊,弄得一片乌烟瘴气。为了哗众取宠而写作跟谋杀并无二致:陪审团必须裁决的是写作动机和目的的问题。

《巴黎评论》:在我们这样一个越来越热衷并且依赖科学技术的国家,你认为作家是扮演了什么样的角色呢?

怀特:作家的角色从来没有改变:他是一个监护人,一个秘书。科学和技术也许加重了他的责任,但是并没有改变他的责任。在《时间之环》里我这样写道:"作为一个握笔的人,一个秘书,我一直感觉自己被赋予一种使命,要保护此世抑或彼世的一切意料之外的东西,仿佛哪怕很小的一件物什丢失了,我也要对此负责。但是要把这类东西表达出来是很难的。"

---

① 《波特诺伊的怨诉》:美国作家菲利普·罗斯写于1969年的小说。

一个作家必须反映、诠释他的社会，他的世界；他还必须提供灵感、指引和挑战。今天的很多文章给我感觉是在声讨，充满了破坏力和愤怒。愤怒也情有可原，我并不反对愤怒。但是我觉得有些作家失去了他们的平衡感，他们的幽默感，以及他们的欣赏能力。我也常常生气，但是如果除了生气什么都不会也让我厌恶；而且我认为如果我以原则为由拒绝接受太阳的温暖光芒，在任何时候当阳光真的照耀我时如果我拒绝加以报道，那么我就会失去作为一个作家也许拥有的一点点价值。环境在恶化，时候已经不早，该做的都还没有做。与其从月亮上往下车石块，我们更应该从伊利湖①里往外车垃圾。

《巴黎评论》：你大概保留了多少日记？有出版的打算吗？你能谈谈日记的主要内容吗？

怀特：日记大概是从一九一七年到一九三〇年的，也有一些更近期写的。它们装了有三分之二个威士忌箱子。有多少字我不清楚，但是肯定少不了。

这些日记幼稚，爱用警句，爱说教，有很多胡言乱语。却也很难对这些日记置之不理。有时候是手写的，有时候是打字的（单倍行距）。里面有很多剪报。要用一个词形容，那就是杂。我不想出版我的日记，但是我喜欢让它们派点小用场。过去这么多年了，尽管它们不再让我沾沾自喜，但也总是吸引着我的注意力。我已经有几次用到一些日记素材，写了几篇东西。

从大多数方面来讲，这些日记是让人失望的。我想寻找事实，却只看到幻想。我想了解自己做了些什么，却只看到自己在想些什么。日记里多的是观点，道德思考，草率的评论，年轻时的希望、喜好和悲伤。偶尔日记里也有些非常诚实精准的描述。这是我强忍住没有烧掉它们的原因。但通常读了几页之后我就会厌恶地把它们搁到一边，然后拿起罗伯特·弗朗西斯·基尔维特牧师的日记，看看一个好的日记者是什么样的。

---

① 伊利湖：位于北美洲中部的美国和加拿大共有的湖。

《巴黎评论》:福克纳曾经这样评价作家,"我们想达到梦中的完美,我们都失败了"。你会将自己归于此类作家吗?

怀特:是的。我的朋友约翰·麦克纳迪一直想写一首流行歌曲,可始终没写出来,他给这首歌起好的名字是"做梦要合理"。我俩都觉得这样一首歌会很好玩。我现在仍然觉得很好玩。我的梦从来都不是合理的。我很高兴它们不是合理的梦。福克纳是对的——我们都失败了。

《巴黎评论》:你能说说这都是些什么梦吗?

怀特:不能。我想你是想让我把一个本质上模糊和无法描述的东西说得更精确,或者更明确。唐纳德·马奎斯曾一语中的:

> 我的心随着我的岁月
>
> 我无从言说

《巴黎评论》:时至今日,当你努力写一个英文句子时,你觉得是什么使你"像浑身散了架"呢? 仍然有人鼓励你(就像有一次罗斯读了你的一篇东西后给你写信一样)"继续前进"吗?

怀特:并非只是"时至今日"——只要有压力我就会情绪失衡。我一开始写作大脑便风驰电掣,就像一只被卸去钟摆的钟。我就是跟不上手中的笔或者打字机,所以只得停下来。我想有些作者的思路很流畅,有条理,他们只需把所思所想付诸文字,不会情感失控,或者迟迟动不了笔。我嫉妒这样的作家。只要考虑到连最简单的一个想法都可以有一千种表达方式,那么作家感到压力也就情有可原了。作家非常在乎一件事情是如何被表述出来的——表达方式就是全部的差别所在。所以他们不断地面对太多的选择,也不断地需要做出太多的取舍。

仍然有人鼓励我向前。我其实也不知道还能往哪个方向去。

(原载《巴黎评论》第四十八期,一九六九年秋季号)

巴勃罗·聂鲁达

◎ 俞冰夏/译

"我从不认为我的生活在诗歌与政治之间是割裂的,"巴勃罗·聂鲁达在一九六九年九月三十日接受智利共产党总统候选人提名的演讲里说,"我是个智利人,几十年来,我了解我们这个国家的各种不幸与艰难,智利人民的一笑一颦,我曾是其中一分子。对他们来说我不是陌生人。我从他们中来,我是智利人民的一部分。我出生于一个工人阶级家庭……我从未与那些有权有势的人勾结,我一直认为我的职业和我的责任是用我的行动和我的诗歌为智利人民服务。我活着,便是在为他们歌唱,守卫他们。"

然而由于左翼的分裂,聂鲁达在四个月激烈的拉票活动后退出了竞选,他辞去了职务,以支持一个人民联盟候选人。这次访问是于一九七○年一月,他退出选举前不久,在他位于内格拉岛上的家里进行的。内格拉岛(也叫黑岛),既不黑,也不是个岛。这是个优雅的海滨度假小镇,离圣地亚哥两个小时车程,从瓦尔帕莱索往南四十公里。没人知道这名字从哪里来。聂鲁达怀疑这里的黑岩石看上去好似一座岛屿,至少从他的露台上看去有点像。三十年前,在内格拉岛变得受欢迎之前很久,聂鲁达用他的版税买了这里六千平方米的海滩房产,包括峭壁顶上的一座石头小屋。"最后这小屋开始长大,像人一样,像树一样。"

聂鲁达还有其他的房产——一幢别墅在圣地亚哥的圣克里斯多瓦尔山上,另一幢在瓦尔帕莱索。为了装饰房子,他会在古董店或者垃圾场搜寻各种东西。每一件东西都能让他讲出一个故事。"他看上去难道不像斯大林吗?"他指着内格拉岛别墅餐厅里的一尊破旧的英国探险家摩根的头像。

mi dirección hasta 20 de Junio

Hôtel du Quai Voltaire
19, Quai Voltaire
PARIS - 7ᵉ
—
TÉLÉPHONE
Hôtel : 548-42-91 (lignes groupées)
Bar : 222-28-11

30 Abril ~~marzo~~

Querida Rita, Solo ayer
recibí la entevista,
la corregiré este week-end
y te la mando el martes
4 próximo (mayo) Perdo-
na, pero hubo toda
clase de aventuras con
tu typescrit, pero
lo terminé!

Te abrazamos,
Pablo

聂鲁达与采访者丽塔·圭波尔特通信的一页

"巴黎的古董商不肯卖给我,但他听说我是智利人以后,就问我认不认识巴勃罗·聂鲁达。我就是这样劝他卖给我的。"正是在内格拉岛上,"地球导航员"巴勃罗·聂鲁达和他的第三任妻子玛蒂尔德(他亲切地叫她"帕托哈",她是他的缪斯,许多首情诗都献给了她)建立了他们最长久的住所。

他又高又壮,橄榄色的皮肤,五官最突出的是他挺拔的鼻子和肿眼泡的两只棕色大眼睛。他的一举一动缓慢但坚定。他吐字清晰,没有任何累赘。当出去散步的时候——通常由他的两只松狮犬陪伴——他会穿上一件长斗篷,手握一根已经有些生锈的拐杖。

在内格拉岛,聂鲁达不断在接待一批又一批的客人,餐桌上总有给不请自来的客人留的位置。聂鲁达大部分的娱乐活动在家中的酒吧里,客人可以从面对海滩的露台上通过一个小走道进去。走道的地板上放着一个维多利亚时期的坐浴桶和一把古老的手风琴。窗台上有一排酒瓶。整个酒吧被装饰成船上沙龙的模样,家具都被钉在地板上,所有的灯和墙上的画都是海洋主题。整个房间的玻璃墙面对大海。天花板上,每一根木头横梁上都有木匠根据聂鲁达的手迹刻下的他死去朋友的名字。

吧台后,在酒架上有个标志写着"不赊账"。聂鲁达很看重自己调酒师的角色,他喜欢为客人调制各种非常复杂的饮料,虽然他自己只喝苏格兰威士忌和葡萄酒。一面墙上贴着两张反聂鲁达的海报,其中一张是他上次去加拉加斯的时候带回来的。海报上是他的头像,以及那句传奇的"聂鲁达滚回家"。另一个则是一本阿根廷杂志的封面,上面是他的照片和一行字:"聂鲁达,他为什么还没自杀?"旁边一幅崔姬[①]的巨型海报顶天立地。

内格拉岛的每顿饭基本都是智利菜,聂鲁达曾经在他的诗里提到过其中一些:海鳗汤、特醇番茄酱配小虾煮成的鱼和肉饼。葡萄酒永远是智利的。其中一个陶瓷酒罐形状像只鸟,倒酒的时候会唱歌。夏天,午餐通常在面向花园的阳台上进行,那里还存放着一台古董火车引擎。"多么有力,简直是个玉米收割机,是个生产者、啸叫者、咆哮者和雷鸣者……我很爱这玩

---

① 崔姬(1949—):原名莱斯利·赫拜,英国超级模特。

意,因为它看上去像沃尔特·惠特曼。"

这次访问当中的对话是由一次次的短访谈组合起来的。每天早上——聂鲁达在自己房间里用完早餐之后——我们会在书房见面,这是这栋房子的新翼。我会等着他处理邮件,为他的新书写新诗,或者修正智利新版《二十首情诗》的校样。写新诗的时候,他会用绿墨水在一本普通的本子上写。他可以在很短的时间里写出一首相当长的诗,之后他会稍作修改。之后这首诗会由他的秘书,也是他五十年的好友——奥梅罗·阿尔塞在打字机上打出来。

下午,在他每天的午觉之后,我们会坐在面向大海的露台上。聂鲁达说话的时候会手握录音机的话筒。话筒除了录下他的声音,还录下了海声作为背景。

——丽塔·圭波尔特,一九七一年

《巴黎评论》:你为什么改名字,为什么选了巴勃罗·聂鲁达?

聂鲁达:我不记得了。那时候我只有十三四岁。我记得我想写作这件事非常困扰我父亲。出于一片好意,他认为写作会给我们的家庭和我带来灾难,而更重要的是,它会让我变成一个无用之人。他这样考虑是有家庭原因的,但这些家庭原因对我并不重要。这是我采取的第一批防守措施之一——改名字。

《巴黎评论》:你选择聂鲁达与捷克诗人扬·聂鲁达有关吗?

聂鲁达:我读过他的一篇短篇小说。我从来没有读过他的诗歌,但他有本书叫作《马拉街的故事》,讲的是布拉格那个街区的贫民的故事。很可能我的新名字是从那来的。像我刚才说的,整件事离现在已经很远了,我已经完全不记得了。不管怎样,现在捷克人认为我是他们的一分子,他们国家的一分子,我与他们保持非常友好的联系。

《巴黎评论》: 如果你当选智利总统,你还会继续写作吗?

聂鲁达: 对我来说写作就好像呼吸。我无法停止呼吸而活着,就好像我无法停止写作而活着。

《巴黎评论》: 哪些诗人曾经向往登上很高的政治舞台并成功做到这点的?

聂鲁达: 我们这个时代是一个诗人掌权的时代:比如毛泽东和胡志明。毛泽东有很多其他优点,比如他游泳游得很好,我绝对不行。还有一个伟大的诗人,利奥波德·桑格尔,现在是塞内加尔总统。另一个,埃梅·塞泽尔,一个超现实主义诗人,是法属马提尼克岛上法兰西堡市市长。在我的国家,诗人们总是与政治纠缠在一起的,虽然我们从来没有过一位真正成为共和国总统的诗人。但是在拉丁美洲的历史上,确实有过成为总统的作家:罗慕洛·加列戈斯曾经做过委内瑞拉总统。

《巴黎评论》: 你是怎样操作你的总统选举事宜的?

聂鲁达: 我们建立了一个平台。首先,总是会有人唱几首民歌,然后有人会从政治的角度介绍我们这个竞选团队最重要的目标。这之后,我会介入,与当地人用一种更自由、更非组织性的、更诗意的方式交流。每次结束的时候我几乎都会朗读诗歌。如果我不念诗,人们走的时候会很困惑。当然,他们也想听我讨论政治思想,但我不会过度地谈政治或者经济方面的内容,因为人们需要另一种语言。

《巴黎评论》: 你念诗的时候人们是怎样回应的?

聂鲁达: 他们用一种非常情绪化的方式爱着我。在有些地方我进不去也走不了。我有个特别的随从会保护我,因为群众会涌上来。这到处都会发生。

《巴黎评论》：人们经常说你要得诺贝尔文学奖了。如果你非得在智利总统的职位和诺贝尔奖当中选择，你会选择哪个？

聂鲁达：你无法在想象中的事情里做选择。

《巴黎评论》：如果总统职位和诺贝尔奖杯现在就在桌上呢？

聂鲁达：如果他们把这两样东西放在我面前，我会换张桌子坐的。

《巴黎评论》：你觉得把诺贝尔奖颁给塞缪尔·贝克特公平吗？

聂鲁达：是的，我觉得公平。贝克特写一些短而非常精致的东西。诺贝尔奖，不管它发给谁，总是一种对文学的尊敬。我不是那种会争论某个奖有没有颁对的人。重要的是这个奖——如果它有任何重要性的话——对作家这个身份给予了某种尊重。这才是重要的事情。

《巴黎评论》：你最强烈的记忆是什么？

聂鲁达：我不知道。最强烈的记忆，也许，是我在西班牙的生活——在那伟大的诗人兄弟会里。我从未在美洲有过这样的兄弟组合——"充满了各种八卦"，他们布宜诺斯艾利斯人会这么说。之后，看到这些朋友被内战彻底击败是件让人痛苦的事情，这充分证明了我们在恐怖的现实里面对着法西斯主义压迫。我的朋友们四处流窜，有些在那里被处决——比如加西亚·洛尔迦和米格尔·埃尔南德斯。另一些在流亡当中去世，还有一些仍在流亡。我的生活的那一部分非常丰富，充满了深刻的情绪，在我人生的演化当中起了至关重要的作用。

《巴黎评论》：现在他们会让你进入西班牙吗？

聂鲁达：我并没有被禁止入境。有一次，我受智利大使馆的邀请在西班牙进行几场朗读会。很可能他们会让我入境。但我不想就此做文章，因为对于西班牙政府来说，让几个反抗分子入境反而可能是种轻而易举的，显示自己有民主情结的作秀。我不知道。有过那么多国家阻止我入境，又有那么多国家驱逐我出境,真的,这问题现在已经不像以前一样让我生气。

《巴黎评论》:从某种意义来说,你在加西亚·洛尔迦去世前写的对他的颂歌,预测了他悲剧性的结局。

聂鲁达:是的,那首诗很奇怪。奇怪是因为他曾经是个如此快乐的人,那么充满喜气的一个人。我根本不认识几个像他那样的人。他是……好吧我们不要说成功,但可以说生命之爱的化身。他享受人生的每一分钟——挥霍快乐。从这种意义上说,处决他的罪行是法西斯主义最无法被宽恕的罪行之一。

《巴黎评论》:你经常在诗歌里提到他,以及米格尔·埃尔南德斯。

聂鲁达:埃尔南德斯像我的儿子。作为诗人,他好像是我的弟子,他几乎住在我家里。他进入监狱,死在里面,因为他不赞同加西亚·洛尔迦之死的官方版本。如果他们的版本正确的话,为什么法西斯政府会把米格尔·埃尔南德斯关在监狱里直到他死去呢?为什么他们拒绝,像智利大使馆提议的那样,把他转移到医院?米格尔·埃尔南德斯之死也是场暗杀。

《巴黎评论》:在印度的那几年里,你印象最深刻的是什么?

聂鲁达:我对印度之行中的遭遇没有准备。那片不熟悉的土壤的灿烂让我沉浸其中,但我感到十分绝望,因为我的生活和我的孤独过于长久。有的时候我觉得自己被锁进了一部不会结束的胶片电影——一部十分美好的电影,但也是一部不允许我离开的电影。我从未经历那些指导过很多南美人和其他外国人的神秘主义。那些去印度为他们的焦虑寻找宗教性解释的人看待一切事物的方式与我不同。对我来说,我是被那里的社会条件所深深感动的——这个广大的、手无刀枪的国家,如此没有自我防卫能力,必然被帝国主义的绳索绑住。即使我总是偏爱的英国文化,也因为在那里从智慧层面上俘虏了那么多的印度人而让我感到仇恨。虽然我在领事馆有工作,但我一直与那片大陆上的反叛青年混在一起。我认识了所有的革命派——那些最终为印度带来了独立的运动者。

《巴黎评论》：你是不是在印度写下《土地的居民》的？

聂鲁达：是的，但印度对我的诗歌来说影响很小。

《巴黎评论》：你那些非常感人的写给阿根廷人埃克托尔·埃安迪的信件是在仰光写的？

聂鲁达：是的。那些信件对我的一生来说非常重要，因为他，作为一个我并不认识的作家，像一个撒玛利亚好人一样，承担了给我寄新闻、给我寄期刊的责任，帮助我度过了最绵长的孤独。我对与自己的母语失联感到恐惧——好几年我都没有遇到任何一个可以说西班牙语的人。在其中一封给拉法埃尔·阿尔维蒂的信里我问他要了一本西班牙语字典。我被任命到一个领事馆，但那是个非常低的职位，没有生活补助。我的生活十分贫穷，比起贫穷，孤独更甚。有几个礼拜我甚至没有见过一个人。

《巴黎评论》：你在那里，与乔西·布利斯有过一段惊天动地的爱情，你也在好几首诗里提到过。

聂鲁达：乔西·布利斯在我的诗歌里留下了深刻的烙印。我永远都会记得她，甚至在我最新的书里也会提到她。

《巴黎评论》：你的作品，与你的个人生活是不是紧密相连？

聂鲁达：一个诗人的生活自然应该反映在他的诗歌里。这是艺术的准则，也是生活的准则。

《巴黎评论》：你的作品可以被分为几个阶段吗？

聂鲁达：对此我有比较混乱的想法。我自己并没有各种阶段，但评论家们总是在发现这些阶段。如果我可以说什么的话，我的诗歌有种生理上的素质——我还是男孩的时候诗歌有孩子气，我年轻的时候有些青涩，在我痛苦的时候十分凄凉,在我必须介入社会斗争的时候开始有战斗力。这些倾向如今都被融入我现在的诗歌里。我总是出于内在的需要才写作,我想象对所有作家来说都一样,尤其是诗人。

《巴黎评论》:我见过你在车里写作。

聂鲁达:我在任何可以写作的时间和地点写作,我总是在写作。

《巴黎评论》:你是不是总是用笔写作?

聂鲁达:自从我出了个事故以后才这样。有一次我的一根手指骨折了,所以几个月不能用打字机以后,我回到了年轻时候的传统,用笔写作。当我发现我的手指好多了,可以打字以后,我也发现我用笔写出的诗歌更敏感,可塑性更强。某一次访问当中,罗伯特·格雷夫斯说要思考,你身边非手工制造的东西越少越好。他也许应该补充一句,诗歌应该用手来写。打字机把我与诗歌之间的亲密感割裂了,我的手又让我找回了那种亲密感。

《巴黎评论》:你工作的时间怎样?

聂鲁达:我没有什么计划性,但我更偏好在早晨写作。也就是说,如果你不在这里浪费我的时间(还有你自己的时间)的话,我现在会在写作。我早上不怎么阅读。我其实更想一天都写作,但更经常的是,一个完整的想法,表达方式,或者从我自身爆发的混乱的东西——用一个过时的词来说,就是"灵感"——会让我满足,或者精疲力尽,或者平静,或者虚无。也就是说,我就无法继续了。除此以外,我太爱生活了,不可能一天都坐在桌前。我喜欢身处日常生活的百态当中,我的房子,政治,自然,这一切。我总是在进进出出。但只要我可以找到一个时间和地点,我会非常严肃地写作。对我来说周围有很多人也无所谓。

《巴黎评论》:你能把自己从周围的一切当中脱离出来?

聂鲁达:我可以,而如果周围一切忽然安静下来,反而会打扰我。

《巴黎评论》: 你从来没想过写散文。

聂鲁达: 散文……我一生都觉得必须用诗句写作。散文的表达方式我没有兴趣。我只能用散文来表达一种转瞬即逝的感情或者事情,这其实离叙事比较接近。事实上我现在已经完全不用散文体写作了。我只会暂时这么写一下。

《巴黎评论》: 如果你必须从一场大火里拯救一部作品的话,你会救什么?

聂鲁达: 可能什么都不会救。我要这些干吗? 我更希望能救一个女孩……或者一套好的侦探小说……那些比我自己的作品更能让我开心。

《巴黎评论》: 你的评论家里,哪一个最理解你的作品?

聂鲁达: 我的评论家们! 我的评论家们几乎都把我撕成碎片了,用这世界所有的爱与恨! 在生活当中,就像在艺术当中一样,你无法取悦所有人,这是一个始终与我们同在的状况。一个人永远都在同时接受亲吻和巴掌,爱抚和拳打脚踢,这就是一个诗人的生活。让我困扰的是对诗歌或者人生解读当中的变异与扭曲。打个比方,在纽约的笔会上——这个会议召集了世界各地的许多人,我念了我的社会诗歌,在加州我读了更多的社会诗——那些献给古巴的、支持古巴革命的诗歌。然而古巴作家们联名写了一封信,并且派发了几百万份,里面我的看法被质疑,我被看作唯一受到北美人保护的人。他们甚至说我能进入美国是种奖励! 这太蠢了,如果不是恶意诽谤的话,因为许多社会主义国家的诗人确实入了境,甚至古巴诗人的到来也是被期待的。到纽约并不等于我们失去了反帝国主义的立场。然而,古巴诗人不管是因为轻率还是因为其他不良原因表达了这样的意思。事实上,在这个点上,我是我的党派的总统候选人证明了我有真正的革命性。那些在那封信上签名的作家没有一个可以与我的革命活动相比,他们中没有一个做过我所做过和我所反抗过的百分之一的事。

《巴黎评论》:你的生活方式和经济状况也经常被批评。

聂鲁达:总的来说,这是毫无根据的。从某种意义来说,我们从西班牙继承了一种非常不好的遗产,那就是我们无法承受人民能够站起来或者在某方面非常杰出。他们在克里斯托弗·哥伦布回到西班牙以后给了他个五花大绑。我们从那些嫉妒的小布尔乔亚那里得到了这些想法,他们总是觉得别人有他们没有的东西。从我本人的例子来看,我把我的一生都献给了补偿我们的人民,我家里有的东西——我的书——都是我自己劳动的成果。我没有剥削任何人。这太奇怪了。这种责备从来没有被给予过那些生来就富有的作家。取而代之的,是我——一个工作了五十年的作家。他们总是在说:"看啊,看他怎么活的。他有个面向大海的房子。他喝那么好的酒。"一派胡言。这么说吧,在智利要喝不好的酒还挺难的,因为几乎所有的智利酒都不错。这也是一个问题,从某种意义来说,反映了我们国家不够发达的现状——总的来说,我们提倡平庸的生活方式。你自己也告诉我,诺曼·梅勒在一本北美杂志上写了三篇稿子就挣了九万美金。这里,如果一个拉丁美洲作家可以得到这么高的稿费,其他作家会马上起来反抗——"多么惊人啊!多么可怕啊!到什么时候才能结束?"——而不是所有人很高兴作家能得到这么高的酬劳。所以,像我说的,在文化不发达的名下有许多不幸。

《巴黎评论》:这种指责是否因为你是共产党的一员才更为严重呢?

聂鲁达:绝对是的。那些什么也没有的人——这我已经讨论了很多次——除了身上的枷锁就没有什么可以输的了。我在此刻冒着输掉一切的风险,我的生活,我的人格,我所拥有的一切——我的书,我的房子。我的房子被烧过,我被判过刑,我不止一次被捕,我流亡过,他们曾经禁止我与外界沟通,我被成千上万的警察追捕过。太好了。我对我所拥有的一切并不安心。我所有的,我都曾经给予过人民的抗争,这座房子曾经有二十年都属于共产党,我签过公文把这座房子送给我的党。我住在这房子里仅仅是因为我的党的慷慨。好吧,让那些指责我的人做出同样的事情,或者至少把他们的鞋子留在某个地方好送给别人吧!

《巴黎评论》:你捐献过好几个图书馆。你现在与内格拉岛的作家区项目有任何关联吗?

聂鲁达:我给我国家的大学捐赠过一整个图书馆。我所有的收入来自我的书。我没有任何存款。我没有任何可支配的收入,除了每个月通过书所挣来的钱。用这些钱,我最近在海边买了一大块地,这样以后的作家可以在这里度过夏天,在这里的美景下从事他们的创作。它将会是坎塔拉尔基金会——它的领导团队来自天主教大学、智利大学和作家协会。

《巴黎评论》:《二十首情诗和一首绝望的歌》,你早期的一本书,已经被成千上万的崇拜者阅读了。

聂鲁达:我在一百万册纪念版(马上就到两百万册了)的前言里写了,我真的不知道这本书到底是说什么的——为什么这本书,一本关于爱与忧愁、爱与痛苦的书被那么多人阅读,那么多年轻人。真的,我并不理解。可能这本书代表了对许多人生谜团的一种年轻的姿态,也许它代表了对许多人生谜团的一种解答。这是本沉重的书,但它的吸引力还没有散尽。

《巴黎评论》:你是世界上被翻译最多的诗人之一——翻译版本有三十多种语言。你认为哪种语言翻译得最好?

聂鲁达:我会说是意大利语,因为这两种语言本身的相似。英语和法语是除了意大利语以外我懂的另外两种语言,这两种语言与西班牙语并不相通——音韵上不通,词序上也不通,色彩上、词语的分量上都不相通。这不是意译的问题,感觉可以是对的,但翻译的正确性、意义的正确性可能对诗歌是种毁坏。很多法语翻译里——我不是说所有的——我的诗歌逃走了,什么也不剩下。你无法抗议,因为这诗歌说的是我写的时候相同的东西。但很明显,如果我是个法语诗人,我不会像我在那首诗里一样写作,因为词语的价值是不同的。我会用不同的词语。

《巴黎评论》：那英语呢？

聂鲁达：我觉得英语翻译与西班牙语非常不同——直接得多，很多时候它们只是传达了我诗歌的意思，但没有把诗歌的氛围表达出来。也许一个英语诗人被翻译成西班牙语的时候也一样。

《巴黎评论》：你说过你喜欢读侦探小说。你最喜欢的作家有哪些？

聂鲁达：侦探小说里一部伟大的文学作品是埃里克·安布勒的《德米特里奥斯的棺材》。我读过安布勒自此以后的所有作品，但没有一部有这一部里最基本的完美，那种特别的复杂，那种神秘的氛围。西默农也很重要，但詹姆斯·哈德利·蔡斯超越了恐怖，超越了惊悚，也超越了一切其他写作当中的毁灭性。《布兰德什小姐得不到兰花》是本很老的书，但它仍然是侦探小说里的里程碑作品。《布兰德什小姐得不到兰花》与威廉·福克纳的《圣殿》——一本很不好看但又很重要的作品——之间有种奇怪的相似——但我一直搞不清楚这两本书谁先谁后。当然，提到侦探小说，我会想到达希尔·哈米特。他把这整个类型从一个非主流的魔咒里拯救了出来，给了它坚定的基石。他是个伟大的创造者，他之后有成千上万的追随者，约翰·麦克唐纳是其中最有才华的人之一。所有这些作家都非常高产，他们工作非常辛苦。几乎所有这一门下的北美作家——侦探小说作家——也许是对北美资本主义社会批评最为尖锐的人。没有比这些侦探小说里表现出来的政客与警察的疲惫与腐败、大城市里金钱的影响力、北美体制所有部分里充斥的腐败，以及"美国式生活"更能否定资本主义制度的了。这可能是这个时代最有戏剧性的证词，然而这些责备又是最微薄的，因为文学评论家们从来不把侦探小说放在眼里。

《巴黎评论》：你还读些什么书呢？

聂鲁达：我读很多历史书，特别是我祖国的史册。智利有不同凡响的历史。并不是因为那些历史遗迹或者古代雕塑，那些这里都没有，而是因为智利是由一个诗人创造的，堂阿隆索·德·埃尔西拉·祖尼加，卡洛斯五世时人。他是个巴斯克贵族，与新大陆征服者们一起到达这里——不是很寻常，因为大多数被发配到智利的人都是穷鬼。对生存来说这是最艰难的地方。阿劳卡尼亚的土著半野人与西班牙侵略者斗争了将近三百年。堂阿隆索·德·埃尔西拉·祖尼加，一个年轻人文主义者，与那些想要占领美洲的人一同前来，并且做到了，除了这片我们叫作智利的暴戾野蛮之地。堂阿隆索写下了《阿劳卡纳》，西班牙语文学当中最长的史诗，里面他对那些阿劳卡尼亚的未知部落表达了敬意——他第一次给了那些无名英雄一个名字——比对西班牙军人更为尊敬。《阿劳卡纳》在十六世纪出版，被翻译，并且在欧洲各地传播。伟大的诗人伟大的作品。智利的历史在它开端的时候就有了史诗般的伟大与英雄主义。我们智利人，与另一些西班牙和印第安人混血的美洲人不一样，我们不是西班牙军人以及他们强奸与嫖妓的后代，我们是阿劳卡尼亚人在战争年代与作为战俘的西班牙女人自愿或被迫结婚的后代。我们是一个例外。当然，一八一〇年后，有了我们流着血的独立史，一整个充满悲剧、不满与抗争的年代，圣马丁和玻利瓦尔、何塞·米格尔·卡雷拉与贝尔纳多·奥希金斯的名字带来了胜利与不幸的交错。这一切让我成为了那些我发现的早已尘封的书籍的忠实读者，这些书让我兴奋，在我追寻这个国家的重要性的时候——这个与所有人都如此遥远的国家，纬度如此之高，如此荒芜……北部充满硝石矿的潘帕斯平原，无穷无尽的巴塔哥尼亚山脉，永远在下雪的安第斯山脉，海边又如此水草丰茂。这就是我的祖国，智利。我是那种永远的智利人，那种无论在别处再受款待，也总会回来的智利人。我喜欢欧洲那些伟大的城市：我热爱阿尔诺峡谷，哥本哈根和斯德哥尔摩的某些街道，很自然的，我爱巴黎，巴黎，巴黎，但我最后总要回到智利。

《巴黎评论》：在一篇叫作《我的同代人》的文章里，埃内斯托·蒙特内格罗批评乌拉圭评论家罗德里格斯·莫纳加尔所表达出的那种无端的希望，希望当代欧洲和北美作家向拉丁美洲作家学习语句的创意。蒙特内格罗开玩笑说这就好像对大象说，"爬到我肩上来。"他引用博尔赫斯："与野蛮的美国相比，这个国家（这片大陆）还没有过一个有世界性影响的作家——一个爱默生、惠特曼、爱伦·坡……也没有过一个隐秘的作家——一个亨利·詹姆斯或者梅尔维尔。"

聂鲁达：为什么在这片大陆上我们非要有一个惠特曼、波德莱尔或者卡夫卡呢？文学创作的历史与人性一样恢宏。我们无法制造一种惯例与礼仪。拥有很庞大的文学人口的美国，以及有着浓厚传统的欧洲无法与没有多少书也没有多少表达渠道的拉丁美洲大众作比较。但把时间浪费在互相掐架，或者花时间期望超过这块大陆或者那块大陆，在我看来似乎是种乡下人的思维模式。除此以外，文学的好坏其实都是个人意见。

《巴黎评论》：你想对今天拉丁美洲文坛发表什么意见？

聂鲁达：不管是洪都拉斯还是纽约，蒙得维的亚还是瓜亚基尔的西语文学杂志里，几乎都是同一种艾略特或者卡夫卡风格的时尚文学。这是种文化的殖民主义。我们仍然处于欧洲的礼仪当中。在智利，打个比方说，每个家庭的女主人会带你参观某些东西——比如陶瓷盘，然后以一种得意的微笑告诉你："进口的。"在成千上万的智利家庭里摆设的那些难看的陶瓷品都是"进口的"，而它们都非常差，只不过是在德国或者法国的工厂里制造的。这些东西被认为质量很高，仅仅因为它们是进口的。

《巴黎评论》：是不是无法跟紧形势的恐惧作怪？

聂鲁达：当然，再往前一点，很多人对革命思想都很害怕，尤其是作家。这十年，尤其是古巴革命以后，现在的潮流完全相反。作家活在恐惧里，害怕他们不被当成极端左派，所以每个人都摆出了一副游击队的架势。很多作家只写一些把自己放在反帝国主义战争最前线的文字。我们当中一直在这场战争中斗争的人很高兴看到文学把自己放在了人民这一边，但我们觉得如果这只是一种潮流，唯恐不被当成活跃左翼分子，那我们觉得这样的革命走不远。说到底，这个文学丛林里能装得下各种动物。有一次，当我被一些毕生理想就是攻击我和我的诗歌的顽固分子烦扰了很多年的时候，我说："让他们去吧，丛林里每个人都有地盘，如果占据了非洲和锡兰的丛林里那么多空间的大象都有地方,那显然所有的诗人也能找到地方。"

《巴黎评论》:许多人指责你对博尔赫斯有敌意?

聂鲁达:对博尔赫斯的敌意纯粹是思想上或者文化上的,因为我们的倾向不同。一个人可以和平地斗争。但我有很多其他敌人——不是作家。对我而言我的敌人是帝国主义,我的敌人是资本主义者和那些在越南扔炸弹的人。博尔赫斯不是我的敌人。

《巴黎评论》:你对博尔赫斯的作品怎么看?

聂鲁达:他是个伟大的作家,所有说西班牙语的人都对博尔赫斯的存在非常骄傲——尤其是拉丁美洲。博尔赫斯之前,我们有过几个能与欧洲作家比肩的作家。我们有过伟大的作家,但一个有普遍意义的作家,像博尔赫斯那样的作家并不太经常在我们这里出现。我不能说他是最伟大的作家,我希望后人能超越他,但从任何意义上来看,他都开拓了新的空间,把整个欧洲的好奇心吸引到了我们这里。但如果要我与博尔赫斯斗争,仅仅因为所有人都想要我们斗争——我永远不会这么做。如果他像一只恐龙一样思考,好吧,这跟我的思考毫无关系。他对现实世界里的一切毫无了解,但他也觉得我对一切毫无了解。在这点上,我们是有共识的。

《巴黎评论》:星期天,我们看到一些年轻的阿根廷人在弹吉他,唱着博尔赫斯写的米隆加探戈,你很喜欢不是吗?

聂鲁达:博尔赫斯的米隆加我很喜欢,因为这是一个例子,一个隐居的诗人——让我们姑且用这个词,一个如此复杂如此充满智慧的诗人也能转向这样的流行形式,用如此真诚与坚定的方式。我很喜欢博尔赫斯的米隆加。拉美诗人应该以此为榜样。

《巴黎评论》:你写过智利民歌吗?

聂鲁达:我写过几首在这个国家非常流行的歌。

《巴黎评论》:你最喜欢的俄国诗人是谁?

聂鲁达:俄国诗歌界最突出的人物依然是马雅可夫斯基。他与俄罗斯革命的关系就好像沃尔特·惠特曼与北美工业革命的关系。马雅可夫斯基孕育了诗歌,他的贡献如此重要,几乎所有的诗歌仍然是马雅可夫斯基式的。

《巴黎评论》:你对那些离开了俄罗斯的俄国作家有什么看法?

聂鲁达:如果你想离开一个地方,那必须离开。这是个个人问题。一些苏维埃作家可能对他们国家的文学组织或者国家本身不满。不过就我所见,社会主义国家当中作者与国家之间的对立是最少的。大部分苏维埃作家都对自己国家的社会主义结构,对反纳粹的解放战争,在战争当中人民的角色以及社会主义所建造的结构感到非常骄傲。如果有例外,那是个人问题,必须个别问题个别处理。

《巴黎评论》:但创作无法自由进行,必须总是反映国家的思想。

聂鲁达:这是种夸张的说法。我也认识许多作家与画家对赞美国家的这个或者那个毫无兴趣。这么说是种阴谋论。并不是这样的。当然,每一次革命都必须调动力量。没有发展,革命无法维系:如果革命不要求的话,如果不利用所有的力量,没有社会各界——包括作家、知识分子和艺术家的支持的话,从资本主义往社会主义的转变中所引起的暴动就无法持续。想想美国革命吧,或者我们对帝国西班牙的独立战争。如果当时,作家们把时间都花在君主制上,或者重新建立英国对美国的控制,或者西班牙皇室与过去殖民地的关系等等,会发生什么? 如果有作家或者艺术家称颂殖民主义,那时候他会被处决。所以我们有更多的证据证明,一场革命,如果需要从零开始建造一个社会(毕竟从资本主义或者私有制财产转向社会主义和共产主义的过程从未被尝试过),必须合理调动知识分子的帮助。这个过程可能会带来一些冲突,发生这样的冲突无论从人性上还是政治上都是正常的。但我希望,时间长了以后,社会越来越稳定以后,社会主义国家可以少需要作家思考社会问题一点,这样他们可以创作自己内心想创作的东西。

《巴黎评论》:你会给年轻诗人什么建议?

聂鲁达:哦,对年轻诗人我没有建议可给!他们必须自己找到自己的路走。他们会遇到表达的困境,他们必须自己克服。但我绝对不会建议他们从政治诗开始写起。政治诗歌相比其他种类要更深厚,更情绪化——至少与情诗差不多,这些无法强迫,一旦强迫就会变得粗野、无法接受。必须要写过其他所有种类的诗歌才能写政治诗。真正的政治诗人要准备好接受扔向他的各种污蔑——背叛诗歌,或者背叛文学。然后,政治诗歌必须用极丰富的内容、本质、智慧与情绪来武装自己,这样它才能瞧不起其他东西。这很难做到。

《巴黎评论》:你经常说你并不相信原创性。

聂鲁达:不顾一切地寻找原创性是种现代性状况。我们这个时代,作家希望能吸引注意力,这种肤浅的欲望有种恋物主义的特征。每个人都想找到一条他能破茧而出的道路,但并不是为了深度也不是为了新的发现,只是为了摆出一种特别的多元的姿态。最有原创性的艺术家会与时俱进。最好的例子是毕加索,一开始他从非洲的土著艺术当中寻找绘画和雕塑的营养,之后他经过了如此有力的转变,他的作品,在他绚烂的原创性之下似乎成为了全球文化地理的舞台。

《巴黎评论》:你在文学上受到谁的影响最大?

聂鲁达:作家们是互相可以替换的,就好像我们呼吸的空气并不只属于某个地方。作家们永远从这个房子搬到那个房子:作家应该换换家居。有些作家并不习惯这个。我记得费德里科·加西亚·洛尔迦总是要我念我的诗,但我念到一半的时候他会说:"停下,停下! 别念了,免得你影响我!"

《巴黎评论》:关于诺曼·梅勒。你是作家当中最早谈到他的人之一。

聂鲁达:梅勒的《裸者与死者》出版以后,我在墨西哥的一个书店里看到一本。没人知道这是什么书,书商也不知道。我买了,因为我要出行,我想要一本新的美国小说。我以为美国小说在德莱塞以后,到了海明威、斯坦贝克和福克纳这里已经死了——但我找到了一个拥有巨大语言爆发力的作家,与之相衬的是深刻的微妙性和完美的描写技巧。我很喜欢帕斯捷尔纳克的诗歌,但《日瓦格医生》与《裸者与死者》相比简直是本无聊的小说,只有对自然的描写还能挽救它一些,也就是说,被诗歌拯救。我记得我写《让分轨器醒来》这首诗,这首诗提到了林肯,是为全球和平而写。我写到了长岛,日本战争,我特别提到了诺曼·梅勒。这首诗在欧洲被翻译了。我记得阿拉贡对我说:"很难搞明白诺曼·梅勒是谁啊。"事实上,没人认识他,我很骄傲我是最早提到他的作家之一。

《巴黎评论》:你能解释一下你对自然的热爱吗?

聂鲁达:从小时候开始,我就维系着对鸟、贝壳、森林和植物的热爱。我去过许多地方,就为了找海洋贝壳,我现在有非常好的收藏。我写过一本书叫《鸟的艺术》。我写了《动物语言,海震》和《草本主义者的玫瑰》,献给花、树枝和植物生长。我无法与自然分开。我喜欢住几天酒店,我喜欢坐一个小时飞机,但我最快乐的是在树林里,在沙滩,或者在船上,与火、土、水与空气接触。

《巴黎评论》:你的诗歌里有这些符号,它们反复出现,都与海洋、鱼或者鸟有关……

聂鲁达:我不相信符号。这些是物质的东西。海洋、鱼或者鸟有种物质的存在。我想到了它们,就好像我想到了日光。事实上有一些主题在我的诗歌当中比较突出——总是在出现,只不过是种物质的存在。

《巴黎评论》:鸽子和吉他各自代表什么?

聂鲁达:鸽子代表鸽子,吉他代表一种叫作吉他的乐器。

《巴黎评论》:你是说那些尝试研究这些东西的人……

聂鲁达:我看见一只鸽子,我叫它鸽子。这鸽子,不管在不在场,主观上或者客观上给了我一种形式——但它不会超越一只鸽子的属性。

《巴黎评论》:你说过《土地的居民》里的诗歌"不能帮助我生存。它们帮助我死亡"。

聂鲁达:《土地的居民》这本书里是我人生当中最黑暗也最危险的一段时光。这本书里面是一些没有出口的诗歌。我几乎必须从中重生才能摆脱它们。是西班牙内战把我从这个我至今不知其底的深渊里拯救出来,那些重要而严肃的事件让我必须冥想。我曾经说过,如果我有足够的能力,我会禁止人们阅读这本书,制止这本书再加印。它把人生痛苦的负担夸张了,变成了一种精神压迫。但我知道这是我最好的作品之一,它代表了我当时的思想。当然,当一个人写作的时候——我不知道其他人是否如此——你应该思考你的诗句会停在哪里。罗伯特·弗罗斯特在他的某篇散文里说诗歌必须只有哀伤一种倾向:"让哀伤只与诗歌独处。"但我不知道如果一个年轻人自杀了,血沾满他的书,他会作何感想。这在我身上发生过——在这里,在这个国家。一个充满生命气息的男孩在我的书旁边自杀了。我并不真的感到对他的死亡负责。但这一页沾满血液的诗歌足够让不止一个诗人思考,应该让所有诗人思考……当然,我的对手利用了这一点——就像他们利用我说的一切一样,他们在政治上利用了我对我自己的书的指责。他们认为我只想写快乐的、乐观的诗歌。他们不知道这件事。我从未放弃过对孤独,对愤怒,对忧郁的表达。但我想要改变我的语气,去找到各种声音,去追随各种色彩,去各处寻找生命的力量——在创造中或者在毁灭中。

我的诗歌像我的生命一样经过各种阶段,从一个孤独的童年,到被困在一个遥远、幽闭国家的青年时期,我走了出去,把自己变成了人类大众的一部分。我的人生成熟了,仅此而已。上个世纪,诗人被忧郁症折磨是种潮流。但也可以有懂得生活,懂得其中的问题,但冲破了风雨以后勇敢存活的诗人。走过了忧伤,得到了充足。

　　　　　　　　　　　　(原载《巴黎评论》第五十一期,一九七一年春季号)

约翰·斯坦贝克

◎ 章乐天/译

约翰·斯坦贝克在他晚年同意接受一次《巴黎评论》的访谈。他起初羞于从命,后来又迫不及待。不巧的是,尽管到死他都常常挂念此事,但他当时身染沉疴,已无法按计划进行访谈。本刊编辑考虑到他的热忱,整合了一组约翰·斯坦贝克过去多年里留下的小说艺术评论,其中一些来自《伊甸之东》的创作日记,即维京出版社于一九六九年十二月辑录出版的《一部小说的日记》一书,另一些则摘自他的书信,其中一部分系选自维京一九七五年十月出版的《斯坦贝克:文学人生》一书。选文按不同主题而非日记和书信的时间顺序排列。作家的一位密友纳撒尼尔·本奇利撰写了导言。

——乔治·普林顿、弗兰克·克罗瑟,一九七五年

公平地说,这篇序文或导言之类的东西应该叫《一个朋友的赞誉》,因为我既无洞识、也无意愿去给约翰·斯坦贝克的写作提出什么批评,哪怕有人爱听。再说,也没人要我这么做,这对我们来说都是好事。我与他相识,也略知一二他关于写作的看法,我就说这么两句吧。

他曾说,想把什么东西给写好了,你必须要么爱它到死,要么恨之入骨,这话从某种意义上说是他自己人格的写照:凡事非黑即白,顺他则对,逆他即错,哪怕(正如后来在越战期间那样)他的基本立场或许会变。实际情况

on a dark night suddenly created by a flash of lightning. There it was. Maybe I'll write it and put it away. But it was all there. And it was good.

I don't seem to be listening but I do listen. And sometimes I don't hear the announcer's word for a long time but usually I get to it. My mind works almost as slowly as my reading. Mentally I move my lips too.

Everyman (working title) continues to grow in my mind. It would stretch out in all directions but it must be held back and down so that the implications are inherent but not stated. My story is a dramatic thing. Wish I do it, too. And only throw it away after it has every chance. Now it has beginning middle and end and that's what these acts are and that's why there are three acts. The sad play is still three acts. And the form was imposed by the human mind, not by playwrights or critics. This doesn't mean that external reality has beginning middle and end but simply that the human brain perceives it so. This idea is growing pedagogic, isn't it?

I've a hope now that he went to S.F. to get some insurance. And maybe he's dead. Who am I to know?

This is the last page of this letter. There will be more before I send it. An anecdote is about to happen but I will only put it in after it happens. More later.

约翰·斯坦贝克的一封信

不像听起来这么简单，但是，在他这里很少有灰色地带。读他的书，你清楚地知道他站在哪一边，你也会希望跟他站在一起。

多年以前，有人引了他说过的一句话：天才就是一个追着一只蝴蝶上了一座山的小男孩儿。后来他纠正说，他的原话是天才是一只追着一个小男孩上了一座山的蝴蝶（又或是一座山追着一只蝴蝶上了一个小男孩的山？我记不清了），而我觉得，在某种程度上，他念念不忘的是在这场竞逐中尽早逮住他的蝴蝶。他从来没有费过这么多词来讲这个意思（至少对我是如此），但是他狠狠地扎进写作之中，坚信他写下的每个词都是所能找到的最好的词，都证明这是一个害怕被人说成懒散怠惰，或者没能尽力追求完美的人。有一次，应我的一个住在埃克塞特的儿子的请求，他给《埃克塞特人报》创刊七十五周年纪念版写了几段话：他起标题叫《敬畏文字》，我征得负责人同意后，把这些话录入于下，因为按惯例，他这些话主要是说给自己听的。

　　一个人，要写一则故事，就必须用上自己最好的知识和最美妙的情感。形诸纸面的文字的纪律会惩罚蠢行和谎言。一个作家生活在对文字的敬畏之中，因为文字可能粗鲁也可能良善，可能在你的面前改换了意义。它们就像冰箱里的奶油一样有不同的口感和气息。当然，不诚实的作家或许还能过上一阵，但不会长久——不会长久。

　　一个走出孤独的作家设法像一颗遥远的星辰一样散发信号。他不说话，不教诲，也不发号施令。相反，他试图建立一种意义的联系，情感的联系，观察的联系。我们都是孤单的动物。我们把全部人生都用来减轻孤独。对此，我们有很多古老的策略，其中之一就是讲个故事，启发听者去说——或者去感受——

　　"没错，事情就是这样，或者至少我也觉得是这样的。你不像你想得那么孤单。"

　　当然，作家重组了人生，缩短时间间隔，强化一个个事件，构设开端、中场和结尾。我们的确是有一幕一幕的——一天有早晨、中午和夜晚，一个人有出生、成长和死亡。幕起幕落，但故事继续进行，一切都没有结束。

结束对于一个作家来说是悲伤的——一桩小小的死亡。他写下最后一个词,然后结束了。但它并不是真正的结束。故事在继续,把作家抛在后边,因为,没有一个故事真正画上过句号。

我读了一通他逝世后的各种讣闻,发现许多人在分析他的创作,有个负责加工改写的编辑人员斗胆说,他个人认为斯坦贝克是个羞涩的人;但是他的性格中最灿烂的一点却没有人提,那就是幽默。所有高品质的幽默都反对分析(E. B. 怀特将之比作一个死于解剖刀下的青蛙),而在约翰这里,这种反对比所有人都强烈,因为他的幽默不是插科打诨式的,而是宽广的想象力、惊人的知识储备以及精确的语词运用的结晶。这种对语词的尊重和精准的运用让他与几乎一切形式的语言狎亵绝缘;面对老套的淫猥,多数人破口大骂,他却能略施讽刺,既泄了愤又不失风趣。仅举一例:大约三年前,我们在复活节时去塞格港看望斯坦贝克两口子,那天约翰和我先于女士们起床去做早餐。他在厨房里边哼哼边忙活着,神情就仿佛在发明一种新型的烤箱一样,突然咖啡壶烧沸了,不停地把咖啡末喷到炉子上,冒出一股股蒸汽。约翰一个箭步冲过去按下了开关,咆哮道:“混账!怪不得人说我就是个白痴!怪不得没人要嫁给我!混账!”这会儿,他和咖啡都慢慢消停下来了,他又煮上了新的一壶。我记得,这天他先是断然否认自己宿醉未醒,沉吟了片刻后又补了句:“当然啦,我是真的有点头疼,从脊椎根里往上冒的头疼……”为了证明自己,他那个早晨余下的时间都花在把一个复活节彩蛋染黑上头了。

很奇特,他的身上还留着许多小孩子习气,我说的小孩子气,可以指探索一切新鲜东西的兴趣,可以指一种逗乐子、找乐子或制造乐子的欲望,可以指一种对无论什么样的小装置的痴迷,还有那种从相当琐屑之事中取乐的能力。我见过的成年人里,他是唯一一个每个礼拜都会边看星期天连环漫画边哈哈大笑的家伙;他用一个主意——把报纸、水和面粉放进搅拌器做纸模——把我们的厨房变成了十八层地狱;他会时不时去隔壁玩具店走一趣,有时仅仅浏览一下货品,有时会买把玩具手枪给他太太作为情人节礼物。跟他一起过,就等于连续不停地参加狂欢节——心理上是这样,事实上也是如此。唯一困惑的是他们家带孩子的保姆,她有一次说:"我不知道为什么斯坦贝克先生和本奇利先生要去泡那些酒吧,家里不是有免费的酒嘛。"

而到了深夜,喝过一些家里供应的"免费"酒品之后,他有时会把约翰·辛格译的弗朗切斯科·彼得拉克十四行诗念给劳拉听,接着就在那儿抽泣。不是酒,而是辛格词句里轻盈的调子和彼得拉克心中的痛让他哭了,这些十四行诗中有那么一首,我从没听他从头到尾念完过。

——纳撒尼尔·本奇利

谈起笔

一种常见的情况:如果你——当然我的意思是如果一个人——为了发表而写作时,你就会变僵变硬,就跟站在照相机镜头前时一样。要克服这一点,最简单的办法就是跟我一样,把你要写的东西致予某人,即像给一个人写信那样去写。这样你就不会因要对一大群难辨面目的观众说话而感到莫名的恐怖,你也会发现自己获得了一种自由感,不再忸怩害羞。

现在,我来和你分享一下面对四百页空白稿纸时的体会吧——这么大一堆可怕的玩意儿都得填满了。我知道没人真心想从任何他人的经验里受益,所以这类东西才会满世界派送。不过,下面这几件事属于我必须做到的,否则就要犯傻。

1. 不要想着"快了,我就要写完了"。忘了那四百页纸,每天只写一页就行了。这样下去,到写完的时候你肯定会大吃一惊。

2. 写作要尽可能自由自在,尽可能快,把一切一切都倒到纸上去,全都写上去了之后才检查或修改。边写边改通常只是停步不前的借口,也会妨碍语句的流动和节奏,后者只能来自一种与素材之间并非刻意的联系。

3. 忘了你那些泛泛的观众。首先,无名、无面目的观众会把你吓死的,其次,和戏剧不同,写作没有观众,写作的观众只是区区一个读者而已。我发现有时挑一个人出来会有好处——挑一个你认识的大活人或一个想象中的人,并且写给他/她。

4. 如果一个场景或一个桥段让你无力驾驭,但你仍想写它——跳过去,继续写下面的。当你完成了全部内容后再回去看,你会发现你之所以受困于它,是因为它本来就不该搁在那里。

5. 要是有一个场景让你情有独钟,让你迷恋超过了其他一切场景,请小心,你多半已经描写得走形了。

6. 如果你写对话,就一边写,一边念出来。只有这样它才能拥有说话的声音。[1]

谈运气

你知道,在我的左手小指下面一点的指垫上长了个深棕色的斑,而就在我左脚对应的位置上还有一个,几乎一模一样。有一次,一个中国人看到我手上的斑,一下子就来了精神,当我告诉他我脚上还有一个时他已是兴味盎然。他说,在中国的相术里,手上的斑记证明人有天大的好运气,而我脚上的斑记则说明这运气还要翻倍。这些记号无非是色素沉着罢了。我从小就有,无非所谓的胎记罢了。但我特别提到它,是因为过去一年半来这两个斑点越来越深,而且,假如我信它们,这自然就意味着我的运气在越来越好,且埃莱娜(约翰·斯坦贝克夫人)也能跟着沾光。但是,斑点继续变深,也许那也意味着我要写出一本新书了,这也是一种巨大的好运气。

谈工作习惯

马克·吐温习惯窝在床上写东西——我们最伟大的诗人也是如此。[2]

---

① 来自 1962 年 2 月与罗伯特·沃尔斯顿的通信。
② 译者注:他指的应是斯蒂芬森。

但是，我好奇他们躺着写作的频率如何——或者，是不是他们躺着写个两次，一个故事基本就定下来了。我也想知道他们以卧姿写哪一类东西，以坐姿写的又是哪一类东西。所有这些都关乎写作的舒适度和作品的价值。我得考虑到，一个舒适的身体才能让思想自由地集中。

你知道的，我工作时总要抽个烟斗——至少我过去是这样，现在又抽上了。有意思的是，一旦烟斗开始变得美味可口起来，雪茄就乏味了。也许我能做到彻底戒烟一段时间的。这会是件大好事。

甚至只靠这么一点点改变，我那老早就坐下病、不断复发的雪茄咳也已经在远离我了。几个月不咳嗽真让我如释重负。

我现在已经把我业余时间的一大部分花在了漫不经心地雕一块桃花心木上，不过我觉得我也一直在思考。谁知道。我带着一种恍惚坐在这儿，我管它叫思想。

我现在再一次擦干净了写字台上的黑墨，一直擦到木质表皮为止，我铺了一张绿色吸墨纸在上面。我对我的工作桌面就从没满意过。

铅笔，我要么用从福克斯电影公司偷来的“计算者”牌黑铅笔，要么用这种 Mongol 2 3/8F，它很黑，笔尖不易折——老实说比福克斯电影公司的铅笔要好太多。这种铅笔，我还得往我的铅笔盒里装填个六打四打的。

我发现了一种新铅笔——我迄今用过的最好的铅笔。当然它的价钱也要贵三倍，但这铅笔又黑又软又不会断。我琢磨着我要一直用下去。这种铅笔的牌子叫“黑翼”，它们当真是在纸上滑行的呢。

凌晨，天蒙蒙亮的时候，我脑子里萌发了一个邪恶的欲念：把我那个电动削笔器拆开。这东西一直不大好使，再说我也一直想看看它里头是什么样的。于是我拆了，发现工厂里做的时候出了些错。我给它正了过来，清理干净，上了油，现在它又跟我刚拿到时那么顺溜了。这是不睡觉的一个回报。

今天是个用来混的日子。日子和日子是交替的。我干了一整天的活儿，带着胜利的喜悦混第二天，也就是今天。变态的是，不管在哪一天，我都要写下同样数量的文字。这个早上我一直紧紧抓着铅笔，这可不是什么好事。这意味着我不放松。而写这本书，我仅仅希望自己尽可能放松一点。也许这是我心猿意马的另一个原因吧。我想要那种能让自己专注的平静，这样真好——几乎像一件羊绒睡袍似的摸着那么好。

那是个工作的好日子，一切无碍。我在写字桌前坐了良久，铅笔在我手里捏着很爽。外头太阳很亮堂，很暖和，花蕾鼓凸着都快要爆了。我猜想，我当了个作家真是件好事。也许我太懒了，干不了别的。

我右手中指上有个好大的茧子，是每天好几个小时握铅笔磨出来的。到现在已经起了老大的一块，再也消不掉了。这东西有时候粗糙得很，其他时候，比如今天，它像玻璃一样明亮。真是奇特呀，人对细小的东西也会这么敏感。铅笔得是圆的。六角形的铅笔一天下来会割了我的手指的。你看，我每天握一支铅笔要握六个小时呢。看起来怪怪的，但这是事实。我真的是一只受限于条件的动物，有一只受限于条件的手。

今天我真过得浑浑噩噩的，我要写的东西都在脑袋里装着，据说很多作家到处跟人说他们的书，因此就不写了。我想我也严重地犯了这个错误。我跟人谈了太多自己的作品，谁要听，我就跟谁谈。要是我能把我的谈话限制在创意的程度，管住我的大嘴巴不谈工作就好了，我很可能会写出多得多的作品来。

我握笔的手指上的茧子今天好疼哇。我得把它锉平了。它长得太大了。

一个愚蠢的真相：我什么样的工作量都能承担，却忍受不了混乱。

谈灵感

我听到一些刺激的小道消息，说你正犯着写作困难症呢。上帝呀！我太知道这种滋味了。我以为它过去了就不会回来了，但它真的复发了——在一个早晨，它又回来了。

大概一年前，鲍勃·安德森（剧作家）出于同样的问题要我帮他。我告诉他去写诗——别写那些卖钱的诗，甚至也别写用来读的诗——去写用来扔掉的诗。因为诗是写作的数学，而且最亲近音乐。也许这是最佳的疗法，因为不定什么时候你那些麻烦就给一起扔出去了。

他照我说的去做了。做了六个月。我收到他的三封信，说这招很灵。只是写诗而已——或者某种不为读者而写的东西。这是一桩大大的、很有价值的私事。

要是你的干涸期太长，让你悲摧得要死，那么我只能给你这一招。你总有一天会走出来的。反正我走出来了。词跟词正在打架，都想往外跑呢。①

谈诗

一些事情，比如爱情，或者某个国难，或者梅②，都会给个体带来压力，如果压力大到一定程度，比如以诗的形式体现的那种，它就得释放掉。国难和爱情在我的生活里都没多少分量，我也不会总被梅给压垮。

我的第一件宝贝招来了很恶意的批评，尽管我觉得它来得完全是正逢其时。它发表在了一扇木篱笆上，是自由体。类似这样的：

> 盖蒂爱汤姆，
>
> 汤姆也爱盖蒂。

这只是我的大脑的产物里唯一引起过注意的，而它引起的注意让我后来每出版一本书之前都畏首畏尾的。③

谈短篇小说

距离我在斯坦福你的课堂里学习小说写作过去准有一千年了，不过我对那体验还记忆犹新。我两眼放光，脑子里沟回密布，准备从你那儿吸取写出上好的、乃至伟大的短篇故事的秘方。

你很快就破掉了我的这个幻觉。你说，要写出一个好短篇，唯一的方法就是写出一个好短篇。

只有在故事写成了之后，我们才能分析它，看它是如何写成的。你告诉

---

① 来自 1960 年 2 月 19 日与罗伯特·沃尔斯顿的通信。

② 梅（May）是人名，可能是作者二十岁时的女友或其养的狗。

③ 来自 1920 年代初的一封与威廉·赫伯特·卡拉思教授的通信。

我们,短篇小说是写作难度最高的体裁,存世的伟大短篇如此之少就是明证。

你教给我们的写作基本法则既简单又震撼。一个故事要有效,就必须把某种东西从作家传到读者那里,这种传导力的高低决定了它有多么出色。你说,除此之外就别无他法了。一个故事什么都能写,什么方法、技术都可以用——只要是有效的。

你还说,这个法则还有个副题:对作家而言,似乎有必要知道他想说什么,或者简单点说,他正在说什么。我们得设法把一个故事的核心部分缩减为一句话,这是一种训练,只有这样我们才会晓得怎样把它扩充到三千、六千或一万个词。

这就是那魔术般的法则,那神秘莫测的东西。不过就是凭此,你把我们放到了作家的孤僻之路上。我们肯定交过一些烂到家的短篇小说。即便我曾期待着拿一个完完全全的优秀,你给我的心血打的分数也很快就让我幻灭了。即便当时我觉得你的批评多有不公,但许多年以后,编辑们的判断也站在你、而不是我的一边。

这似乎很没道理。拜你的训练之赐,我不但能读一篇好故事,甚至也能说出它是怎么写就的。但为什么我自己就写不了?好吧,我写不了,或许这是因为不可能有两个故事胆敢彼此雷同吧。多年之后,我写了很多很多故事,可我依旧不知道怎么写,只是先动笔、后撞大运而已。

如果说在故事写作里有种魔法的话,我相信那就是从来就没人可以把它浓缩成一句秘诀,由一人传授给另一人。这一法则,似乎只是存在于作家想把他认为的某些要事传达给读者的痛苦欲望之中。要是作家有那种欲望,他有时能找到途径,但不可能总是如此。

在一个故事写完之后对它评头品足并不很难,不过过了很多个年头,动笔开写一个故事仍旧让我怕得要死。我甚至觉得,没有惊慌失措过的作家是幸运的,他不知道小说这种东西遥远而蛊惑人心的美。

不知道你是否还记得你给我的最后一条忠告。那是在富裕、疯狂的二十年代的繁荣中,我即将踏入那个世界,力争当一名作家。

你说:"你需要一段长时间,而你还一文不名。如果可以的话,或许你去欧洲更好。"

"为啥?"我问。

"因为在欧洲,贫穷是一种不幸,但在美国贫穷是耻辱。我不知道你能否扛得住贫穷的耻辱。"

那之后没过多久,大萧条降临了。因为人人都穷,所以耻辱也不复存在。我再也无法知道自己是否能扛住耻辱。但毫无疑问,伊迪思,你有一点是对的:需要一段长时间——很长很长的时间。这段时间仍然在延续,局面从来没有容易过。你告诉我,再也不会变得容易了。[①]

谈乱写

此邮包里的这份稿子(《谋杀在月圆之夜》),我想我就不用解释什么了。最近我有好一阵子不快活。因为我有债在身,这让我很难熬。

我曾经写过的那些小说明摆着没人买。因此,为了赚到我所需的钱,我就必须迎合他们,写他们想读的。换句话说,我必须为了个人的完整而暂时牺牲艺术的完整。如果这份手稿让你郁闷的话,请记住这一点。也请记住它给我带来的郁闷远比给你的多。

康拉德说过,只有两样东西卖得动:最好的和最烂的。我最近写的东西让我确信自己还无力写出最好的。当然,将来我行,但现在还不行。我是否能写出最烂的还有待观望。

就这包《谋杀》书稿我还得跟你叨咕两句。这是我花了九天写出来的,大约六千二三百字吧,打字稿则花了我两星期。我在这个小说里把我所知的所有廉价伎俩都用上了,我也试图赋予它一种轻微的戏谑调调让小说立起来。除了我老婆和我那圈子人外,没人知道是我写的,也没人会知道是我写的,除了你之外。我看不出有啥理由不用个笔名,也不知道为啥用笔名就该被人鄙视,就不该用。我选了个笔名叫彼得·皮姆。

---

① 来自 1962 年 3 月 8 日的一封与伊迪思·米瑞尔利斯的通信。

这个小说掺水太多太多,我觉得它还有相当大的神秘色彩。那些戏谑性的东西主要是为了不让自己一坐在打字机前就倒胃口才写的,你可以删掉。[1]

谈篇幅

人们常说,大书比小书更重要,更加权威赫赫。虽有个把例外,不过这话一般都是对的。我曾设法为这一点找个合理的解释,最后得出了我自己的理论,就是说:人的头脑,尤其在今天,被无数琐屑的东西——税、战争隐忧、肉价——困扰、模糊、嗡嗡地叮着不放。所有这些往往都聚集到了一起,最后让男人跟他老婆打了起来——因为这是纾解内心焦虑的最省事的法子。现在,我们必须把一本书看作一枚打入个人生活的楔子。一本小书打进去后很快又弹了出来,这么一个楔子可能打开了人脑、完成它的任务后就被退出了,空留下颤巍巍的神经和被割断了的组织。相反,一本篇幅较长的书,只要在时间上能持续一阵子,它楔入得会非常慢。它并非割断了就退出,它让思想能重组自身来适应楔子。我们把这个比喻再推进一下。当小楔子快进快出时,头脑就会飞快地彻底愈合成受攻击之前的样子,但一本大书或许就会让头脑在愈合后留下楔子的形状,由此,当楔子最终拔出、书合上时,头脑再也无法恢复到跟它之前一模一样。这是我用来解释为何一本大书的意义更重大的理论。和它共处的时间越长,就能赋予它更大的力量。如果我说得没错,那么一本大书,即便不是特别好,也要比一个出色的短篇小说更加有效。

谈人物

我们很难剖开一个人看他的内里。这里甚至有一点点涉及隐私的体面的不情愿,但是作家和侦探却不能允许隐私泛滥。在这本书(《伊甸之东》)里我剖开了许多人物,其中一部分人正为此而有些忿忿。但我不得不这样

---

[1] 1930 年 12 月致阿玛萨·米勒。

173

做。我一时还想不到有什么需要读者保持如此长时间专注的小说,能称得上是一本"大长篇"的。

我有时觉得,人性是一座恶臭弥天的丛林,里面鬼影幢幢,暗无天日。它在我眼里是一个危机四伏的冒险之地,有点像科尼岛上的那些地道,各种"东西"尖叫着从里面跳出来。已经好多次有人责骂我净写变态人了。

如果我偏要让我小说里的那些人孤苦无助,只等我的援救,那倒真是好玩了。要是他们欺负我、企图我行我素的话,我也会给他们好看。他们得等到我拿起一支铅笔才能动一下。他们是僵的,抬起一只脚站着,脸上带着我昨天停笔就带着的那种微笑。

谈意图

所谓写作的技术或艺术,就是这样一种笨拙的尝试:给语词无法描述的东西找来一个个象征。一位处于完全孤独之境的作家设法去解释解释不能解释的东西。有时候,如果他运道够好,又恰逢其时,他的努力会有很少一点点成果——从来就只是一点点。而假若这个作家足够聪明,知道兹事不可能完成,他就根本不是个作家了。一个好作家总是知其不可为而为之。还有另一种作家缩小自己的视域,像放低枪的准星一样放低思想,但若放弃了不可能,他也就放弃了写作。在我身上发生的是同一种盲目的尝试,时张时弛,既无幸事也无不幸。我始终希望能有些什么一点一滴地流到最后。这种欲望从来没有泯灭过。

往最好的地方说,写作也就是一桩非常愚蠢的生意。为人生绘下一幅画是荒诞不经的。更荒诞的是,人为了画那幅画,得逃出生活一段时间。第三,人必须扭曲自己生活的路径,在某种意义上,只是为了激活别人的生命,让他们过上正常的日子。经过所有这些无聊之后,出来的可能是最苍白无味的思想。哇!这真的是个狗屁生意。你翻山越岭、连吁带喘,几乎筋疲力尽,最后得到的只是一丁点东西。愚之大者莫过于这样一个事实,作家必须相信他正在做的事是世界上最要紧的,方能着手写作,即便他知道这是假的,也得保持这个幻觉不放。要是不这么做,他写出来的东西甚至没法跟原本可能形成的样子相比。

这是恐惧和种种不确定感的开头,这些情绪和感受把人压垮,于是他一边做着那愚蠢的工作一边认为自己一定是疯了,因为他如此孤单无援。如果他正在做的事事有所值,为什么更多的人不选择这条路呢?然而,这又不像是一笔必能成果丰硕的生意,一件做起来肯定会很好玩的事。聪明人几乎总是在一个可能的水平上过他们的日子——设法去做好,不担心自己是否能做好,保持那些有安慰性的、让自己安心的意见,抛弃那些相反的意见。他们在岁月将尽时从不带着失败的悲苦告别人世,因为他们从未做过尝试,所以也从未失败过。这些人比起在纸上埋头涂废话的傻瓜蛋可是要聪明得太多太多了。

现在有个写作时髦:把每个人物都写成失败者,被毁掉的人。我不相信所有人都给毁了。我可以说出若干没有毁的人,世界依赖他们以存在。战争讲究成王败寇,精神上也是一样。今天的作家,甚至包括我,都习惯于庆贺精神之毁,而上帝知道往往毁得还不够。我想,我现在是时候说说这个了。"南方神经症一代"对此会响亮地嗤之以鼻,那些被炒得烂熟的作家也会,但是我相信伟大作家,像柏拉图、老子、佛陀、基督、保罗以及伟大的希伯来先知们并不是因为否定什么、拒绝什么而被人铭记的。并不是说人有必要被铭记,而是说,我在书写中可以看到一个目的,一个除了写作找乐子之外的目的。作家的责任就是提升、推广、鼓励。如果写下的文字对我们正处于发展中的人类种族以及半发达的文化有任何助益,那就行了:伟大的作品已是一个可以依赖的团队,一个可以求教的母亲,一份能让顽廉懦立的智慧,给弱者注入力量,为胆小鬼增添勇气。我不晓得有什么消极的、让人绝望的工作可以冒充文学的。当然,我们是病弱的,丑陋不堪,吵吵闹闹,但若那就是我们一直以来的样子,我们早几百万年就该从世上灭绝了,我们人族早该只剩下一点颚骨化石和几颗牙藏在石灰岩底层里面,作为曾经存世的唯一证据了。

谈到这些,我们开不了太多玩笑,这一点很不好。不管怎么说,这只是一本书,它既不能创世也不能毁世。但是,它却呈现出与它的意义无法相比的重要性来。我想那才是根本的。屎壳郎在滚屎球的时候一定知道根本性何在,一个高尔夫球手只有在把打一个小球看作世界上的头等大事时,才会

175

精于此道。因此,我必须确信这本书是一起十分稀有的事件,我不能有半点玩笑。我经不住开这个玩笑。这个故事必须前进、前进、前进、前进。它现在就像一台机器——被设置好了要做什么。它将叮叮当当地干到结束。

当一本书完成时,我的确不在乎它。随之而来的名利都与我对这本书的感情无关。我写下最后一个词时,对我来说,它真的死了。我有一点点悲伤,然后就开始写一本新的、活着的书。我书架上的书在我眼里就像做了防腐处理的尸体。它们既不是活的也不是我的。我对它们没有半点伤感,因为我忘了它们,在最真实的意义上,我忘了它们。

谈写作技艺

现在,总算又到了开工写书的时候了。我发呆已经发得够久了,但这是件好事。我不知道我写的速度会怎样,但我能肯定时间的速度一定还是不变的。我眼看着就要结束这种标志性闲逛了,我真怕开始写另一本书啊,我甚至得把我想写出一本好书这事给忘了。这些都是计划时想想,一旦开始了,除了写完它,就不作他想了。现在一切都好了,太太平平,一切小细节都妥妥帖帖,所以心境和态度真是很重要,它们既然得持续很久,就得几乎变成生活方式和思维习惯。于是没人能说:我因为稀里糊涂而失败了。这跳板上最后一跳啦,看水池最后一眼啦,跳的时刻到了。真的到了。

一如既往地,我饱受在纸上落下第一行字的恐惧的煎熬。折磨人的是惊人的恐怖、巫术、祈祷、让人举步维艰的羞涩。仿佛词语不仅仅不可抹删,而且它们会像颜料滴进水里一样化开,周围满是色彩。写作,一种陌生而又神秘的生意。自从有了写作以来,几乎没有前进过一分一毫。早在古埃及时,《亡灵书》就已经写得跟二十世纪的所有书一样出色,一样完美乃至登峰造极,但是,尽管他们的作品无法流芳后世,成千上万的人却在步我后尘——狂热地祷告着,想从他们的词语苦闷中求得解脱。

很早以前我就懂得,你不可能根据你是怎么开始的来判断你将如何结束。我只是随便瞥了一眼这一页。看最上边这些字啊——参差不齐、粗拙生硬,铅笔每写一行都断,字迹就像实验室里的一只惊惧不已的小白鼠。而仅仅过了半个小时,我的手迹就光滑流畅、大为改观了。

现在我该投入今天的写作了。其中满是陌生和神秘的东西,如同很早以前我写的那些实验小说一样深入无意识之中的东西。那些小说也是给这本书做的准备,我正在用我从所有其他写作中习得的经验。

我常常想,这可能是我最后一本书。这不是真的,因为我会写到死的,但是我想就当它是最后一本。也许,我觉得每本书都该这么写。

我希望自己能掌握一切在手,与此同时又让这本书似乎是偶然的产物。这会很难,但必须这么做。我也得一点一点进入故事,以便让读者直到被迷住了才意识到自己身上起了什么变化。正因此,我的作品才带上了一种随意——甚至近乎无礼——的味道。这就像一个人设了个陷阱逮狐狸,却做出一副样子,假装他并不知道在乡间有只狐狸或一个陷阱似的。

我把自己裂成三个人。我知道他们长什么样。一个思考,一个提意见,第三个设法从中撮合。常常打起来,但打打闹闹之间,整个一周的工作就出来了。在我的脑袋里,争吵以对话的方式在进行。它是一种奇怪的体验。在这些情况下,它或许属于某种精神分裂症状之一,但作为一门工作技术,我完全不认为它很不堪。

我似乎真的感到创造的体液奔向一个出口,犹如精液从男人体内的四面八方集中到一起,你推我撞地要往卵泡里冲。我希望能产出一些美而真的东西——但这东西(同样与交媾相似)我得是知道的。即便我心知从这本书里一无所出,我仍然要写。似乎对我来说,不同的器官必然有其彼此不同的方法——用声音、用姿势——来象征创造的欢愉——开花结果。而且,如果这一点属实,人也一定有其彼此不同的方法,一些人会笑,一些人建造,一些人毁坏,是的,一些人甚至创造性地自毁。没有解释。在我心里,愉悦的东西有两个出口:第一是对无比诱人的肉体、对女人之甘甜投以宝爱,第二——两者基本同等——则是纸、铅笔或钢笔。而思考纸笔和蠕动的单词是件有趣的事。它们仅仅是愉悦的导火线——美的呼喊——创世的纯粹至福的放声大笑。经常,词语甚至并无法匹配感情,只是有些时候在强度上不相上下。因此,一个满心愉悦的人能带着力与热情写出某个伤感的画面——美的死亡或一个漂亮小城的毁灭——而这仅仅证明了他的感受有多么剧烈、多么美妙。

我的作品凝固不起来。它就像厨房地板上的一颗生鸡蛋一样无法抓握。我要疯了。我现在真的想试着去抓它,但我担心试一下的力量就会要了作品的命。我不知道这种讨厌的东西打哪儿来的,但我知道它不新鲜。

我们在自身的阴影里工作,对我们正在做的事几乎一无所知。我想我比大多数作家知道得更多一些,但那仍然不多。

我猜想自己害怕在书上写下"结束"二字,因为我害怕自己要结束了。

突然,很奇怪,我觉得孤单。我猜我担心了。总是在一本书写到结尾时,这种感觉来临了——害怕你还没有完成你着手做的事。那就跟呼吸一样自然。

再花一点点时间,书就写完了,它也不再是我的了。其他人会拿走、拥有它,它就从我这里游走了,仿佛我从来就不是它的一部分似的。这时我害怕,因为我再也无法收回它,它就像是对某个蹬车上路的人喊"再见",马达的嗡鸣声吞没了喊声,他听不见。

谈竞争

你知道,我打小就没有竞争意识。在很多方面这是件要命的事。我不赌博,因为赌博没有意义。我过去扔标枪,但是从没真正在意过是否扔到最远了。有一度我是个心狠手辣的拳手,但不是为了要赢,只是为了打完比赛,离开那个狗日的地方。如果没人把我塞回绳栏里头,我就再也不会干这行的。私下场合里我打过的仅有的几场架,那是我实在躲不开的。后来我甚至从来没想过要比较作家跟作家的地位高低。我不晓得这有啥意义。写作,对我来说是纯个人的事,甚至是一桩秘密行动,作品出来就像是从我身上割下来了一样,我再也不觉得它是我的了。于是,批评也对我毫无意义。作为一种惩戒,它来晚了。①

---

① 1949 年 6 月 8 日致约翰·奥哈拉的信。

谈出版

虽然有时我自觉手底有火,洒在纸上时一片光亮——但我从未失去过笨拙、无知、痛心无能的分量。

一本书就像一个人——聪明的和愚笨的,勇敢的和胆怯的,美的和丑的。每一朵思想开了花,都会写下一页脏分分的杂种癞狗似的文字,每飞完一圈,也都会伴随着翅膀上的一击,伴随着靠太阳过近时蜡就无法粘紧羽毛的警醒。

书写完了,它从此一无是处。作家想大哭一场:"还给我! 让我重写!"或者哀告:"让我烧了它吧,别让它那样传播出去遭受恶意的冷落。"

帕特,你最知道了,书不是从作家直接奔着读者去的。它首先得喂狮子——编辑、出版商、批评家、编校员、书商。它被踹,被砍,又是抠又是挖。它那遍体鳞伤的爸爸还得忍受律师的纠缠。

编辑:这本书失衡。读者期待一个,你给他们的却是另一个。你写了两本书,把它们连在了一起,读者读不懂的。

作家:不,先生。这是一起的。我写了一个家庭的事,用另一个家庭的故事作为——嗯,作为对位,作为补充,作为节奏和色彩上的对照。

编辑:读者不会懂的。你所说的对位只是把书的节奏给拖慢了。

作家:拖慢是必须的——不然的话,加快的时候你怎么能感觉到?

编辑:你写着写着这本书就停下来了,然后你去讨论那些天知道是什么玩意儿的东西。

作家:是的,是停止了。我不知道为啥。我只是想停而已。也许我错了。

发行部:这本书写得太长了,成本都上去了。我们得卖五美元一本。人家不会出五美元。他们不会买的。

作家:我上一本书很短,你又说他们不会买一本小书。

校对员:整个故事的大体流程千疮百孔。用的语法不是英语语法。在第几几几页,你让一个人在《阿尔曼纳克世志》里查蒸汽船的速度。

我查了,那里面根本没有。中国新年你也搞错了。人物前后不统一。你说丽莎·汉密尔顿是这么一个人,可是写她的行为时又与性格不符。

编辑:你把凯茜写得太阴暗了。读者不会信的。你把山姆·汉密尔顿写得太白了。读者不会信的。没有一个爱尔兰人是那么说话的。

作家:我爷爷就这么说话。

编辑:谁信。

第二个编辑:小孩不会那么说话的。

作家:(绝望至发火)他妈的。这是我的书。我想让小孩怎么说话就让他们怎么说话。我的书是关于善恶的。没准这个题目犯了忌。你们到底想出不想出?

编辑们:我们看看这小说是否没法修改了吧。费不了多大工夫的。你也希望它好,不是吗? 比方说吧,这个结尾,读者理解不了的。

作家:你们能理解?

编辑:我能,但是读者理解不了。

校对员:上帝啊,你怎么把一个分词给吊起来了? 翻到第几几几页。

帕特,那会儿你也在。你满心欢喜地来,听了一堆无聊的废话。这次会上还冒出来一个新人物。他的名字叫"读者"。

读者:他是个蠢驴,你不能信他一分一毫。

他很聪明,你再小的错误也逃不过他的眼睛。

他不会买短篇小说集。

他不会买长篇小说。

他是由白痴、天才和吃人怪兽三部分组成的。

他会不会阅读,这一点存疑。①

谈标题

我从来就不是一个标题党。一丁点都不是。我可以把它(《伊甸之东》)

---

① 1952年,一封致帕斯卡尔·考维奇的信。

叫作《向海之谷》，这个题目是一句完全没有出处的引文，不过包含了两个大词和一个方向。你觉得怎样？我是再也不会去琢磨它的。

谈批评家

今早我看了一眼《星期天评论》，看了几则新书（不是我的书）简介，心头生出了常有的恐惧感。人可以做个评论者，或更进一步，做个批评家，这些好奇心甚重的食人鱼带着愉快的移情换位感靠其他人的作品活着，然后用乏味无聊的语言训斥养活他们的食物。我不是说作家就不该接受训斥，但我满希望那些安排自己从事这项工作的人，不管在形式上还是在心理上都别太程式化了。

我写的东西总是先念给我的狗儿，看看他们的反应如何——安琪儿，你知道的，它就坐那儿听着，我感到它能听懂一切。但是查理，我总觉得它只是在等机会插嘴。多年前，我那条红毛蹲伏猎狗把我的《人鼠之间》手稿嚼巴嚼巴吃了，当时我说，它一定是个出色的文学批评家。

时间是唯一没有野心的批评家。

给批评家一丁点东西，他能写出一个戏来。

谈放松

我最大的缺点，至少在我看来是缺少放松的能力。回想我整个人生，都不记得曾有过放松的时候。即使在睡梦里我也是紧张、不安的，一有响动我就醒了。这不是什么好事。能放松是有益的。我想，我在这一点上是得了我爸的遗传，我记得他那坐卧不宁的个性。有时候，尽管他话不多，但这种不安却充斥了整间屋子，变成一声嚎叫。他是个特别安静的人——我猜想，这首先是因为他话少，其次是因为他没有说话的伴儿。他的感情强度大却不太深刻，聪明机巧则会让他困惑——这一点很有趣——而他对音乐之类的东西也不感兴趣。各种形式的音乐对他都毫无意义。我常常觉得他这个人很奇怪。我在奋力当个作家的过程中，是他支持我，做我的后盾，解释我的选择——而不是我母亲，她只是一味地要我做点更体面的工作，比如银行家。她恐怕会乐于看到我成了个塔金顿一类的成功作家,但她又确信我做不到。而我父亲希望我成为我自己。这很怪,不是吗?他推崇任何设定人生路线后一辈子不偏离的人。我想这是因为他把个人命运放手于细琐的职责之中,在家庭、金钱和责任的旋涡里俯首而行。要想做个纯粹的人,需要一种他所不具备的高傲,也需要一种他无法想象的自私。他是个对自己十分失望的人。我想他欣赏我决意当作家的冷酷无情,为此不惜跟包括我妈在内的一切对着干。不管怎样,他是个勇者。母亲总觉得我会清醒过来,恢复理智。

谈家里有个作家

这是个噩耗,但我想你们对此毫无办法。我还记得,当我父母确信此事确确凿凿就发生在我身上时,他们是怎样惊恐万状。你们所拥有的,也是他们不得不展望的,是被一个卑鄙自私、脾气暴躁、固执己见、喜怒无常、动辄吵吵闹闹、神经质、无理性、轻浮而不负责任的儿子搞得不堪忍受的生活。父母休想从这个儿子这里得到任何忠诚、关心,连一点点注意力都别想——实际上你会想杀了他的。我敢肯定,我爸我妈一定常常想着毒死我。有了这么个儿子,你们和他都别想有好日子过。他甚至都不具备成功所需的体面感,而即便成功了,他也会百般挑剔,仿佛这是一场失败似的,因为干作家这行就有这么个特点,但凡你有些优秀之处,失败就是家常便饭。而丹尼斯(丹尼斯·墨菲),他不只是个作家,我很担心他还是个非常不错的作家。

我迫不及待地要向玛丽和你表达我的同情,但我也得警告你,你很无助。从今往后,你要履行的父职就成了把他救出监牢,给他吃的让他得免于饿死,他貌似失去理智的时候你得满怀绝望地守着他——而所有这些换来的最佳回报是被视而不见,最坏的回报则是横遭辱谤。别指望能懂他,因为他自己都不懂自己。看在上帝的分上,别用凡人的善恶成败标准来衡量他。每个人都有自己的价值,但一个作家,一个真正的作家的价值是很难发现的,几乎不可能实现。我给你们的最好的建议就是站到一边,拿拳头护着脑袋转开身子,特别保护住肚子。如果你们有心杀了他,最好快点动手,否则就晚了。我看他不可能消停,你们也很难安生。你们可以跟他断绝关系。天底下墨菲多得是。①

谈荣誉

我考虑过很多值得一写、但我作为一个小说家不能或不该写的东西。人们荒谬地琢磨着我那些伟大同侪们(我说的是福克纳和海明威)的不朽——他们几乎就好比在为墓碑上的演出名录争斗。

另一件我没法写而你可以写的事是有关诺贝尔奖的。我害怕得它,怕得要死,我不在乎它有多么让人垂涎。但是我却不能这么说,因为我还没得到这个奖。不过我感觉似乎获奖者之后就再也写不出什么好东西或有勇气的东西来了。这个奖就仿佛让他们退休了似的。具体原因我不清楚:因为他们的创作好歹都已结束?还是因为他们试图配得上这个奖,故而胆量什么的全没了?但要克服这些是一桩艰难的冒险,多数人都没能做到。或许它让他们备受尊敬,而一个作家却不敢做个备受尊敬的人。同样的情况发生在任何一个荣誉学位以及奖章上。一个人拿的荣誉越多,他的写作就越走下坡路。可能正是我内心的这种恐惧,让我拒绝了那些不停地由大学颁出的荣誉博士学位;可能出于同样的理由,即便当选美国文学与艺术学院院士,我也从未靠近过它;出于同样的理由,我把我的普利策奖奖金给扔了。②

谈海明威

关于欧内斯特·海明威之死,我们听闻的第一个讯息是从伦敦《邮报》打来的一个电话,让我评评此事。尽管我隐隐对这事有预感,但到真的发生时,我还是受了震动。他的写作只有一个主题——只有一个:人跟世上的各种强力(所谓的"命运")互搏,鼓足了勇气去会会它们。当然,人有权夺走自

---

① 1957 年 2 月 21 日致约翰·墨菲的信。
② 这段话摘自 1956 年的一封致小帕斯卡尔·考维齐的信,六年之后斯坦贝克获得了诺贝尔奖。

己的命，不过，海明威的主人公，哪一个身上都没有这种可能。悲凉的是，我觉得他对意外的憎恨远远甚于自杀。他这个人自负到你难以置信的地步。擦枪时发生一个意外，就可能触犯了他所引以为骄傲的一切。用一支双管猎枪崩了自己的脑袋，这样的事除非预谋，否则几乎是不可能发生的：因为走火致死的情况多半是枪脱手掉了，因此枪伤通常都是在肚子上。一个有经验的人不会在实弹的情况下擦枪。其实，猎人从来不会在家里放一把上着子弹的枪。我屋子里放着不少猎枪，但子弹都搁在下面的架子上。枪一入手就是清洁过的，而且你必须把子弹取出来后才能清洁它。如果这是意外，也只有傻子才会碰上，而海明威可是鄙视傻子的。此外，就我所了解的，他最近一年的样子似乎在经历一种个性上的变故。无疑，他在西班牙的最后一个夏天及后来在《生平》的叙述都不是他过去的风格了。也许，就像保尔·德·克鲁伊夫告诉我的那样，他罹患了一连串的中风。这可以解释他的变故。

不过除了所有这些——他对写作活动的影响至深——比我能想到的任何人都多。他没有一丁点的幽默感。这是一种怪异的人生。他总是试图证明一些什么。你只会企图证明你不确定的东西。他是批评家的宠儿，因为他从未改变过风格或主题，连故事都一成不变。他在思考和情感上都没有做过任何实验。他有点像罗伯特·卡帕，创造出一个理想的自我形象，进而设法保持它。他的死让我难过。我对他一直了解不够，见面次数也屈指可数，他总是笑吟吟的，对我很好，尽管有人告诉我他私下里对我的创作语多轻蔑。但是，这也说明他并不把其他健在的作家视为同辈，而是看作敌手。他的确在意自己的不道德，仿佛他拿不准自己是不是有这方面的问题——而毫无疑问，他确实有。

有件事让我觉得很有意思。有那么几年他说到自己在写一本大书，又说到一些已经写好了、存着将来出的书。我压根就不信真有这些书存在，真有的话我会很吃惊的。一个作家的第一冲动该是让别人读。当然我可能是错的，他或许是个例外。我引了两句话给《邮报》，这两句话是一位比我俩都强得多的作家写的："他是个完美的人，我从此再也见不到他的面容了。"①

人都管他叫"爸爸"——这两句话真是双重贴切啊。②

谈声名

这里真美,你所见的每个地方都是风景。它们多数都是废墟——你不可能搞明白是谁、或什么时候、或为了什么而造了它们。这使得雄心壮志似乎有一点点荒唐。我写了许多书,其中一些写得很美,或者包含了一些很美的东西。而且,被人问起"你写《上帝的小块土地》和《永别了,武器》的感觉如何?"那种滋味也是很爽的。③

小媒体给我写信,要我的手稿,我回信说"我身边一份手稿都没有",他们就回信问,他们能否刊登这封说"我身边一份手稿都没有"的信。④

最后的信⑤

亲爱的伊丽莎白:

我欠你这封信很长时间了——但我的手指头已经躲着铅笔,好似它是件又老旧又被毒化了的工具似的。

(分两次原载于《巴黎评论》第四十八期,一九六九年
秋季号/第六十三期,一九七五年秋季号)

---

① 这句话出自《哈姆雷特》第一幕第二景,哈姆雷特形容其父。
② 1961 年 7 月 1 日致小帕斯卡尔·考维齐的信。
③ 1961 年 11 月 22 日致法国尼斯的埃利亚·卡赞的信。《上帝的小块土地》系另一位美国作家欧斯金·考德威尔的小说名作。
④ 1939 年 7 月致伊丽莎白·奥蒂斯的信。
⑤ 致他的经纪人伊丽莎白·奥蒂斯——这封信是在斯坦贝克逝世很久之后,他的妻子埃莱娜在其工作台上的吸墨纸下面发现的。

库尔特·冯内古特

◎ 贝小戎/译

对库尔特·冯内古特的这篇访谈是由过去十年间对他的四次采访组成的。受访者对这篇拼起来的采访做了大量修订,他带着深深的疑虑审读他自己说过的话……实际上,后面的内容可以看作他对他自己做的采访。

对第一次采访(做于马萨诸塞州西巴恩斯特布镇,当时冯内古特四十四岁)的介绍中说:"他是一位老兵,一个居家型男人,骨头很大,关节松弛,神情很安逸。他坐在一把扶手椅上,穿着一件起了毛的花呢夹克,一件灰色的剑桥法兰绒衣,一件蓝色布鲁克斯兄弟牌衬衫,懒洋洋地坐着,双手插在衣兜里。采访中他有时会剧烈咳嗽、打喷嚏,喷出秋季感冒和终身大量抽烟造就的气流。他的嗓音是响亮的男中音,中西部的口音,转调时带些嘲讽。他不时流露坦率、警觉的微笑,那种几乎阅尽并记住一切的微笑:抑郁、战争、死于暴力的可能性、公司公共关系的愚蠢、六个孩子、不稳定的收入、迟迟得不到的认可。"

访谈的最后一部分是一九七六年夏天做的,已经是在第一次采访数年之后。这次对他的描述是:"……谈话时他低调、和蔼得像一条老家犬。大体上,他的外表很凌乱:长长的卷发、胡子,表示赞同的微笑表明周围的世界既令他开心,又令他感到悲伤。他租了格拉德·墨菲的房子度夏。他在走廊尽头的一间小卧室里写作,一九六四年锦衣玉食的墨菲就死在那里。坐在桌前,透过一扇小窗户,冯内古特能看见外面的草坪;他身后是一张带白色床罩的大床。打字机旁边的桌子上有一本安迪·沃霍尔访谈、克兰西·西加尔的《内部区域》,还有几盒被扔掉的雪茄。"

SPIT AND IMAGE

INTRODUCTION

It was the childishness of my father, finally, that spoiled Heaven for me.   We could be any age we wished back there, provided we had actually attained that age in life on Earth.   I myself elected to be thirty-three most of the time, which would have been a comfortable way to spend Eternity -- if only Father hadn't tagged after me everywhere in the shape of a runty, unhappy nine-year-old.

"Father," I would say to him in Heaven, "for the love of God grow up!"

But he would not grow up.

So, just to get away from him, I volunteered to return here to Earth as a doppelganger, a spook whose business it is to let certain people know that they are about to die.

I make myself into a near-double of a doomed person, and then show myself to him very briefly.   He invariably gets my message: That he is about to die.

. . . .

Yes, and about once every six months I turn into a poltergeist, which is simply a spook who throws a tantrum.   Suddenly I can't stand the Universe and my place in it, and the way it's being run. So I become invisible, and go into somebody's house or apartment, and dump tables and chairs and breakfronts and so on, and throw books and bric-a-brac around.

冯内古特未完成的长篇小说《一模一样》手稿中的一页

187

"冯内古特从一九三六年起就一根接一根不停地抽'长红',访谈过程中,他抽了近一盒。他的声音低沉沙哑,说话时,不停地点烟、吐烟就像他谈话时的标点符号。其他的干扰,像电话铃声,一条长满粗毛的小狗南瓜的叫声,并不会令好脾气的冯内古特分心。实际上,如丹·韦克菲尔德所说,他这位肖特里奇高中的校友'经常大笑,对所有人都很和善'。"

——戴维·海曼、戴维·米凯利斯、乔治·普林顿、

理查德·罗兹,一九七七年

《巴黎评论》:你是一位"二战"老兵?

冯内古特:对。我希望我去世后能得到一个军事葬礼——礼号,灵柩上覆盖着国旗,鸣枪队,圣地。

《巴黎评论》:为什么?

冯内古特:那是我一直以来最想得到的方式——我本可以得到的一种东西,要是我能在战争中阵亡的话。

《巴黎评论》:那意味着什么?

冯内古特:我的同胞绝对的认同。

《巴黎评论》:你觉得你现在还没有得到?

冯内古特:我的亲人们说,他们很高兴我很有钱,但他们不懂我的心思。

《巴黎评论》:"二战"时你是步兵侦察员?

冯内古特:对,但我接受的基本训练是操作240毫米榴弹炮。

《巴黎评论》：一种巨型武器。

冯内古特：是那时军队中最大的移动野战炮。这种武器有六个部件，每个部件都要用一辆履带牵引车滚动着牵引。每当要我们开火的时候，我们就得先把它组装起来。实际上我们得自己把它发明出来。我们用吊车和千斤顶把一个部件降到另一个部件上面。炮弹的直径就有九个半英寸，重达三百磅。我们会建一条微型铁路，这样我们能把炮弹从地上运到后膛，后膛大概离地八英尺高。尾栓就像印第安那州珀鲁县存贷协会金库的大门一样大。

《巴黎评论》：发射时一定非常激动。

冯内古特：其实不然。我们会把炮弹放上去，然后缓慢、耐心地丢进一袋袋炸药。它们就像潮湿的狗饼干一样。接着关上后膛，拉下一只锤子，砸向雷管，引爆潮湿的狗饼干。我想主要目的是产生蒸汽。过一会儿，我们就会听到烧菜似的声音。很像烧火鸡的情形。在十分安全的情况下，我们应该可以不时拉开尾栓，踹炮弹。但最后榴弹炮总是会变得不安分。最后它会往后推驻退机，把炮弹吐出来。炮弹会像古德伊尔飞船一样飘起来。如果我们有梯子的话，我们会在炮弹出膛时在上面写上"狗日的希特勒"。直升机能追上它，把它射下来。

《巴黎评论》：终极恐怖武器。

冯内古特：普法战争中的终极恐怖武器。

《巴黎评论》：但是后来你被派往海外时，不是跟这种武器一起走的，而是跟一〇六步兵师一起走的。

冯内古特："午餐包师"。他们总是给我们许多午餐包吃。腊肠三明治。一只橘子。

《巴黎评论》：在战斗中？

冯内古特：我们还在美国的时候。

《巴黎评论》：你在作为步兵受训的时候？

冯内古特：我没有作为步兵受过训练。侦察兵部队是精英部队。每个营只有六名，谁都不知道自己会被派去做什么。所以我们上午都去娱乐室，打乒乓球，填表申请去候选军官学校。

《巴黎评论》：但你在接受基本训练时，一定已经熟悉了榴弹炮之外的武器。

冯内古特：如果你研究240毫米榴弹炮，就连看性病教育影片的时间都没有了。

《巴黎评论》：你到前线后发生了什么事情？

冯内古特：我模仿各种我看过的战争影片。

《巴黎评论》：在战争中你向人开过枪吗？

冯内古特：我想想。有一次我确实把刺刀都安上了，满心盼望着去进攻。

《巴黎评论》：你进攻了吗？

冯内古特：没有。如果别人都进攻了，我也会进攻。但我们决定不进攻。我们看不见人。

《巴黎评论》：这是突出部之役时的事情吧？那是美军历史上最大的败仗。

冯内古特：可能是。我当侦察兵的最后一个任务是去寻找我们自己的炮兵部队。通常，把侦察兵派出去是寻找敌人的东西。情况糟糕到我们最后要去找自己的东西。如果我找到我们的炮兵指挥官，人人都会觉得我很了不起。

《巴黎评论》:你介意描述一下你被德国人俘获的过程吗?

冯内古特:我很乐意说。我们在一个像"一战"战壕一样深的溪谷中。周围都是雪。有人说我们可能是在卢森堡。我们没有吃的了。

《巴黎评论》:"我们"是谁?

冯内古特:我们的侦察小队。我们六个人。还有大约五十个我们从没见过的人。德国人能看见我们,因为他们用喇叭向我们喊话。他们告诉我们说我们的形势毫无希望,诸如此类的话。我们就是在那个时候装上了刺刀。有几分钟感觉很美好。

《巴黎评论》:怎么会这样?

冯内古特:像一头一身硬刺的豪猪。我可怜那些要来捉我们的人。

《巴黎评论》:但他们还是来了?

冯内古特:没有。他们送来了88毫米炮弹。炮弹飞向我们头顶的树梢。在我们头顶发出很响的爆炸声。钢铁碎片像雨一样淋下来。有人被击中。接着德国人又要我们出去。我们没有喊"蠢货"之类的话。我们说"好的",还有"放轻松",等等。德国人最后现身时,我们看到他们穿着白色的迷彩服。我们没有那类东西。我们穿着绿军装。不管什么季节,我们穿的都是绿军装。

《巴黎评论》:德国人说什么了?

冯内古特:他们说,对我们来说战争结束了,我们很幸运,我们现在可以肯定自己会从战争中幸存下来,他们自己会怎样还不知道呢。确实,几天后他们可能会被巴顿的第三集团军击毙或俘虏。轮中套轮。

《巴黎评论》：你会说德语吗？

冯内古特：我经常听我父母说德语。他们没有教我怎么说，因为"一战"时美国对德国充满敌意。我对俘虏我们的人说了几句，他们问我是不是德国后裔，我说没错。他们想知道我为何要跟自己的兄弟作战。

《巴黎评论》：你怎么回答的？

冯内古特：我觉得这个问题无知又可笑。我父母把我跟我的德国祖先彻底隔绝，对我来说捉我们的人就像是玻利维亚人，对我来说那没什么区别。

《巴黎评论》：被俘后，你被运到了德累斯顿？

冯内古特：乘坐的是跟运来抓我们的部队一样的货车车厢，把犹太人、吉卜赛人和耶和华的目击者等送到集中营的可能也是这样的车厢。火车就是火车。英国的蚊式轰炸机夜间攻击过我们几次。我猜他们以为我们是什么战略物资。他们击中了一辆载有我们营大部分军官的汽车。每次我说我恨军官——现在我还经常这么说——就会想起，几乎所有我服从过的军官都死掉了。圣诞节随时会降临。

《巴黎评论》：最后你到了德累斯顿。

冯内古特：最初是到了德累斯顿南部一个巨大的监狱集中营。他们把列兵跟军士和军官分开了。根据非常爱德华式的日内瓦公约的条款，列兵需要为他们的给养而劳动。其他人都惨死在了狱中。因为是列兵，我被运往德累斯顿……

《巴黎评论》：你对这个城市遭到轰炸前的印象如何？

冯内古特：是我看到的第一个梦幻城市。跟巴黎一样，到处都是雕塑和动物园。我们住在一个屠宰场，有着崭新漂亮的水泥猪舍。他们把床铺和稻草床垫放进猪舍，作为合同工，我们每天早上去一个麦芽糖汁厂上班。糖汁是给孕妇喝的。该死的警报声消失了,我们会听到它在其他城市响起——嘭嘭嘭嘭。我们没想到还会在那儿听到它。市里没几个空袭掩体,也没有军工厂,只有香烟厂、医院和竖笛厂。不久警报大作,那是一九四五年二月十三日,我们下两层楼,躲进人行道下一个巨大的肉库。那儿很冷,到处都挂着宰好的猪。我们上来后城市已经不复存在了。

《巴黎评论》:没人在肉库里窒息而死?

冯内古特:没有。肉库挺大,我们人又不多。空袭也不是跟地狱似的。嘭。他们先用强力炸药把东西炸松,然后撒燃烧弹。战争刚开始时,燃烧弹个头很大,大概有鞋盒子那么长。待轮到德累斯顿时,燃烧弹就很小了。它们把整个城市都给烧垮了。

《巴黎评论》:你们上来之后发生了什么事情?

冯内古特:看守我们的都是军士,一个中士、一个下士、四个列兵,他们没有领头的。也没有城市了,他们都是德累斯顿人,被派往前线,又被送回老家干点轻松的活。他们盯了我们几个小时。他们不知道该怎么做。他们一起讨论、交谈。最后我们穿过瓦砾,他们把我们跟一些南非人分到一起,待在市郊。作为卫生措施,每天我们进城,从地下室和掩体里往外挖尸体。我们进去之后,那些典型的掩体,普通的地下室,就像一列有轨列车,里面的人同时心脏衰竭。人们就那样坐在座位上,都已经死了。热浪是一个惊人的东西。自然界不会发生这样的事情。中间刮起龙卷风,谁也呼吸不了。我们把死人弄出去。他们被装在推车上,运到公园,城市里没有瓦砾的巨大、开阔的地方。德国人开动火葬场,烧掉尸体,以免尸体发臭、传染疾病。地下埋着十三万具尸体。这是一场艰巨的、复杂的寻找复活节彩蛋游戏。我们走过德国士兵的封锁线去工作。平民们看不到我们在做什么。几天后整个城市开始发出臭味,一项新技术被发明出来。需要是发明之母。我们会砸开掩体,从人的身上拿走值钱的东西,不去确认他的身份,然后把值钱的东西交给看守。然后士兵拿着喷火器过来,站在门口,把里面的人火化。

把金子和珠宝拿出来,然后把里面的所有人烧掉。

《巴黎评论》:这会给一个立志成为作家的人留下多么深的印象!

冯内古特:这是一件奇特的、惊人的事情。也是看到真相的时刻,因为美国的平民和地面部队不知道美国的轰炸机面临着轰炸饱和。直到战争临近结束,这个秘密才被披露出来。他们烧掉德累斯顿的一个原因是,他们已经把别的全都烧掉了。你知道,"我们今晚干点啥?"人人都会来这儿,这里的德国人仍在战斗,使用了烧掉城市的机器。这是一个秘密,烧掉那些城市,煮沸夜壶,点燃婴儿车。许多人废话什么诺尔登轰炸的景象。你会看到新闻短片上,一名炮兵军士两侧各站着一个手持点45手枪的军警。这类胡说八道,该死的,他们做的不过是从城市上空飞过,上千架飞机,然后扔下炸弹。战后我去芝加哥大学时,面试我的人轰炸过德累斯顿。他听了我的故事之后说:"唔,我讨厌那么做。"这句话在我心中挥之不去。

《巴黎评论》:另一种回答是:"我们是被命令那么做的。"

冯内古特:他的说法更人性一些。我想他觉得轰炸是必要的,可能是这样。所有人都知道了,很快就能重建一座城市。工程师们说,重建德国需要五百年的时间。实际上只用了十八个星期。

《巴黎评论》:你是不是刚经历过这件事就想写写它?

冯内古特:这座城市被炸毁后,我不知道它有多大……是不是跟不莱梅或者汉堡、考文垂……差不多。我没去过考文垂,所以除了电影里看到的,我不知道它有多大。回到家之后(到《康奈尔太阳报》之后我就是一名作家了,虽然我也就写写报道),我想到把我的战争故事也写下来。我所有的朋友都一直在家里;他们也有奇妙的历险。我去了报社的办公室,《印第安纳波利斯新闻》,去看看关于德累斯顿他们报道了什么。有一篇大概一英寸长的文章,说我们的飞机去过德累斯顿上空,损失了两架。所以我想,得,这真是"二战"中最微小的细节。别人有那么多可写的。我记得我很嫉妒安迪·

鲁尼,他迅速出了书;我不认识他,但我认为他是第一个在战后出版其战争经历的人;他的书叫《空中炮手》。见鬼,我就没有这样不凡的历险。但我不时会遇到一个欧洲人,我们就谈论"二战",我就说我战时在德累斯顿;他会感到很惊讶,都想多了解一些。接着戴维·欧文关于德累斯顿的书出版了,说那是欧洲历史上规模最大的一场屠杀。我说,天哪,我终于看到了点什么! 我要写我自己的战争经历,不管它是否有趣,要努力出点什么来。我在《五号屠场》的开头描写了这一过程;我希望由约翰·韦恩和弗兰克·辛纳屈来扮演我们。最终,一个叫玛丽·欧黑尔的姑娘,一个跟我在一起的朋友的妻子,说:"你们那时只是孩子。假装你们是像韦恩和辛纳屈那样的男人不公平,对后代不公平,因为你们使战争看上去妙不可言。"这对我来说是一个非常重要的提示。

《巴黎评论》:整个焦点转变了……

冯内古特:她使我不受约束地去写我们是怎样的婴儿:十七、十八、十九、二十、二十一岁。我们都是娃娃脸,身为战俘,我认为我无需经常刮胡子。现在想想我觉得那不是问题。

《巴黎评论》:还有一个关于战争的问题:你现在还会想起德累斯顿的燃烧弹吗?

冯内古特:我写了一本关于它的书,《五号屠场》。这本书现在还在卖,作为生意人我不时还要做一些跟它有关的事情。马塞尔·奥弗尔斯要把我拍进他的电影《正义的记忆》。他想让我谈谈发生于德累斯顿的暴行。我让他去找玛丽的丈夫,我的朋友伯纳德·欧黑尔,他去找了。欧黑尔也是侦察兵,在战争中是我的狱友。现在他在宾夕法尼亚做律师。

《巴黎评论》:你为什么希望去作证?

冯内古特:我有一个德国人的名字。我不想跟那些认为德累斯顿就该被炸掉的人争辩。我在书中都说了,德累斯顿,不管你是否情愿,被炸没了。

《巴黎评论》:那是欧洲历史上规模最大的屠杀?

冯内古特:它最快地杀死了许多人——几小时内炸死了十三万五千人。当然还有较慢的杀人计划。

《巴黎评论》:死亡集中营。

冯内古特:对——在集中营里,最终几百万人被杀死。许多人认为轰炸德累斯顿是对集中营屠杀正当的、极小的报复。可能是吧。如我所说,我从不争辩这一点。我只附带指出,待在这座毫无防御的城市里的所有人都被判了死刑——幼儿、老人、动物园里的动物,当然还有成千上万狂暴的纳粹,还有我最好的朋友伯纳德·欧黑尔和我。本来我和欧黑尔也该被炸死。炸死的越多,报复得越到位。

《巴黎评论》:富兰克林图书馆出版社要出《五号屠场》的豪华版了。

冯内古特:对。他们要我写一个新的序言。

《巴黎评论》:你有什么新想法了吗?

冯内古特:我说整个地球上只有一个人从袭击中得到了好处,空袭肯定要花上千万美元。空袭没有令战争缩短半秒,没有削弱德国人的防御,没有袭击其他任何地方,没有从死亡集中营解救出一个人。只有一个人获益了,不是两个、五个或十个。只有一个。

《巴黎评论》:他是谁?

冯内古特:我。我从每个被炸死的人那里挣到三美元,我想。

《巴黎评论》:你觉得你跟你的同时代人有多亲近?

冯内古特:我的同辈作家?当然很好。但我很难跟其中的一些人交谈,因为我们好像是做不同事情的。一度这对我来说是一个不解之谜,但后来索尔·斯坦伯格——

《巴黎评论》：那位画家？

冯内古特：对。他说在几乎所有的艺术门类中，总是会有些人对艺术史，对过去的胜利、惨败和实验反应激烈，其他人则不会。我属于第二种，我不得不如此。我没法跟我的文学前辈们一起玩游戏，因为我未曾系统地研究过他们。我在康奈尔大学学的化学，后来又在芝加哥大学学习人类学。天哪，我对威廉·布莱克着迷时已经三十五岁了，四十岁时才读《包法利夫人》，四十五岁时才听说塞利纳。因为走运，我刚好在该读《天使，望故乡》时读到了这部书。

《巴黎评论》：什么时候？

冯内古特：十八岁的时候。

《巴黎评论》：所以你一直在看书？

冯内古特：没错。小时候我家里塞满了书。但我从来没有为了学位而读书，也不用写论文，不用在讨论班上证明我读懂了。我讨论书时笨拙得无可救药。我的经验为零。

《巴黎评论》：家里谁对你成为作家影响最大？

冯内古特：我想应该是我妈妈。伊迪丝·利伯·冯内古特。我们家在大萧条期间损失了几乎所有的钱之后，我妈妈认为她或许可以给时尚杂志写东西来挣点钱。她在夜校上了短篇小说课。她像赌徒研究赛马新闻一样地研究杂志。

《巴黎评论》：她一度很有钱？

冯内古特：我爸爸是一位收入中等的建筑师，娶了城里最有钱的姑娘。她家靠卖利伯储藏啤酒和金牌啤酒挣了很多钱。利伯储藏啤酒在某届巴黎博览会上获奖后成了金牌啤酒。

《巴黎评论》：味道一定不错。

冯内古特：比我早很久的事情了。我从没尝过。它有一个秘方，我知道。我外祖父和他的酿酒师傅放进去的时候，不会让任何人观看。

《巴黎评论》：你知道那是什么吗？

冯内古特：咖啡。

《巴黎评论》：所以你妈妈研究过短篇小说创作——

冯内古特：我爸爸在家里顶层的房间建了一个工作室，在里头画画。大萧条期间建筑师接不到什么活——谁都找不到工作。但奇怪的是，我妈是对的：低俗杂志的作者却能大把地挣钱。

《巴黎评论》：所以你妈对写作采取的是非常实用的态度。

冯内古特：也不是全然如此。她是一个非常聪明的、有文化的女性。她跟我上的是同一所高中，是同期不多的全得 A＋的人之一。她的德语和法语都很流利。我还存有她的一张高中成绩单。"A＋，A＋，A＋……"结果表明，她是一位优秀的作家，但她没有低俗杂志所要求的粗俗的天才。幸运的是，我不缺粗俗，所以，我长大后，能够让她梦想成真。对我来说，给《科利尔》《星期六晚邮报》和《大都会》《女性家庭》之类刊物写稿不费吹灰之力。我多么希望她能活着看到这一幕。我多么希望她活着看到她所有的孙辈。她有十个孙辈。她连第一个也没见到。我还实现了她的另一个梦想：我在科德角住了几年。她一直希望住在科德角。可能儿子都希望能实现他们的妈妈的梦想。我姐姐去世后，我收养了她的儿子，他们努力去实现她的梦想的做法挺吓人的。

《巴黎评论》：你姐姐的梦想是什么？

冯内古特：她想像《瑞士家庭罗宾逊》里的成员那样生活，在宜人、与世隔绝的地方跟友好的动物住在一起。她的长子吉姆过去八年间在牙买加的山顶上养羊。上面没有电话。没有电。

《巴黎评论》:你和你妈妈上的印第安纳波利斯高中——

冯内古特:还有我爸爸。肖特里奇高中。

《巴黎评论》:该校有一份日报。

冯内古特:对。《肖特里奇每日回声》。学校里就有一个印刷铺。学生给报纸写稿。学生制版。放学后。

《巴黎评论》:你刚才觉得什么很好笑。

冯内古特:我想起了高中的一些蠢事。跟写作无关。

《巴黎评论》:不介意的话跟我们说说?

冯内古特:哦,我刚才想起了高中公民课上讲关于政府如何运作的内容时发生的事情。老师让我们轮流起立,说说我们放学后都干啥。我坐在教室的后面,挨着一个叫埃尔伯格的同学。他后来在洛杉矶卖保险。他近来去世了。他不停地推我,催我,激我真实地讲述我放学后干的事。他给我五美元,让我说实话。他希望我站起来说:"我做航模,还有自慰。"

《巴黎评论》:我明白了。

冯内古特:我还办《肖特里奇每日回声》。

《巴黎评论》:有趣吗?

冯内古特:有趣,也很简单。我总是觉得写东西很容易。而且,我学会了写给同学们而非老师看。大部分初学者不会写给同辈看——令同辈痛骂。

《巴黎评论》:所以你每天下午都去《回声》的办公室。

冯内古特：对。有一次，我在写东西时，刚好漫不经心地闻了一下自己的腋窝。有几个人看见了，觉得那很有趣——从那之后我就得了一个外号"嗅闻癖"。在我们一九四〇届的毕业纪念册上，我被写成"小库尔特·嗅闻癖菲尔德·冯内古特"。严格地说，我没有嗅闻癖。嗅闻癖是四处闻女孩的自行车车座的人。我没那么干过。"蠢货"（twerp）还有一个特定的含义，现在很少有人知道了。现在都乱用，"蠢货"就成了一个意思不清楚的脏话。

《巴黎评论》：蠢货最初严格的意义是什么？
冯内古特：是指往屁股瓣中间塞假牙的人。

《巴黎评论》：我明白了。
冯内古特：对不起，是在他或她的屁股瓣中间。我总是会像刚才那样得罪女权主义者。

《巴黎评论》：我不太明白为什么会有人那样用假牙。
冯内古特：为了咬掉出租车后座上的纽扣。这是蠢蛋们那样做唯一的原因。激发他们的就是这个。

《巴黎评论》：从肖特里奇毕业后，你去了康奈尔大学？
冯内古特：我那样想象。

《巴黎评论》：你想象？
冯内古特：我有一个朋友，经常大量饮酒。如果有人问他，前一天晚上他是否喝醉了，他总是不客气地回答说，"哦，我的想象。"我很喜欢这个答复。它承认人生是一场梦。康奈尔是一个醉鬼的梦，部分是因为喝醉了，部分是因为我入读了一个我毫无天赋的专业。我爸爸和哥哥都认为我应该学化学，因为我哥在麻省理工学化学学得很好。他比我大八岁。也比我更有趣。他最著名的发现是碘化银有时能够让天下雨或者下雪。

《巴黎评论》:你妹妹也很风趣吗?

冯内古特:哦,没错。她的幽默感带有一丝奇怪的残酷色彩,这跟她性格的其他部分有些不吻合。每当有人摔倒她都会觉得非常有意思。有一回她看见一位女士从电车上横着摔下来,笑了几个星期。

《巴黎评论》:横着摔下来?

冯内古特:对。这位女士肯定是鞋跟卡住了。电车的门敞开着,我妹妹刚好在人行道上看见了,之后她看见这位女士横着摔了下来——像一块木板一样平,脸朝下,离地大概两英尺高。

《巴黎评论》:滑稽剧?

冯内古特:当然。我们喜欢《劳雷尔和哈代》。你知道电影里最有趣的是什么吗?

《巴黎评论》:不知道。

冯内古特:让一个人走过一个看上去很浅、但实际上有六英尺深的水坑。我记得在一部电影中,夜里加里·格兰特慢慢地跑过一片草坪。他跑到一个低矮的树篱跟前,优雅地跨过树篱,但发现对面是一个二十英尺长的陡坡。但我和我妹妹最喜欢的还是电影中有人呵斥其他所有人,然后高傲地退进一个衣橱。当然,他还得再出来,整个人都缠在了衣架和丝巾上。

《巴黎评论》:你在康奈尔拿到化学专业的学位了吗?

冯内古特:到三年级期中的时候,我每一科都不及格。我高兴地参军打仗去了。战后,我去了芝加哥大学,痛快地学起了人类学,一种基本上是文科的科学,几乎跟数学无关。那时我已经结婚了,不久就有了一个孩子,马克。他后来疯了,还据此写了一本书《伊甸园快车》。他自己也刚刚做了父亲,我第一个孙子,男孩,叫圣扎迦利。马克即将结束他在哈佛医学院的第二个学年,将会是他班上毕业后唯一一个不欠债的人,因为他出了本书。可以说,他精神崩溃后恢复得相当不错。

《巴黎评论》:研究人类学后来对你的写作有什么影响吗?

冯内古特:它确认了我的无神论,这也是我爸爸的信仰。我一直认为,
展览和研究宗教是小题大做。我们不可以认为一种文化比另一种优越。如
果经常提到种族就会惹麻烦。这太理想主义了。

《巴黎评论》:几乎成了一种宗教?

冯内古特:没错。这是我唯一的宗教。迄今为止。

《巴黎评论》:你的论文写的是什么?

冯内古特:《猫的摇篮》。

《巴黎评论》:但那不是你离开芝加哥大学多年之后写的吗?

冯内古特:我离校时没有写论文——也没有拿到学位。我所有的题目
都被否决了,我破产了,所以在斯克内克塔迪做了通用电气的公关。二十年
后,我收到芝加哥大学新任校长的一封信,他一直在翻阅我的档案。他说,
根据学校的规定,一本高质量的出版物可以代替论文,所以我有资格获得硕
士学位。他把《猫的摇篮》拿给人类学系的人看了,他们说那是一个还过得
去的人类学作品,所以他们会给我寄我的学位。我大概是一九七二级。

《巴黎评论》:祝贺你。

冯内古特:那东西真的没什么。易如反掌。

《巴黎评论》:《猫的摇篮》中的一些人物是以你在通用电气认识的人为
原型的,是吗?

冯内古特:心不在焉的科学家霍尼克尔博士是对通用电气研究实验室
的明星欧文·朗缪尔博士的夸张。我对他有些了解。我哥哥是他同事。朗

缪尔惊人的心不在焉。他有一次大声问,乌龟缩头时,它们的脊椎会不会弯曲或收缩。我把这写到了书里。有一次,在家里他妻子给他端来早餐,他在盘子下面放了小费。我也写到书里去了。但他最重要的贡献是我称之为"冰-9"的想法,这是一种在室温下很稳定的冰水。他没有直接告诉我。那是实验室里的一个传奇——大概在 H. G. 韦尔斯去斯克内克塔迪的时候。那是我去那儿很久之前的事。当时我还是一个小孩子,还在听广播,做航模。

《巴黎评论》:是吗?

冯内古特:韦尔斯去斯克内克塔迪时,公司让朗缪尔接待他。朗缪尔想,他可以用一个科幻小说的想法取悦一下韦尔斯——一种室温下很稳定的冰。韦尔斯不感兴趣,或至少从未采用这一想法。后来韦尔斯去世了,最后,朗缪尔也去世了。我想:"发现者,保有者——这个想法是我的了。"顺便说说,朗缪尔是第一个私人公司里赢得诺贝尔奖的科学家。

《巴黎评论》:贝娄赢得诺贝尔文学奖你怎么看?

冯内古特:这是向美国文学颁发荣誉的最佳方式。

《巴黎评论》:跟他交流起来容易吗?

冯内古特:很容易。我大概跟他聊过三次。有一回我在爱荷华大学接待他,我在那儿教书,他去演讲。很顺利。我们有一个共同点。

《巴黎评论》:是什么?

冯内古特:我们都毕业于芝加哥大学人类学系。据我所知,他从没做过人类学探险,我也没有。但我们塑造了前工业社会的人,我是在《猫的摇篮》中,他是在《雨王亨德森》中。

《巴黎评论》:所以他跟你是科学上的同行。

冯内古特：我根本不是科学家。但很高兴我爸爸和我哥哥逼迫我去当科学家。我知道了科学的推理和游戏是怎么进行的，虽然我没有加入其中的天赋。我很享受科学家们的陪伴，他们告诉我他们在做什么时，我又兴奋又高兴。我跟科学家共处的时间多过跟文人共处的时间，大部分是我哥哥的朋友们。我也很喜欢管子工、木匠和汽车机械师。过去十年我才认识了一些文人，开始于我在爱荷华任教那两年。在爱荷华，我很快就跟纳尔逊·阿尔格伦、何塞·多诺索、万斯·布杰利、唐纳德·贾斯蒂斯、乔治·斯塔巴克、马文·贝尔等人成了朋友。我很惊讶。现在，从我的新书《滑稽剧》得到的评论来看，人们想把我赶出文学界——送回我的老家。

《巴黎评论》：有一些恶评？

冯内古特：只有《纽约时报》《时代周刊》《新闻周刊》《纽约书评》《村声》和《滚石》上有恶评。他们希望我待在加拿大的梅迪辛哈特。

《巴黎评论》：你认为这些怨恨是因为什么？

冯内古特：《滑稽剧》可能是一本很糟糕的书。我很愿意这么相信。其他人都写烂书，我怎么就不能？这些评论的独特之处在于，他们希望人们承认，我从来没写过优秀的东西。《星期日泰晤士报》的书评作者要求以前表扬过我的人现在公开承认他们错了。我的出版人萨姆·劳伦斯努力安慰我，说作家们变得有钱时，无一例外会遭到攻击。

《巴黎评论》：你需要安慰？

冯内古特：这是我这辈子最难受的时候。我觉得自己好像又在德国的火车车厢上站着睡着了。

《巴黎评论》：有这么糟？

冯内古特：没有。但也够糟的了。突然间，评论家希望像捏虫子一样捏死我，不只是因为我突然有了钱。隐含的抱怨是，我很野蛮，我未曾系统地研究文学巨著就开始写,我不是一位绅士,因为我做过雇佣文人,高高兴兴地给粗俗杂志写东西——我不是科班出身。

《巴黎评论》:你没吃过苦?

冯内古特:我吃过苦,但我是一个没受过什么教育的人,在一个粗俗的行业、粗俗的公司上班。我太可耻了,为了钱而滥用艺术。接着我因为变得异常富有,也就罪大恶极了。对我、对所有人来说,这太糟糕了。我的书都在卖,所以大家都缠着我,缠着我的书。

《巴黎评论》:你想反击吗?

冯内古特:某种程度上是。我现在是纽约州艺术委员会的理事,不时会有其他成员谈到给大学英语系发通知告诉他们有某些文学项目的好机会,我就会说,"通知化学系吧,通知动物学系去吧,通知人类学系、天文学系、物理学系,通知医学和法学院吧。作家更有可能在那些地方。"

《巴黎评论》:你真的这么认为?

冯内古特:我认为,如果一位创作者头脑里装着文学史之外的东西,那会令人耳目一新。这么说吧,文学不应该封闭、消失于它自己的屁眼中。

《巴黎评论》:咱们来谈谈你书中的女性吧。
冯内古特:没有女性。没有真正的女性,没有爱情。

《巴黎评论》:这值得详细论述一下吗?

冯内古特:这是一个机械问题。讲故事的过程是机械的,跟如何让故事运转的技术问题有关。比如,牛仔故事和政客故事结束于开枪,因为开枪是结束这类故事最可靠的机制。宣布故事结束总是人为的,死亡是最合适的结尾方式了。我努力不让爱情进入我的小说,因为一旦这种话题出现,几乎就不可能再谈别的了。读者不想听到别的事情。他们对爱情很狂热。如果小说中的恋人赢得了他的真爱,故事就结束了,哪怕要爆发第三次世界大战,天空中全是黑压压的飞碟。

《巴黎评论》:所以你不让爱情进入你的小说。

冯内古特:我想谈点别的。拉尔夫·艾里森的《看不见的人》也是如此。如果这部伟大作品中的主人公遇到了某个值得爱的人,某个为他发疯的人,小说就结束了。塞利纳的《长夜行》也一样:他排斥了真正的、最终的爱情的可能性,因此那个小说可以一直继续下去。

《巴黎评论》:谈论小说的机制的作家并不多。

冯内古特:我是一个野蛮的技术统治论者,所以我认为小说可以像福特T型汽车一样修修补补。

《巴黎评论》:为了什么?

冯内古特:为了让读者获得快感。

《巴黎评论》:你有朝一日会写一个爱情小说吗?

冯内古特:可能吧。我过着充满爱的生活。但即使我过着这样的生活,过得挺好,有时还是会想,天哪,我们就不能谈一会儿别的东西吗? 你知道真正有意思的是什么吗?

《巴黎评论》:不知道。

冯内古特:我的书在被全国各地的学校图书馆丢出去,因为它们被认为很淫秽。我看到有人致信小城市报纸,要求把《五号屠场》跟《深喉》和《好色客》杂志归为一类。怎么能有人对着《五号屠场》自慰呢?

《巴黎评论》:什么样的人都有。

冯内古特:怎么说呢,这种人不存在。审查者憎恨的是我的信仰。他们

206

发现我不尊重他们的上帝观念。他们认为,政府有义务保护上帝的名声。我只能说:"祝他们好运,祝政府好运,祝上帝好运。"你知道门肯怎么说信徒吗？他说,他被严重地误解了。他说他不恨他们。他只是觉得他们很可笑。

《巴黎评论》:刚才我问你家里人谁对你的写作影响最大,你说是你妈妈。我希望你说说你姐姐,因为你在《滑稽剧》中说了很多。

冯内古特:我在《滑稽剧》中说,我是为她而写的,每一位成功的作者都是为他心目中的一个读者而写。这是艺术完整性的秘诀。谁都能做到,如果他或她只为心中的一个人而写。直到她去世时,我才意识到我是为她而写。

《巴黎评论》:她喜欢文学？

冯内古特:她写得很好。她读得不多,但亨利·大卫·梭罗晚年时读得也不多。我爸爸也是这样:他读得不多,但是写东西对他来说很容易。我爸爸和我姐姐的信写得多好！我把他们的文字跟我的比较时,我感到丢脸。

《巴黎评论》:你姐姐也为挣钱而写作吗？

冯内古特:不是。她本可以成为一位杰出的雕塑家。有一次我怒斥她没有好好地利用她的天分。她回答说,拥有天赋的人并没有义务去使用它。这对我来说是不可思议的态度。我认为人人都应该抓牢自己的天赋,能跑多快就跑多快。

《巴黎评论》:你现在的态度呢？

冯内古特:怎么说呢,我姐姐的话现在看上去是一种特别女性化的智慧。我有两个女儿,跟她一样有天分,如果她们两个丢掉姿态和幽默感,握住她们的天赋,能跑多快就跑多快,那结果会很惊人。她们看到我竭尽全力地奔跑,一定觉得这样做是疯了。这是最糟糕的比喻了,因为实际上她们看到的是一个男人静静地坐了几十年。

《巴黎评论》：坐在打字机前。

冯内古特：对，还没命地抽烟。

《巴黎评论》：你有没有戒过烟？

冯内古特：戒过两次。一次是我用吃冷火鸡肉代替抽烟，把自己吃成了圣诞老人的体型。胖得圆滚滚的。体重接近二百五十磅。我几乎一年没抽烟，后来爱荷华大学让我去瓦胡岛演说。一天晚上，我在伊利凯酒店的顶层喝掉一只椰子，为了让我的快乐成为一个完整的圆圈，我只需要抽一支烟。我就抽了。

《巴黎评论》：第二次呢？

冯内古特：就在不久前——去年。我付了"香烟终结者"一百五十美元，让他们帮我在六周内戒烟。就像他们许诺的那样——很容易、很有启发。我拿到了毕业证书和认可徽章。唯一的麻烦是，我也疯掉了。我非常高兴、自豪，但我周围的人发现我固执、鲁莽、粗鲁得令人难以忍受。我还停止了写作。我连信都不写了。显然这很不划算。所以我又吸上了。如全国制造商协会过去所说，"天下没有免费的午餐。"

《巴黎评论》：你真的认为创意写作是可以教授的吗？

冯内古特：就像打高尔夫一样可以教。专业人士能够指出你挥杆时明显的错误。我想我做得很好，在爱荷华大学的那两年。盖尔·戈德温和约翰·欧文、乔纳森·彭纳、布鲁斯·多布勒、约翰·凯西、简·凯西都是我那时的学生。他们后来都出版了很好的作品。我在哈佛教得很差，因为那时我的婚姻破裂了，还因为我要每周乘车从纽约赶往剑桥城。几年前我在城市学院教得更差。我同时要做太多个项目。我也不想再教了。我只懂理论。

《巴黎评论》：你能概括一下这套理论吗？

冯内古特:爱荷华大学作家工作坊的创始人保罗·恩格尔说过。他对我说,如果工作坊有朝一日能有自己的大楼,应该把这句话刻在门口:"别太认真。"

《巴黎评论》:这句话怎么会对人有帮助?
冯内古特:它会提醒学生,他们是在学习玩恶作剧。

《巴黎评论》:恶作剧?
冯内古特:如果你能让人们对着白纸上的黑点笑或者哭,那不就是恶作剧吗?所有伟大的故事类型都是让人们一次次听信的恶作剧。

《巴黎评论》:你能举个例子吗?
冯内古特:哥特小说。每年都会出十几部,都卖得很好。我的朋友博登·迪尔最近为了好玩而写了一部哥特小说,我问他什么情节,他说:"一位年轻女子在一幢老房子里找了一个工作,被吓得魂飞魄散。"

《巴黎评论》:再比如?
冯内古特:其他的说起来就没那么有趣了:有人陷入了麻烦,后来又摆脱了麻烦;有人失去了什么东西又复得;有人蒙冤后报复;灰姑娘;有人走下坡路,就那样不停地往下、往下;有两个人相爱了,有许多人阻拦他们;一个高尚的人被错误地指控犯有某种罪行;一个有罪的人被当作好人;有人勇敢地面对挑战,成功或失败了;有个人撒谎,有个人行窃,有个人杀人,有个人通奸。

《巴黎评论》:请原谅,这都是很老套的情节。
冯内古特:我向你保证,现代的故事框架或毫无情节的作品都不会让读者得到真正的满足,除非老套的故事情节在某个地方被走私进来。我不是夸奖这些情节准确地反映了生活,但它们是吸引读者阅读的方法。我过去教创意写作的时候,会要求学生让他们的人物立刻要一点东西,哪怕只是一杯水。被现代生活的无意义弄麻痹了的人仍旧得不时地喝点水。我一个学生写了一篇小说,说一位修女嘴里左下方的臼齿卡了一根牙线,一整天也没弄出来。我觉得写得非常好。这篇小说写的是比牙线重要得多的问题,但是吸引读者接着读下去的是担心牙线到底什么时候能除掉。如果没有用手指在嘴里掏来掏去,那篇小说根本没人读。现在,你有一个绝妙的恶作剧。如果你除掉情节,里面没有人想得到什么东西,你就除掉了读者,这样做很卑劣。你还可以这样除掉读者:不马上告诉他们故事发生在何处,人物是谁……

《巴黎评论》:他们想要什么。

冯内古特:对。你还可以让他们睡着,从不让人物发生冲突。学生喜欢说,他们没有上演冲突是因为在现代生活中人们避免冲突。他们说,现代生活很孤独。这是懒惰。作家的任务就是上演冲突,所以人物会说出令人惊讶、给人启发的东西,教育和娱乐我们。如果一个作家不能或不愿意这么做,他就应该退出这个行当。

《巴黎评论》:行当?

冯内古特:行当。木匠建房子。讲故事的人使用读者的空闲时间时,要让读者不会觉得他的时间被浪费了。机械师修理汽车。

《巴黎评论》:肯定这是需要天赋的?

冯内古特:所有这些领域都需要。我在科德角做过一段时间的汽车销售,我入读了他们的机械师学校,他们把我赶了出来。没有天赋。

《巴黎评论》:拥有讲故事的天赋的人多吗?

冯内古特:在我国的某个创意写作班中,会有六个天赋相当高的人。其中两个可能马上就能出书。

《巴黎评论》:这两个人跟其他人的差异在哪里?

冯内古特:他们头脑中还有一些文学之外的东西。他们也可能很能干。我是说他们不会被动地等着有人来发现他们。他们会坚持要别人读他们的东西。

《巴黎评论》:你做过公关和广告人。

冯内古特:哦,我的想象。

《巴黎评论》:那样的工作烦人吗? 你有没有觉得你的天赋被浪费、被削弱了?

冯内古特:没有。这样说很浪漫——那样的工作会损害一个作家的灵魂。在爱荷华,理查德·耶茨和我经常每年做一场讲座,谈作家和自由企业制度。学生们讨厌它。我们会谈作家们为了避免被饿死,或者想攒钱去写本书而做雇佣文人的工作。由于出版社不再投钱出版处女作,杂志都死掉了,电视也不买年轻自由撰稿人的作品,基金会只补助我这样的老人,年轻作家只能做丢脸的雇佣文人来养活自己。不然,我们很快就会发现我们没有当代文学了。雇佣文人工作对作家来说只有一个不好的地方,就是浪费他们宝贵的时间。

《巴黎评论》:确实是。

冯内古特:一场悲剧。我一直在想,年轻作家能用什么方式,哪怕是很可怕的方式坚持下去。

《巴黎评论》:年轻作家是否应该得到补助?

冯内古特:应该做点什么,现在自由企业已经使年轻作家无法通过自由企业来养活自己。我刚开始时是一个很出色的商务人士,完全是因为有许多生意可做。我为通用电气工作时,写了一个小说,《关于牲口棚效应的报告》,那是我写的第一篇小说。我把它寄给了《科利尔》杂志。诺克斯·伯格是那里的小说编辑。诺克斯告诉我哪里不对以及如何修改。我按他说的做了,他用七百五十美元买下了那篇小说,相当于我在通用电气六个星期的薪水。我又写了一篇,他付了我九百五十美元,并建议我差不多该从通用电气辞职了。我照办了。我搬到了普罗温斯敦。最后,我短篇小说的价钱上升到了两千九百美元。瞧瞧。诺克斯给我找了几个像他一样对故事很有眼力的经纪人——肯尼思·利陶尔,诺克斯在《科利尔》的前任,还有马克斯·威尔金森,米高梅电影制片公司的小说编辑。让我们把这个记在这里:在他那个年代,跟我差不多年纪的诺克斯·伯格是发现和鼓励优秀年轻作家数量最多的人。我想没人把这个记录下来过。只有作家知道这一事实,而这很容易消逝,如果不记下来的话。

《巴黎评论》:诺克斯·伯格现在在哪里?

冯内古特:他是一位文学经纪人。他是我儿子马克的代理人。

《巴黎评论》:利陶尔和威尔金森呢?

冯内古特:利陶尔去世十来年了。顺便告诉你,他二十三岁就当上了拉斐德飞行小队的上校,还是第一个向战壕扫射的人。他是我的导师。马克斯·威尔金森退休后去了佛罗里达。做经纪人总是让他感到尴尬。如果某个陌生人问他做什么谋生,他总是回答说他是一个种棉花的。

《巴黎评论》:你现在有什么新导师吗?

冯内古特:没有。我猜是因为我太老了,所以找不到了。现在不管我写什么,都直接排印,我的出版商、编辑或其他所有人都不会提意见,他们都比我年轻。我姐姐不在了,也不能为她而写了。突然,我的生命中出现了这些空缺的职位。

《巴黎评论》:你觉得你好像升到了那里,下面却没有网吗?

冯内古特:也没有平衡杆。有时我会紧张得发抖。

《巴黎评论》:你还有什么想补充的吗?

冯内古特:你知道学校和剧院的大门上有恐慌栓吗? 如果你撞一下,门会突然打开。

《巴黎评论》:知道。

冯内古特:这些门大部分都是"冯·杜普林"牌的。其中的"冯"代表冯内古特。我的一个亲戚很久以前遭遇了芝加哥易洛魁剧院大火,他跟其他两个人一起发明了恐慌栓。"普林"是普林茨勒。我忘了"杜"是谁。

《巴黎评论》:嗯。

冯内古特:我想说的是,幽默作家往往是家中的老小。我是晚餐桌前最小的小孩时,只有用一个办法才能得到所有人的注意,那就是有趣。我不得不好好练。我经常有意收听电台里的喜剧节目,学习如何讲笑话。所以长大后,我的书都是这样的,笑话镶嵌画。

《巴黎评论》:你最喜欢哪些笑话?

冯内古特:我和我姐姐经常争论世界上最有趣的笑话是哪个,当然是排在一个人冲进衣橱之后。我们俩联手时,几乎跟劳雷尔和哈代一样有趣。《滑稽剧》写的基本上就是这个。

《巴黎评论》:你们最后就世界上最好笑的笑话达成共识了吗?

冯内古特:我们最后确定了两个。这样没有准备的话,哪个都讲不好。

《巴黎评论》:还是讲讲吧。

冯内古特:好吧——你们不会笑的。没人笑过。但有一个是老的"两只黑乌鸦"的笑话。"两只黑乌鸦"是扮演黑人的白人,他们叫莫兰和麦克。他们用录音机录下了他们的常规表演,两个黑人慵懒地谈话。一个说:"昨晚我梦见我在吃法兰绒蛋糕。"另一个说:"真的吗?"头一个说:"醒来后,毛毯不见了。"

《巴黎评论》:唔。

冯内古特:我跟你说了你不会笑的。另一个最佳笑话需要你的配合。我会问你一个问题,你要说"不"。

《巴黎评论》:好。

冯内古特:你知道为什么奶油比牛奶贵那么多吗?

《巴黎评论》:不知道。

冯内古特:因为奶牛不喜欢坐在那些小瓶子上。瞧,你又没笑,但是我发誓,这俩是绝妙的笑话。非常巧妙。

《巴黎评论》:你好像更喜欢劳雷尔和哈代,而非卓别林。是这样吗?

冯内古特:我非常喜欢卓别林,但是他跟他的观众之间距离遥远。他非常明显是个天才。他像毕加索一样杰出,这令我生畏。

《巴黎评论》:你还会再写一个短篇小说吗?

冯内古特:可能吧。我八年前写了一篇我以为会是自己最后一篇作品的东西。哈伦·埃里森邀请我给他编的文集写一篇。那篇小说叫《太空大操》。我想我是第一个在标题中使用"操"(fuck)的作家。写的是向仙女座发射一艘太空船,太空船的弹头装满了精液。这让我想起我的印第安纳波利斯好友,我唯一还在世的印第安纳波利斯友人,威廉·费利。我们上"二战"的战场时,每个人都要抽血,他在想他能不能用一品脱精液来代替。

《巴黎评论》:如果你的父母没有失去他们的钱,你现在会在做什么?

冯内古特:我会是印第安纳波利斯的一名建筑师——跟我爸爸和我爷爷一样。会非常快乐。我仍旧希望真的是那样。那里一位最优秀的年轻建筑师就住在我爸爸在我出生那年给我们家建的房子里,一九二二年。我姓名的首字母、我姐姐的姓名首字母,以及我哥哥的姓名首字母都被写在了大门旁边三块窗户上用铅条镶嵌的玻璃上。

《巴黎评论》：所以你有你渴望的过去的岁月。

冯内古特：对。每当我到了印第安纳波利斯，脑海中就会反复出现同一个问题："我的床呢？我的床呢？"如果我爸爸和我爷爷的魂飘荡在那个城市，他们一定想知道他们盖的楼都去哪儿了。他们的大部分建筑所在的市中心已经变成了停车场。他们还一定想知道他们的亲人都去哪儿了。他们在其中长大的大家族已经不在了。我只是略微体验过——大家庭。我去芝加哥大学上学时，我听人类学系的系主任罗伯特·雷德菲尔德在学会演讲时说，那是一个稳定、封闭的大家庭，他不必告诉我，那会是多么温馨的一个大家庭。

《巴黎评论》：还有什么吗？

冯内古特：哦，我刚发现一个写给作家的祈祷文。我听说过给水手、国王和士兵等人的祈祷文，但从没听说过给作家的祈祷文。我可以把它放在这里吗？

《巴黎评论》：当然可以。

冯内古特：它是塞缪尔·约翰逊一七五三年四月三日写的，那一天他签了一份合同，合同要求他编写第一部完整的英语词典。他为他自己祈祷。也许四月三日应该成为作家节。不管怎么说，这是他的祈祷文："哦上帝，谁直到如今一直在支持我，让我能够继续劳作，继续承担我的任务；当末日审判时，当我停止施展我的天赋时，奉主耶稣的名，希望我会得到宽恕，阿门。"

《巴黎评论》：这好像是希望尽可能地施展他的才华。

冯内古特：没错。他是一个著名的雇佣文人。

《巴黎评论》：你觉得你是雇佣文人吗？

冯内古特：勉强算是。

《巴黎评论》:算哪种？

冯内古特:大萧条的孩子。也许到这时我们应该说说这个访谈本身完成得怎么样——除非坦率会败坏一切。

《巴黎评论》:别管结果会怎样。

冯内古特:四个不同的对我的采访交给了《巴黎评论》。它们被补缀起来,组成一篇完整的访谈,然后拿给我看。这一计划开展得很顺利,所以我叫了另一个采访者来完成它。我就是那个人。我极度亲切地采访了我自己。

《巴黎评论》:我明白。我们提最后一个问题。如果你是美国出版业的负责人,你会怎样来缓解目前悲惨的形势？

冯内古特:缺的不是优秀的作家。我们缺的是大批可靠的读者。

《巴黎评论》:怎么说？

冯内古特:我提议每个失业的人领他或她的福利支票前,都要提交一篇读书报告。

《巴黎评论》:谢谢你。

冯内古特:谢谢你们。

（原载《巴黎评论》第六十九期,一九七七年秋季号）

胡里奥·科塔萨尔

◎唐　江/译

一九八四年二月,胡里奥·科塔萨尔因癌症病故,享年六十九岁。当时,马德里的《国家报》将他誉为最伟大的拉美作家之一,一连两天,用十一个整版的篇幅,刊登了悼念、追忆和惜别的文章。

尽管科塔萨尔从一九五一年起就在巴黎定居,但他一直定期访问他的祖国阿根廷,直到一九七〇年代初,阿根廷军政府迫使他真正流亡为止。军政府只对他的几则短篇小说网开一面,未予查禁。去年秋天,经过民主选举成立的阿方辛政府获胜后,科塔萨尔得以最后一次访问祖国。阿方辛政府的文化部长担心科塔萨尔的政治观点太偏左,决定不以官方立场欢迎他的到来,但作家依然被人们视为回归故里的英雄。一天晚上,在布宜诺斯艾利斯,科塔萨尔和朋友们看完由奥斯瓦尔多·索里亚诺①的小说改编的新片《肮脏可笑的战争》,走出电影院,只见一群示威游行的学生迎面走来,学生们的队伍马上便解散了,他们争着一睹作家的面容,聚集在作家周围。那条大街上的书店还没关门,学生们赶紧买来科塔萨尔的书让他签名。一个书报摊的摊主拿来一本卡洛斯·富恩特斯的小说请作家签名,他道歉说,自己已经没有科塔萨尔的书了。

一九一四年,科塔萨尔生于布鲁塞尔。一战结束后,他全家回到阿根廷,他在班菲尔德长大成人,那里离布宜诺斯艾利斯不远。取得师范文凭后,他在布宜诺斯艾利斯省某城镇工作到四十年代初,同时利用业余时间写

---

① 奥斯瓦尔多·索里亚诺(1943—1997):阿根廷当代重要作家。

胡里奥·科塔萨尔写给英文版译者格里高利·拉巴萨的短信,上面还有他给拉巴萨的女儿克拉拉画的画,上面写着:"来自那个六英尺四英寸高的男人。"

作。《被占据的房子》是他最早发表的短篇之一,构思源于他的一个梦,一九四六年,这则短篇刊登在豪尔赫·路易斯·博尔赫斯主编的一份杂志上。一九五一年,科塔萨尔移居巴黎,在此之后,他才开始真正投入地发表作品。他在巴黎为联合国教科文组织等机构担任笔译和口译译员。他经手翻译的作家有爱伦·坡、笛福和玛格丽特·尤瑟纳尔。一九六三年,他的第二部长篇小说《跳房子》——讲述了一个阿根廷人通过巴黎和布宜诺斯艾利斯的夜生活,所作的种种存在主义和形而上学的探索——真正为科塔萨尔确立了作家声誉。

尽管科塔萨尔身为当代短篇小说大师的名声最响,但他的四部长篇小说展现出一种成熟的形式创新,同时探讨了人置身社会所面临的种种基本问题。这些长篇包括:《中奖彩票》(1960),部分根据其口译经历创作的《装配用的 62 型》(1968),以及讲述一起拉美外交官绑架案的《曼努埃尔之书》(1973)。但最能体现科塔萨尔奇思妙想的魅力的,还是他的短篇小说。他最为人们耳熟能详的短篇《放大》被安东尼奥尼改编为同名影片。截至目前,他有五部短篇集被译成英文,最新出版的是《我们如此热爱格伦达》。就在他去世前,他还出版了一部游记《城际高速路上的驾车旅行者》,这本书是他和妻子卡洛尔·邓洛普乘坐露营车,从巴黎到马赛旅行期间合写的。该书同时推出西班牙文和法文版,科塔萨尔将全部版权和版税收入捐给了尼加拉瓜桑地诺民族解放阵线组建的政府;这本书由此变成了畅销书。还有两本关于尼加拉瓜和阿根廷的政论文集,也在作家身故后出版。

流亡巴黎的岁月里,科塔萨尔住过不少地方。最后十年间,他获得的版税收入,让他有了给自己添置一套公寓的财力。这套公寓所属的楼房,位于批发商和瓷器行所在的地段,或许这套公寓曾在他的一则短篇里充当过故事背景:它够宽敞,只不过塞满了书,墙上挂着朋友们的一排排画作。

科塔萨尔是个六英尺四英寸的大个子,但真人看起来比照片上还要瘦削。这次访谈之前的几个月对他来说格外难熬,因为他的最后一任妻子,比他小三十岁的卡洛尔刚刚因为癌症过世。此外,他的几次长途旅行,尤其是前往拉丁美洲的旅程,显然令他劳顿不堪。在我们交谈时,他刚回家不到一个星期,他终于可以坐在心爱的椅子上稍事休息,抽抽烟斗了。

——杰生·魏斯,一九八四年

《巴黎评论》:在你最新的《不合时宜》一书的某些短篇里,幻想成分对现实世界的侵蚀比以往还要强烈。就好像幻想事物与平凡事物合二为一,无分彼此一样,你有这样的感觉吗?

科塔萨尔:是这样。在这些新短篇里,我感到,我们所说的幻想和我们所说的现实,两者之间的距离比以往更为接近。在我以前的短篇里,这种距离更远一些,这是因为那时的幻想真的**就是**幻想,有时还多少涉及超自然的事物。当然,幻想也会变形,会发生变化。比如,英国哥特小说时代的幻想观念就和我们当代的观念截然不同。如今我们再读霍拉斯·沃波尔的《奥特朗托城堡》,准会觉得好笑——幽灵身穿白衣,骸骨一边行走,一边用锁链制造出响声。现在,我对幻想所抱的看法跟我们称之为现实的东西十分接近。也许是因为现实正在日益向幻想靠拢吧。

《巴黎评论》:近些年来,你把更多时间用在支持拉丁美洲的各种解放斗争上。这是否促使你拉近了现实和幻想之间的距离,使你变得更严肃了?

科塔萨尔:唔,我并不喜欢"严肃"这种想法,因为我不认为自己是个严肃的人,至少不是人们通常说某个男人或女人为人严肃那种意义上的。但近几年,我致力于关注某些拉美政权——阿根廷,智利,乌拉圭,尤其是尼加拉瓜——我对这件事的投入达到了这样的地步:我在某些短篇里,运用幻想来处理这一主题——我觉得,这样写很贴近现实。所以,我觉得我现在写起来,自由度不像以前那么大了。就是说,三十年前,当我把自己的构思付诸笔端时,我只用审美的标准进行评判。现在,尽管我还用审美的标准来进行评判,因为我首先是一名作家——但如今,我是一名分外关注拉美局势,并为之感到苦恼的作家;因此这一点常常有意无意地流露到笔端。不过除了那些提出明确的意识形态和政治方面问题的短篇,我的短篇在本质上并没有变。它们仍然是幻想故事。

对于介入政治的作家(人们现在这样称呼他们),他所面临的难题就是,怎样继续当好作家。假如他写的只是带有政治成分的文学作品,那么这样的作品可能是相当平庸的。很多作家都遇上了这样的情况。因此,难就难在怎样掌握好平衡。就我而言,我必须把文学创作永远进行下去,这是我能做到的……非同寻常、最不简单的事。但与此同时,我还要把当代的现实努力糅合进去。这一平衡很难掌握。在《不合时宜》中有关老鼠的那个短篇《萨塔尔萨》里——情节是根据抵抗阿根廷游击队的斗争改编的——我情不自禁地想要单纯停留在政治层面上。

《巴黎评论》:这样的短篇反响如何?文学界和政界的反响有很大区别吗?

科塔萨尔:当然。拉丁美洲的中产阶层读者,还有那些采取右翼立场的人,他们对政治漠不关心,他们并不担心那些让我感到担心的问题——剥削、压迫之类的问题。这些人对我的短篇时常具有政治倾向感到遗憾。其他读者,首先是年轻读者——他们与我抱有同样的想法,和我一样感到需要斗争,他们也热爱文学——他们喜爱这些短篇。古巴人欣赏《会合》。尼加拉瓜人带着极大的乐趣,一再重读《索伦泰纳米岛上的大灾变》这个短篇。

《巴黎评论》:你对政治日益投入,决定因素是什么?

科塔萨尔:是拉丁美洲的军方势力——他们促使我更加努力地工作。如果他们被清除掉,如果局面有所改观,那我就可以休息一下,创作只有文学性的诗歌和短篇小说了。但正是他们给我找了不少事做。

《巴黎评论》:你曾多次说,对你而言,文学就像游戏。这番话是就何种意义而言呢？

科塔萨尔：对我来说，文学是一种游戏。但我也总是补充说明，游戏有两类：一类就像足球，其本质只是消遣而已，还有一类，则是意义重大、郑重其事的游戏。孩子们在玩耍时，尽管是在自娱自乐，但他们相当郑重其事。这一点很重要。这类游戏的严肃性，对年幼的他们来说，不亚于爱情之于十年后的他们。我还记得，小时候父母常说："好啦，你玩得够多了，来洗澡吧。"那时的我觉得这很傻，因为对我来说，洗澡是件傻事。洗澡没有任何重要性可言，而我和朋友们玩耍却是要紧事。与此类似，文学是一场游戏，但它是一场可以让你毕生投入的游戏。你可以为了玩好这场游戏去做任何事。

《巴黎评论》：你是什么时候开始对幻想事物感兴趣的？那时你很年轻吗？

科塔萨尔：从我童年时代就开始了。我大多数年幼的同学不具备欣赏幻想事物的能力。他们只会如实地看待事物……这是一朵花，那是一把扶手椅。但对我来说，事物并不这样一清二楚。我母亲仍然健在，她是个很有想象力的人，她很支持我。她没有说："不，不，你应该严肃点。"而是为我有想象力感到欣慰；当我开始领略幻想世界时，她拿书给我读，用这种方式来帮助我。我第一次读爱伦·坡时，只有九岁。这本书我是偷着读的，因为母亲不愿意让我读；她觉得我还太小，她是对的。这本书把我给吓坏了，我病了三个月，因为我相信书里所讲的都是真的……就像法国人说的那样，坚硬如铁①。对我来说，幻想事物是非常真实自然的；我丝毫也没有怀疑过。事物的本来面目就是这样的。当我把这些书拿给朋友们时，他们会说："不要，我们更想读牛仔故事。"当时牛仔格外流行。我搞不懂。我更偏爱神秘的世界、幻想的世界。

---

① 原文为法文，原意为"坚硬如铁"，比喻坚信不疑。

《巴黎评论》:多年后,当你翻译爱伦·坡全集时,你有没有从细致的阅读里发现自己前所未见的东西?

科塔萨尔:有很多很多。我研究了他的语言,他的语言在英国和美国都遭到了批评,因为他们觉得他的语言太标新立异了。因为我既不是英国人,也不是美国人,所以我看待这一问题的眼光有所不同。我知道有些由来已久、被人夸大的问题,但这些问题和他的天才相比,根本不值一提。在当时那个时代,能写出《厄谢府的倒塌》《丽姬娅》《贝瑞妮丝》或是《黑猫》中的任何一篇,都足以表明他具有真正的、展现幻想或神秘的天才。昨天,我去拜访一位住在埃德加·艾伦·坡路的朋友,看到街上有块铭牌,上面写着:"埃德加·坡,英国作家。"他根本不是英国人! 我们俩要去抗议,让人把它改过来!

《巴黎评论》:在你的作品中,除了幻想成分,还有对你笔下人物寄予的温情和喜爱。

科塔萨尔:如果我笔下的人物是儿童和青少年,我会对他们寄予满腔柔情。我觉得在我的长篇小说和短篇小说里,他们富有活力,栩栩如生;我怀着深厚的爱意来表现他们。在我写主人公是青少年的短篇小说时,创作期间,我**就是**那个青少年。那些成年的人物则另当别论。

《巴黎评论》:你笔下的人物有很多是根据你认识的人创作的吗?

科塔萨尔:依我看并不多,但是有那么几位。常有一些人物是用两三个真人形象糅合而成的。比如说,我曾经把我认识的两个女人合并成了一个女性人物。这样做,为短篇小说或者书里的人物赋予了更复杂、更难以把握的性格。

《巴黎评论》:你的意思是,当你感到需要让某个人物形象**变丰满**时,你就把两个人物形象合二为一?

科塔萨尔:并非如此。是人物在引导着我。就是说,我看到了一个人物形象,仿佛就在眼前,我从他身上辨认出自己认得的某个人,或者偶尔会看到,有两个人的部分性格特征混杂在一起,但仅此而已。随后,这个人物就开始自行其是了。他会开口说话……在我动笔写对话时,我永远都不知道,他们中的任何一个人接下来会说些**什么**。真的,决定权在他们那儿。我只不过是把他们说的话打出来而已。有时我会哈哈大笑,或者把一页纸扔掉,说:"好了,你说了傻话。出局!"然后我再放上一页纸,重写他们的对话。

《巴黎评论》:所以说,并非你事先了解的人物形象在推动着你写作?

科塔萨尔:对,完全不是这样。往往是我先有了短篇的构思,但还没有任何人物。我会有种奇怪的念头:有一栋乡间大宅要出事,我看到……当我写作时,我会清清楚楚地看到笔下的全部景象。于是,我看到了那栋乡间大宅,然后我突然开始安插人物。这时,某个人物**也许**会是我认识的某个人。但也不一定。到了最后,我写的人物大多还是虚构出来的。当然,其中也有我的化身。在《跳房子》里的奥利维拉这个人物身上不乏自传成分。他并不是我,但他身上有很大一部分出自我早年在巴黎漂泊的经历。但假如读者要把奥利维拉**当作是**科塔萨尔来读的话,可就错了。我和他截然不同。

《巴黎评论》:因为你不希望你的作品是自传式的,对吗?

科塔萨尔:我不喜欢自传。我永远也不会写回忆录。当然,我对别人的自传不乏兴趣,但对自己的自传则不然。如果我要写自传,就必须忠于事实,坦率直言。我可不能杜撰一部虚构的自传。这样一来,我就得像历史学家那样行事,成为一名探索自我的历史学家,这让我感到厌烦。因为我更偏爱虚构和想象。当然,常有这样的事:当我有了长篇或短篇的构思时,我所经历过的情境和重要时刻就会自然而然地浮现在构思的背景当中。实际上,在我的短篇小说《不合时宜》里,那个少年爱上朋友的姐姐这一构思,就是根据我的亲身经历改编的。所以,其中的确带有一点自传成分,但除此以外,占主导地位的仍然是幻想和想象。

《巴黎评论》：你写短篇是从何处着手写起呢？某个特别的词，一幅画面？

科塔萨尔：对我来说，短篇和长篇可以从任何地方着手写起。仅就写作本身而言，当我开始动笔时，要写的短篇已经在我心里酝酿很久了，有时已经酝酿了好几个星期。但并不是说，这时它已经变得一清二楚了；它还只是这则短篇的某种总体构思。也许那栋房子一角有棵红色的花，我还知道，有个老人在屋里来回走动。这就是我知道的全部情况。就像这样。然后我会做一些梦。在酝酿期，我的梦对短篇小说里接下来会发生什么事，充满了指涉和暗示。有时整个短篇的内容都会出现在一场梦里。我最早，也是最受欢迎的短篇之一《被占据的房子》写的就是我做过的一场噩梦。当时我马上起床，提笔把它写了下来。但总的来说，梦里梦到的都是一些与构思有关的片段。就是说，我的潜意识正处于短篇创作的过程之中——我做梦的过程，同时也是我在心里写作的过程。所以我说，我可以从任何地方着手写起，这是因为，在这个阶段，我还不知道开头和结局会是什么样呢。当我开始下笔时，那就是开头。并不是由我来决定故事非要怎样开头不可；它只是自己开了头，然后向下发展，而我常常并不清楚结局会是怎样——我并不知道接下来会发生什么。只是随着故事逐渐推进，情况才渐渐趋于明朗，突然，我看到了结局。

《巴黎评论》：所以，你写作的过程**也就是**探索发现这个故事的过程？

科塔萨尔：说得没错。这就像是爵士乐里的即兴演奏一样。你不会问爵士乐师："下面你要演奏什么曲目？"他会笑话你的。他先是准备好自己必须表现的一个主题，一段旋律，然后他拿起小号或萨克斯风，开始吹奏。这并不是**构思**的问题。他是通过一系列不同的内在节律来表演的。有时演奏得好，有时则不然。我也一样。有时候，署名发表短篇小说会让我感到困窘不安。发表长篇小说不会这样，因为我在长篇小说上下了很多功夫；长篇小说有完整的架构。但我的短篇小说，就像是我体内的某种东西透露给我的，不应该由我来为其负责。尽管如此，看起来，它们仍然是出自我的手笔，所以,我觉得我应该接受它们!

《巴黎评论》:在写短篇小说时,有没有某些方面总让你感到为难?

科塔萨尔:总的来说,没有,因为正如我所解释的,在我落笔之前,短篇小说就已经在我心里酝酿着了。所以,短篇小说自有它的规模、结构;它是个超短篇,还是个篇幅比较长的短篇,仿佛事先早已决定好了。但近年来,我开始感到有些问题。在开始落笔之前,我考虑得更多了,写得更慢了。我的文风更简约了。某些批评家为此责怪我,他们告诉我说,我的短篇小说正在一点一点地失去灵巧性。我的表达方式似乎变得更直白了。我不知道这样是好是坏——无论如何,这就是我目前的写作风格。

《巴黎评论》:你刚才说,长篇小说有完整的架构。这是否意味着,你在写长篇时付出的努力大为不同?

科塔萨尔:《跳房子》里我最早写出来的一段,是位于全书中间部分的一章。就是书里的人物从一间公寓的窗户伸出厚木板,搭在另一间公寓的窗上那一章。我在写的时候,并不清楚自己干吗要写这么一段。我看到了人物,看到了他们的处境——我记得当时我在布宜诺斯艾利斯,天气炎热,我正坐在窗旁,打字机近在手边。我看到了人物的这一处境:有个家伙想让妻子从厚木板上走过去——因为他不想亲自去——讨要一些傻玩意儿,一些钉子。我全都写了出来,篇幅很长,有四十页左右,写完之后,我自忖:"好了,可我写的这是什么? 因为这并不是短篇小说。它是什么呢?"然后我意识到,自己开始了一部长篇的创作,但当时我没法接着往下写,只好就此打住,回过头来写出在此之前的巴黎那一部分,这一部分是奥利维拉的全部背景情况,当我终于写到走厚木板这一章时,就可以继续往下写了。

《巴黎评论》:你写作时修改得多吗?

科塔萨尔:很少。这是因为,我写的东西早就在心里酝酿过了。我看过某些作家朋友的草稿,上面改动颇多,做了不少修订和调整,到处都是箭头……不不不。我的手稿是很整洁的。

《巴黎评论》: 何塞·莱萨马·利马在《天堂》一书中,让塞米说:"巴洛克风格……对西班牙和拉丁美洲怀有真正的兴趣。"你觉得,他为什么会这样说呢?

科塔萨尔: 我无法给出专家式的解答。的确,巴洛克风格在拉丁美洲颇为重要,在美术和文学领域都是如此。巴洛克风格极为华丽;它会让读者的想象力沉浸在它的许多枝枝蔓蔓当中,就像巴洛克风格的教堂里天使之类的装饰性图案会让人眼花缭乱一样,巴洛克风格的音乐也是一样。但我并不信任巴洛克风格。巴洛克风格的作家下笔往往太随意。别人只需一页就能写好的东西,他们会写五页。我的作品一定也被人当作是巴洛克风格,因为我是拉美作家,但我始终不信任这一风格。我并不喜欢充满形容词和修饰语,在读者耳边响个不停的浮夸长句。当然,我知道这样的句子很迷人,很美,只是不适合我而已。我更倾向于豪尔赫·路易斯·博尔赫斯的立场。他一向敌视巴洛克风格;他就像用钳子似的,把自己的文字拧得紧绷绷的。嗯,我的文风与博尔赫斯有很大不同,但他曾经教给我很重要的一点,就是文风要简洁。那时我刚开始阅读他的作品,还很年轻,他教我,作者必须简洁地表达出自己的想法,但这种简洁是一种美妙的简洁。如果把巴洛克风格比作一株枝繁叶茂、分外美丽的花,那么这种简洁的风格就像是一颗珍贵的宝石、一颗水晶,也许两种风格的差异就像花与宝石的差异一样——对我来说,**后者**要美得多。

《巴黎评论》: 你有什么写作习惯? 有没有什么事变得和以前不一样了?

科塔萨尔: 有一件事没有变,也永远不会变,那就是彻头彻尾的混乱无序、杂乱无章。我的写作没有章法可言。当我感到自己想写短篇小说时,就把别的事情搁到一边,埋首写作。有时候我一旦写出一篇短篇小说,在接下来的两三个月里,我还会再写出两三篇来。总之,短篇小说一来就是一串。写短篇小说,会让我的头脑进入敏于接受的状态,接下来我还会"捕捉"到另

227

外一则短篇。你瞧,我打的是这样的比方,但实际情况就是这样:这则短篇小说会落在我的心间。但随后的一年里,我可能什么都写不来……一点也写不出来。当然,近几年来,我花了不少时间坐在打字机前,写政论文章。我写的有关尼加拉瓜的文章,我写的有关阿根廷的一切,都和文学无关——它们是战斗檄文。

《巴黎评论》:你经常说,是古巴革命唤醒了你,让你意识到拉丁美洲的种种问题和困境。

科塔萨尔:我现在仍然这么说。

《巴黎评论》:你有没有特别中意的写作地点?

科塔萨尔:老实说,没有。想当年,我更年轻,体格也更结实,就以我在巴黎的时候为例吧,《跳房子》的很大一部分是我在咖啡馆里写就的。因为噪音并不会影响到我,相反,咖啡馆正合我意。我在咖啡馆里或读或写,做了大量工作。但随着年龄渐长,我变得麻烦多了。如今我要在有把握度过一段安宁时光的前提下,才会写作。假如有音乐声,就绝对没法写作。音乐是一回事,写作则是另一回事。我需要静下心来;但话虽如此,在旅馆,有时在飞机上,在朋友家,或者在家里,我都能写作。

《巴黎评论》:聊聊巴黎怎么样? 三十几年前,是什么让你鼓起勇气打点行装,来到巴黎的?

科塔萨尔:勇气? 不,这并不需要多少勇气。我必须承认,在那时离开阿根廷来巴黎,意味着一文不名,难以维持生计。但我并不担心,我知道自己总有办法解决这个问题。我来巴黎主要是因为,巴黎和整体意义上的法国文化对我有着强烈的吸引力。在阿根廷,我曾满怀热情地阅读法国文学,所以我想到巴黎来,了解书里和小说里出现过的街道和地名。徜徉在巴尔扎克大街或波德莱尔大街……那是一段十分浪漫的旅行经历。那时我是很浪漫的,现在仍然如此。实际上,我在写作时下笔必须谨慎,因为我常常会陷入到……倒不是拙劣的品位，也许不是，而是稍嫌夸张的浪漫主义情调当中。在个人生活中，我不需要这样克制自己。我确实是个很感性、很浪漫的人。我是个温柔的人；我有满腔温情可以付出。现在我给予尼加拉瓜的，就是这样的温情。在政治上，我确信桑地诺民族解放阵线当前的所做所为是正确的，他们领导的这场斗争是值得赞赏的；但促使我这样做的，并非只有政治动力，还有一股巨大的温情，因为我热爱尼加拉瓜人民，就像我热爱古巴人民和阿根廷人民一样。这些都是我的性格的组成部分。我在写作时必须谨慎克制，尤其是年轻的时候。那时我写的都是催人泪下的东西，就像《玫瑰传奇》①那样，是名副其实的浪漫主义作品。我母亲读了之后会为之落泪。

《巴黎评论》：你的名作几乎都是在你来巴黎之后发表的。但在此之前，你已经写了很多东西，对吗？也发表过少量作品。

科塔萨尔：我九岁就开始写作了，在整个少年时代和青年时代的初期，我也一直坚持写作。在我青年时代的初期，我已经有能力写短篇小说和长篇小说了，从那时的作品可以看出，我走对了路。但我并不急于发表。我对自己要求很严，现在也是一样。我记得有些同辈人刚刚写出一些诗，或者一部小型的长篇，马上就寻求发表。我告诫自己："不，你别发表，继续努力吧。"有些作品我留下了，其余的被我舍弃了。当我首次发表作品时，我已经三十多岁了，正是我动身去巴黎之前不久。那是我的第一部短篇集《动物寓言集》，一九五一年出版，出版当月，我登上了来巴黎的轮船。在此之前，我出版过一本名为《国王们》的小书，是一本对话录。有位身家富有、给自己和朋友小批量印书的朋友，给这本书出了个私人版。就是这些了。不，还有一样，是教人后悔的少作，一本十四行诗集。是我自费出版的，但署的是笔名。

《巴黎评论》：你是最近推出的一张探戈专辑《布宜诺斯艾利斯的人行

---

① 法国十三世纪长篇叙事诗，分上下两卷，上卷写骑士追求"玫瑰"但碍于环境未能成功，下卷写诗人在理性和自然的帮助下与"玫瑰"终成眷属。

道》的词作者。是什么让你写起了探戈歌词?

科塔萨尔:唔,我是个真正的阿根廷人,而且首先是一个 porteño——这个词的意思是布宜诺斯艾利斯人,之所以会有这个词,是因为布宜诺斯艾利斯是个海港城市。探戈就是我们的音乐,我是在探戈的曲调中长大成人的。我们在广播上听探戈,因为从我小时候起,就有广播了,很快电台开始接连不断地播放探戈。我的家里人,我母亲和一个姨妈用钢琴演奏探戈,边弹边唱。通过广播,我们开始欣赏卡洛斯·加德尔等当代伟大歌手的歌声。探戈好像成了我的意识的一部分,这种音乐会把我再次带回到青年时代,带回到布宜诺斯艾利斯。所以我对探戈十分着迷,同时也很挑剔,因为我并不属于那一类阿根廷人,他们相信探戈是奇迹中的奇迹。我认为探戈就其总体而言,特别是与爵士乐相比,是一种很贫乏的音乐。尽管贫乏,但依然美丽动人。探戈就像是那些无法与兰花或蔷薇相媲美的简单花卉,但它别有一番风情。最近几年,我的一些朋友也在这儿演奏探戈;塞德龙四重奏乐队的成员都是些很不错的朋友,还有一位优秀的班多钮琴①演奏家,名叫胡安·何塞·莫萨里尼——于是我们一起欣赏探戈,谈论探戈。后来有一天,有一首诗从我的脑海中冒了出来,我觉得也许可以配上音乐,但并不是很有把握。后来我在没有发表的诗作(我的诗大多没有发表)里找了找,找到一些可以让这些朋友配上音乐的短诗,他们也这样做了。我们也做过相反的事。塞德龙乐队为我指定一个音乐主题,我来作词。所以两种方式我都做过。

《巴黎评论》:你书里的"作者传略"中提到,你还是一位业余的小号手。你曾经跟哪支乐队一起合作演出过吗?

科塔萨尔:没有。这个说法有点像传说,是我那位不幸英年早逝的挚友保罗·布莱克本传出去的。他知道我偶尔会在家自个儿吹吹小号。所以他总是跟我说:"你应该见一些音乐家,跟他们合作一下。"我会说:"不成,就像

---

① 班多钮琴(bandoneón),类似手风琴的一种乐器,在阿根廷和乌拉圭较为普及,最初为德国人发明,后常用于探戈舞曲的演奏。

美国人说的,‘我还不够格’。"我没有这方面的天分,只是自娱自乐而已。我会放一盘杰利·罗尔·莫顿的唱片,或者阿姆斯特朗的,或者艾灵顿公爵早期的作品——播放到旋律相对容易模仿的段落,尤其是那些配合有序的布鲁斯曲目。我会津津有味地听他们演奏,然后把我的小号加入其中……但是当然,这可不是跟他们**一起**演奏!我从来不敢接近任何一位爵士音乐家;现在我的小号搁在另一间屋里,一时找不到了。布莱克本有点言过其实了。因为我有一张吹小号的照片,人们就以为我吹得挺不错。我在没有十足把握之前,不会发表作品,吹小号这件事也是一样——在没有十足把握之前,我绝不会搞演出。这一天还早着呢。

《巴黎评论》:继《曼努埃尔之书》之后,你有没有再写什么长篇?

科塔萨尔:唉,没有,原因明摆着,是政治事务造成的。对我来说,写长篇小说需要集中精力,还需要一定的时间,至少一年,不受干扰、坚持不懈地写作。但现在我做不到。一星期前,我并不知道自己会在三天后启程前往尼加拉瓜。等到我回来之后,我也不知道接下来会有什么事。但这部长篇已经处于创作之中了。它就在那儿,在我的梦里。这部长篇让我魂牵梦萦。我不知道在这部长篇里会发生什么事,但我已经有想法了。就像构思短篇小说一样,我知道它会很长,带有某些幻想成分,但不会太多。它跟《曼努埃尔之书》会是同一个类型的,会有幻想成分融入其中;但它不会是一本带有政治色彩的书,它会是一本纯粹的文学作品。我希望生活会为我提供某种荒岛,尽管这个房间就不啻是个荒岛……还有一年时间,我需要一年时间。但是当这些混蛋——洪都拉斯人、索莫萨分子①和里根——做出有损尼加拉瓜的举动时,我的荒岛就不复存在了。我没办法动笔,因为这个问题经常搞得我心绪不宁,它需要先行处理。

《巴黎评论》:生活和文学很难平衡。

---

① 尼加拉瓜人对被推翻的军事独裁者索莫萨的支持者的称呼。

科塔萨尔：对，也不对。要看哪一方面需要优先对待。像我刚才说的那样，如果事关个人的道德义务，那我同意，这样的事确实应该优先处理。但我也知道，有很多人总是抱怨："哦，我想写我的小说，但我必须把房子卖了，然后还得交税，我该怎么办才好？"还有这样的理由："我白天都在办公室里工作，哪有时间写作呢？"而我呢，当时我白天在联合国教科文组织工作，回到家就着手写《跳房子》。要是谁愿意写作，他就会写作。要是谁命定要写作，他就会写作。

《巴黎评论》：你现在还做笔译或口译员的工作吗？

科塔萨尔：不做了，结束了。我的生活很简朴。要买我喜欢的东西：唱片、书、烟，花不了多少钱。所以我现在可以依靠版税收入过日子。他们把我的书译成了很多种语言，我收到的钱足够应付生活开销了。我得稍微精打细算一点；我可不能去给自己买一艘游艇，不过我也没有买游艇的打算……

《巴黎评论》：获得名望和成功让你感到快乐吗？

科塔萨尔：啊，听我说，这话我本不该说的，因为没人相信，不过对我来说，获得成功并不是什么快乐的事。我很高兴自己能靠写作维持生计，所以我也必须容忍成功带来的知名度和批评。但我以前默默无闻时，要比现在更快活，快活得多。如今我去拉丁美洲或西班牙，每走几步都会被人认出来，要签名和拥抱……这是挺感人，因为他们都是读者，往往还很年轻。我很高兴他们喜欢我的作品，但让我苦恼的是，我再也无法享受孤身独处了。在欧洲，我不能去海滩，不出五分钟，就会有摄影师出现。我的外表没法伪装；假如我是小个子，我还可以刮掉胡子，戴上墨镜，但我个子这么高，胳膊也长，凡此种种，都能让人们隔着老远就把我认出来。但另一方面，我也会遇上十分美好的事：一个月前的一天晚上，我在巴塞罗那的哥特区散步，有个很美的美国姑娘在弹着吉他唱歌，吉他弹得相当不错。她坐在地上，卖唱赚钱。她唱得有点像琼·贝兹，嗓音很纯净、清澈。有一些巴塞罗那的年轻人在听。我躲在暗处，驻足聆听。过了一会儿，这些年轻人中有个小伙子，他大约有二十岁，很年轻，很英俊，走到我跟前。他手里拿着一个蛋糕，说："胡里奥，拿一块吧。"于是我拿起一块吃了，对他说："谢谢你过来给我这个。"他对我说："听我说，与你给我的东西相比，我给你的太微不足道了。"我说："别这么说，别这么说。"我们彼此拥抱，然后他离开了。这样的事，是我的作家职业所能得到的最佳报偿。年轻男女走过来跟你说话，给你一块蛋糕吃，感觉真的不错。写作的艰辛，能得到这样的回报，也值了。

（原载《巴黎评论》第九十三期，一九八四年秋季号）

唐·德里罗

◎ 但汉松/译

一个被称为"美国臆想派小说大巫师"的人，在行事方面是会有点神经分分的。

我和唐·德里罗的初次见面是在曼哈顿一家爱尔兰餐馆，他说这次交谈会"非常简单"。他身材偏瘦，头发灰白，戴着棕色的四方眼镜。他的眼睛因为厚镜片而显得很大，但那双不安分的眼球并不显得狡猾。他左顾右盼，还扭头瞅身后。

但是他的局促不安并不是因为焦虑。他是一个训练有素的观察者，搜寻着各种细节。在持续数日的漫长采访之后，我还发现——我和他简单吃了顿午餐，数月后去市中心一个美术馆参观安塞姆·基弗的装置艺术展，之后在一家时髦好玩的酒吧里喝了东西——德里罗是一个慈祥的人，不仅慷慨大方，还体贴入微，这些特质都和臆想症患者的那种多疑谨慎不相容。他并非害怕，而是专注。他微笑时很腼腆，大笑时则出其不意。

唐·德里罗的父母从意大利来到美国。他一九三六年生于纽约布朗克斯区，并在那里长大，周围住的都是意大利裔美国人。他曾就读于海耶斯红衣大主教高中和福特汉姆大学，大学专业是"传媒艺术"，并在奥美广告公司做过一段时间的广告文案。他现在和妻子住在纽约市郊区。

他的第一部小说《美国形象》发表于一九七一年。写这本书花了他四年时间。那时他住在曼哈顿一个很小的单室公寓里。在《美国形象》之后，他的小说产量激增，其后七年写了五本书。《球门区》(1972)、《大琼斯街》(1973)、《拉特纳之星》(1976)、《球员们》(1977)和《走狗》(1978)，都受到了评

[handwritten at top:] At other times it made him angry. Also he was indifferent to the problem. Let himself see the ~~~~ struggle. The page is a sign of struggle —

Always the pain of composition. A word was a

puzzle he had to complete. There were spaces he could

find the ~~ïxïïxïx~~ *pieces* for *and* those he could not. He mixed

up the ~~ïxïïxïx~~ pieces. He felt the deep frustration

cf knowing a ~~ïxïx~~ *thing* and not knowing how to get ~~ïx~~ *it* down

on paper. Why was ~~ïxïpïx~~ spelling so important? ~~ïxï~~

what did it mean to be a poor speller? *[handwritten:] you could be keep it Secret*

~~did he feel it marked him as a failed failure when he~~

~~knew so much~~   It was a humiliation to know something

and to be unable to show it clearly. Th

~~ïxxxxx~~ humiliation of the world extended right down

to his fingertips.

~~It was nearly dawn. He was worn out. That was~~

part of the reason. He could write ~~xxxx~~ better when

he was rested. *[handwritten:] But he felt a sense of historical ~~~~*

He ~~feels~~ wild tries at phonetic spelling *[handwritten additions]*

It imposed a limit on his ability to know.

He ~~could~~ watch a sentence deteriorate as he ~~xxx~~

approached the end ~~of it~~. It was like a trail that

~~peters out into xxpïyxïxpxxxx emptiness.~~

He could not find himself in the field of little symbols.

They were in the ~~empty~~ *hazy* distance. He could not ~~see~~ *clearly*

the picture ~~ïïxxxkï~~ that is called a word. A word is

~~xxpïxïïxïxï~~ also a picture of a word. ~~There were~~ spaces,

~~ïxx blanks he could only guess at.~~

[handwritten at bottom right:] incomplete features, and tried to guess at the rest.

唐·德里罗小说《天秤星座》初稿手稿中的一页

论界的肯定。这些书虽然销量不佳，却有一批为数不多的拥趸。

在八十年代，情况有了变化。《名字》(1982)比德里罗之前的任何一部小说都受评论界青睐。《白噪音》(1985)获得了国家图书奖。《天秤星座》(1988)成了畅销书。最新小说《毛二世》获得了一九九二年的美国笔会福克纳奖。他现在正在写的小说，节选刊登在《哈珀斯》上，题目是《墙上的帕福克》。他还写了两部剧本，分别是《月光工程师》(1979)和《休息室》(1986)。

这次访谈开始于一九九二年秋，是由一系列谈话录音组成。文字稿是从长达八小时的录音带中整理出来的。德里罗对文字稿进行了最后的修订，送回时还夹了一张便条："这不仅仅是肉，还有土豆。"

——亚当·贝格利，一九九三年

《巴黎评论》：你知道是什么让你成为一个作家的吗？

唐·德里罗：我想到过，但不确定自己是否真的信。也许我当时是想学如何思考。写作是一种浓缩的思考方式。直至今日，除非真的坐下来写一些东西，否则我真的不知道自己对某些话题有何想法。也许我想寻觅的，是一种更加严苛的思维方式。我们现在谈的是我最早的作品，是关于语言的力量，它不仅能防止少年的堕落，还能用来定义事物，以简洁的方式定义混沌的经验。可你也别忘了，写作不是件麻烦事，它只需要最简单的工具。年轻作者会发现，只需在廉价的纸上以词语和句子行事，就可以将自己更清晰地置身于这个世界。只需要形于纸端的词语，他就能让自己脱身而出，摆脱那些纠缠的力量，脱离那些街道和人群，那些压力和情感。他学会思考这些事物，学会驾驭自己的句子，以进入新的感知领域。我当时感受到了多少？也许只有一点点，本能而已。写作基本上是一种无法名状的冲动，这个冲动部分来自那些我当年读到的作家。

《巴黎评论》：你孩提时就读书了吗？

德里罗：不，根本不读，就看些漫画书。这很可能是我没有叙事冲动的原因。我没有追随某种叙事节奏的冲动。

《巴黎评论》：少年时代呢？

德里罗：开始也不怎么读。十四岁时读过《德拉库拉》。蜘蛛吃了苍蝇，耗子吃了蜘蛛，猫吃了耗子，狗吃了猫，也许人又吃了狗。我是不是漏掉哪一级食物链了？哦，对了，还有《斯塔兹·朗尼根三部曲》，它告诉了我一点：自己的生活或什么可能会成为作家工笔细描的对象。这是一个很令人吃惊的发现。后来十八岁时，我找到一份暑期工，是当林地管理员，也叫看园子的。我被告知要穿白色 T 恤、棕色裤子和鞋，脖子上还要挂个口哨——口哨是他们发的，但我一直没拿到制服。于是我穿蓝色牛仔裤，格子衬衣，把口哨放在口袋里，坐在公园椅子上，假装自己是普通市民。我就是在那里开始读福克纳的，看了《我弥留之际》和《八月之光》。而且我还为此领了薪水。后来就读詹姆斯·乔伊斯，正是在乔伊斯那里，我学会了在语言中发现一种闪亮的东西，它令我感到词语的优美和炽热，感觉到词语也具有自己的生命和历史。我看着《尤利西斯》《白鲸》或是海明威书中的句子——也许我当时还没读到《尤利西斯》，应该是《一个青年艺术家的肖像》——但肯定看过海明威了，我看着那快速流淌的清水，看着路上行进的队伍扬起尘土盖在树叶上。这些都发生在布朗克斯区的一个公园里。

《巴黎评论》：你是在一个意大利裔的美国家庭长大的，这对你有影响吗？在你已经出版的小说中体现出这个影响了没有？

德里罗：这个在早期短篇小说中有所体现。我觉得它对小说的影响仅仅体现在它赋予了我一个观照更大世界的视角。我的第一部小说叫《美国形象》并非偶然。它就是一份私人的独立宣言，它声明了我要诉诸整体、诉诸整个文化的企图。美国曾经是，也依然是移民的梦想。作为两个移民的儿子，我对这种吸引了我祖父母和父母的可能性很着迷。这个主题让我拓展了写作的疆域,这在我早期写的那些故事中是没有的——这是一种疆域,也是一种自由。那时我已经二十好几岁了,早就离开了我生长的地方。并非永久地离开——我还是想回过头去写写那段日子,问题只是如何寻找到一个合适的框架。

《巴黎评论》:是什么让你开始写《美国形象》的?

德里罗:我并不总是记得某个想法何时何地初次进入我的脑海,但我记得《美国形象》。我当时正和两个朋友在缅因州玩帆船,我们停靠在德兹特山岛上。我坐在铁轨的枕木上,等着洗澡。我瞥见一条街道,大概在五十码之外,那儿有漂亮的老房子,一排排的榆树和枫树,让人感受到一种静谧和渴求——这里的街道似乎带有一种根深蒂固的渴望。我当时感觉到了某种东西,它是一种停顿,一种在我面前敞开的东西。我一两个月之后才开始写这本书,两三年以后才想到"美国形象"这个题目,但事实上从那一刻起,它就已经隐含在其中了——那一刻什么都未发生,什么明显改变都没有,那一刻我并没有见到之前未见过的任何东西。但时间上有一段暂停,而我知道我必须要写一个人,他来到这样的街道,或住在这样的街上。无论这个小说最终朝哪个方向发展,我相信我都一直记挂着那条宁静的街。它就如同一个对位点,代表了遗失的纯真。

《巴黎评论》:你快三十岁时才开始写小说,这已经很晚了,你觉得这对你的文学生涯重要吗?

德里罗:嗯,我倒是希望自己早点开始,但很显然我之前并未准备好。首先,我那时缺乏野心。我也许在脑子里构思着小说,但下笔的很少,也没有什么个人追求,没有迫切达成某个目标的欲望。第二,我那时并不知道当一个严肃作家意味着什么。我要花很久才能搞懂这一点。甚至当第一部小说写了大半了,我也不知道该如何系统地写作,没有靠谱的套路。我工作的方式很随意,有时候深夜写作,有时候在下午。我把太多的时间花在别的事情上,或者干脆什么也不做。在湿闷的夏夜,我把公寓里的马蝇都给逮到,然后杀死它们——并不是要吃它们的肉,而是因为它们的嗡嗡声让我发疯。我那时还不够执着和投入,不足以胜任这样的工作。

《巴黎评论》:你现在的工作习惯是怎样的?

德里罗:我上午用手动打字机写作。大约写四个小时,然后去跑步。这帮助我从一个世界抽身而出,然后进入另一个世界。树、鸟和细雨——这是很好的插曲。然后我下午继续工作,写两三个小时。回到读书时间,这一段是透明的——你都不知道它是怎么度过的。我不吃零食,也不喝咖啡。不抽烟——我早就已经戒烟了。屋子空间很大,房间也很安静。作家会寻找各种办法来确保自己的孤独,然后再寻找无数方式来浪费它。我会看看窗外,随意从字典中翻出词条来读。为了打破这一魔咒,我会看博尔赫斯的照片。这张很棒的照片是爱尔兰作家科尔姆·托宾送给我的。博尔赫斯的脸背后是黑色的背景——博尔赫斯表情肃杀,双眼紧闭,鼻孔张得很大,皮肤绷得很紧,嘴上的颜色异常鲜艳;他的嘴巴看上去就像是画的东西;他像一个萨满教巫师,为了开启天眼而给自己涂上油彩。那整张脸带着一种坚毅的狂喜。我当然读过博尔赫斯,虽然不是每本都看,我也不知道他是如何工作的——但是这张照片向我们展示了一个不会把时间浪费在窗前或别处的作家。所以我试着让他成为我的向导,摆脱了无生气的漂浮状态,进入到另一个充满魔幻、艺术和预言的世界。

《巴黎评论》:你的书稿打出来就堆在那里搁着吗?

德里罗:对。我想把那些纸放在旁边,因为我时不时总会查些东西,它们就潦草地记录在某页纸的底部。被扔掉的稿纸代表了作家劳动的有形维度——你知道,要想写出一段合适的话得试好多次。第一稿写下来,要积攒很多很多纸,重量上就了不得了。《天秤星座》的第一稿就装了十个手稿箱。我喜欢知道它就在屋子里,这让我觉得和它是有联系的。我指的是完整的书,是纸上承载的全部体验。我发现自己比从前更喜欢扔稿纸了。我曾经总想把东西存起来,想尽办法重新布局一段话或者一句话,从而将之保存下来。现在我总想方设法抛弃东西。假如能扔掉一个我喜欢的句子,那和保留一个我喜欢的句子同样令人满足。我认为不是自己变得无情或扭曲了——只是我更愿意相信,调整会自然产生。这种弃舍的本能最终成为了一种信仰,它让我知道还有更好的办法来写这一页的东西,哪怕目前还看不到该怎么办。

《巴黎评论》:运动员——篮球运动员,足球运动员——会说"进入状态"。作家有无"进入状态"一说?

德里罗:我有渴望达到的状态。如何找到它就是另一个问题了。它就是一种自发性的写作,它代表了作家意识中心的一个悖论——至少我是如此。起初你寻找的是秩序和操控,你希望能实践自己的意志,让语言为你所用,让世界都为你而变。你希望控制情感冲动、画面、词语、人脸和思想的流动。但还有一种更高的境界,那是秘密的期盼。你希望能放手,让自己迷失在语言中,成为一个载体或信使。最好的时刻就是失去控制。这是一种狂喜,在词语中常常会经历这种感受——它是让人拍案叫绝的组合,它能生发出更高境界的感知。它不知从何而来,但你很少能在段落和篇章中连续地体验它——我认为诗人肯定比小说家更容易达到这个境界。在《球门区》中,有很多人在暴雪中玩一种足球游戏。写出来的东西并没有什么值得狂喜或神奇的。写的东西很简单。但当我写这段时,也许在那五六页里,我获得了一种纯粹的冲力,完全不用停笔思索。

《巴黎评论》:你想象中的观众是什么样子?

唐·德里罗:当我把注意力放到打字机上时,脑子里压根不会想象什么读者。我没有观众;我有的是一套标准。但想到自己的作品诞生和发表时,我倒是希望由某个地方的陌生人来读它。此人周围没有人可以交谈,不能谈论书籍和写作——也许是一个未来的作家,也许是个孤独之人,他靠着某种作品来更自在地生活在这个世界。

《巴黎评论》：我看到一些批评家说你的书是注定要令人不舒服的。

德里罗：谢谢你告诉我这个。但我们这里讨论的读者——他早已感觉到不舒服了。他非常不舒服。他所需要的是一本书，帮他认识到自己并不孤独。

《巴黎评论》：你是如何开始创作的？故事的原始素材是什么？

德里罗：我想还是先有场景，先想到身处某处的一个人物。它是视觉的，就像电影的彩色染印——我只能模糊看见。接着，句子逐一从豁口里进来。没有提纲——也许会列一个简表，按时间顺序，标出接下来二十页写什么。但基本工作还是围绕着句子来进行。我之所以称自己为作家，就是这个原因。我是构建句子的人。我会听到某种节奏，它促使我写完一个句子。那些打印在白纸上的词语具有雕塑的质感。它们形成奇怪的对应关系。它们组合在一起并不仅仅是通过意义，也借助声音和形状。一句话的节奏会适合一定数量的音节。如果多了个音节，我就会另寻它词。总会有别的词表达几乎同样的意义。如果找不到，我就会考虑改变这句话的意义，以保持这种节奏和节拍。我非常愿意让语言用意义压着我，看着那些词语组合在一起，在句子中保持平衡——这些都是感官上的愉悦。我可能会想在一个句子里同时用 very（非常）和 only（仅仅），将两词隔开，但刚好就那么远。我可能会让 rapture（狂喜）和 danger（危险）搭配在一起——我喜欢把词尾匹配起来。我是打字，而不是手写，因为我喜欢打字锤落在纸面上出现的词语和字母的模样——它们已经完成了，印在上面，样子很漂亮。

《巴黎评论》：你对段落重视吗？

德里罗：当我写《名字》的时候，我设计了一种新方法——至少对我来说是新颖的。每当写完一段话，甚至是两三行的一段话，我就会自动另起一页来写下一段。我不想都挤在一页里。这让我能更加清楚地看这一组句子，修改时也更加容易和有效。纸上的空白帮助我更专注于已写的内容。在写这本书时，我也尝试寻找一种更深层次的严肃性。《名字》标志着我开始对文学有了新的体悟。我需要陌生的语言和新的风景,以使我焕发活力。我努力寻找清晰的散文风格,它要像爱琴海岛屿上的阳光一样明亮。希腊人创造了字母表的艺术,一种视觉艺术,而我学习的是雅典各处的石头上镌刻的字母形状。这让我焕发了新鲜的活力,促使我更深入地思考写在纸上的那些东西。我在七十年代写的一些作品是很随意的,并没有强烈的动机。我觉得是强迫自己写了一些书,它们并不乞求被我写出来,或者因为我写得太快了。从那以后我就试图变得更有耐心,等待一个主题来将我打动,成为我书斋生活以外的一部分。《天秤星座》就是一次极好的经历,它一直在我脑海中激荡,因为这个故事讲述了一些有趣好玩而又富于悲剧色彩的人物。《名字》延续了这种激荡,不仅因为那里有我听到的、读到的、触到的,以及试图去说但又言之甚少的语言,还因为那里有我试图糅入这本书字里行间的阳光和风景。

《巴黎评论》:你的对话和别人不太一样。

德里罗:好吧,要如实地表现人们的对话,可以有五十二种写法。而且有时候你根本不想写实。我自己有不同方法,我最讲究对话的一部小说是《球员们》。那里的对话是超现实的,是那些城市里同居的男男女女说的话,他们知道彼此的说话和思想方式,他们能说出对方下半句要说什么,或者根本懒得去接腔,因为根本没必要。那是一种跳跃的、尖锐的、略带敌意的对话。它不分场合地追求搞笑,这正是纽约的说话腔调。

《巴黎评论》:你处理对话的方式后来有无发展?

德里罗:有发展,但也许并不明显。我并没有一种宏大而统一的理论。我每一本书对对话的想法都不同。在《姓名》中,我看重的是睿智和洞察。人们说着一种理想化的咖啡馆式对话。在《天秤星座》中我更加平实。人物更大更宽,对话也更平。对于奥斯瓦尔德、他在海军陆战队里的哥们、他的妻子和母亲,很多时候我会用一种纪录片式的方法。他们说着《沃伦报告》①里的那种直

---

① 即约翰·肯尼迪总统遇刺的官方报告。

白的散文式语言。

《巴黎评论》:你提到过早期的短篇小说。你现在还写短篇吗?

德里罗:写得少了。

《巴黎评论》:那些桥段——我指的是《毛二世》中统一教会的结婚场景,或是《球员们》里飞机上放的电影——算不算你的另一种短篇小说?

德里罗:我可不这么想。我之所以对这种形式感兴趣,正是因为它不是短篇小说,而是一种高度风格化的东西。在《球员们》中,小说里的所有主要人物都是在序言里出现的——只是萌芽,还没有被命名或定义。他们是一群在飞机上看电影的影子人物。这段是一种微型小说。它在小说之外,就是个模子——不管是留着,还是删掉。《毛二世》中那个集体婚礼则更加普通。它引入了一个主要人物,建立了主题和氛围。如果没这部分,这本书就没意义了。

《巴黎评论》:我们刚才谈了一点点《美国形象》。能不能讲讲你的第二部小说——当初你是如何构思《球门区》的呢?

德里罗:我不觉得当时有什么构思,有的只是一个场景和一些人物。我基本上就是竖着耳朵紧随其后。到了一定时候,我意识到必须要有一个结构核心,于是我决定打一场足球比赛。这就成为了小说的中心。《白噪音》也是这种情形。故事是在无目标地慢慢向前,直到一个非常激烈的事件出现——这次是毒气泄漏,迫使人们从家中撤离。而且在两本书里,都有一种衰退,一种故意为之的能量耗散。这两本书在其他方面是完全迥异的。《球门区》是关于比赛的——战争、语言和足球。在《白噪音》中语言不那么重要,更多的是人类的恐惧。这可以用一个方程式来表述:随着科技发展得愈发复杂深远,恐惧就愈发变得原始。

《巴黎评论》:在你的第三部小说《大琼斯街》里,第一次出现了以隐晦的阴谋为形式的情节。是什么促使你写一种可能与政府镇压有关的神秘药物？

德里罗：它就在周围，构成了人们思考问题的方式。在过去的年代，敌人是潜藏在政府里面的，哪怕因极度猜疑产生的恐惧也和常识没什么两样。我试图表现出"臆想症"这个词背后所维系的奇思妙想。那时它正在成为一种商品。最初它指的是一种东西，后来就开始指所有的一切。它成了你花钱才能加入的组织，就像"地中海俱乐部"。

《巴黎评论》：你当时在寻找一种情节吗？

德里罗：我想是情节找到了我。在一本关于恐惧和妄想的书里，情节注定要自行其是。它不是一种最为缜密的情节——它更像是吸毒后的幻觉，看见死去的亲人从墙里走出来。我们最后发现，其实只是一个人在小房间里，他把自己锁起来，这就是在我作品里所发生的事情——这个人在躲避或策划暴力，或者说个体被周围的力量所迫，变得沉默。

《巴黎评论》：《大琼斯街》中最抒情的语言是留到最后一章才出现的。巴奇·温德里克失去了说话的能力，游荡在曼哈顿下城的大街上。你为什么要赋予这些漂泊无根的场景如此诗性的美丽？

德里罗：我觉得城市人就是这样回应他们日益恶化的境遇的——我认为应该发明一种美，寻找某种让我们复原的力量。作家也许可以非常生动地描写丑陋、痛苦，但他也应该描写城市中破败荒凉的地方，在那里的人群中找寻一种尊严和意义。丑陋而美丽——《大琼斯街》里的张力有一部分即源自于此。当我写这本书时，这个城市里有乞丐和无家可归的人，他们走进从未去过的地方。这是另一种失败和潦倒。这个地方开始变得像中世纪的社区。街上疾病蔓延，疯子自言自语，毒品文化在年轻人当中传播。我们说的是七十年代早期，我把纽约看成是十四世纪的一个欧洲城市。也许这就是为什么我要在书的结尾寻找语言中的一种破败的庄严。

《巴黎评论》:《大琼斯街》之后隔了三年才有了下一本书《拉特纳之星》。你花了这么久写它吗?

德里罗:我花了两年多的时间非常投入地写这本书。我很惊讶自己怎么能在那一段时间写这本书。我被科学语言的美、被数字的神秘、被作为隐秘历史和隐秘语言的纯数学所吸引——也很喜欢将一个十四岁的数学天才放在这一切的中央。我觉得这也是一本关于比赛的书,数学是其中最主要的元素。在这本书中,结构非常重要。墙壁、骨架、地基——我漫步于自己建造的东西之中,有时感觉被它完全控制了。这并不是说我迷失在里面,而是说无法阻止这个东西建立新的连接、新的地下网络。

《巴黎评论》:是什么让你对数学感兴趣的?

德里罗:数学是地下知识,只有那些真正的行内人士才知道那些术语和指代。我感兴趣的是写一本小说,它是人类思想中极其重要的一个领域,但又鲜为人知。我不过是个初来乍到但又暗怀敬意的喜剧作家。我必须偷偷接近我的主题。没有一本别的书会同时有这么多的快乐和辛苦了。在我写这本书时,我另一半脑子里正在写一本影子书——同样的故事,同样的主人公,但却是一本小人书,只有儿童图书那么大,也许它就是一本儿童书,结构更简单,难度更低——只有四个人物,而不是八十四或一百零四个。

《巴黎评论》:你实际上写出来的东西和之前三本非常不一样。

德里罗:有人说《拉特纳之星》是个魔鬼,位于我作品的中心,但它也许是绕着别的书在轨道上转。我觉得这些书构成了一个紧密的整体,而《拉特纳之星》正是在很远的地方绕着这个整体在摆动。

《巴黎评论》:你的下一本书是《球员们》。

德里罗:它的结构也很重要,但却是一种完全不同的方式。那是一种人们在生活中需要的结构。它关于双重的生活。第二种生活不仅仅隐秘,也更具结构性。人们需要规则和界限,假如社会不提供足够的这些东西,异化的个体就可能飘荡到某个更深、更危险的地方去。恐怖主义是建立在结构之上的，其行为是一种结构性的叙述，它可能持续数日或数周。如果有人质的话，甚至可能是数年。在所谓的恐怖分子、军火走私犯或双重间谍的影子生活里，清晰感其实很重要，定义也很重要，双方都试着遵循同一套规则。

《巴黎评论》：《名字》中有个叫欧文·布拉德马斯的人物对小说做了一些有趣的评论。他在某处说道："假如我是一个作家，我会很乐意听到小说已死。能够在中心感知之外的边缘地带工作是非常自由的。你就是文学的盗尸者。"

德里罗：小说没有死，甚至都没有受什么重创。但我的确认为我们是在边缘地带写作，是在小说的伟大传统下工作。我们周围有很多出色的天才，而且有很多证据表明，年轻作家正在转入历史题材，寻找更宏大的主题。但当我们谈论小说的时候，我们必须考虑到它所依存的文化空间。这个文化里的一切都在反对小说，尤其是那些试图与这个复杂而冗余的文化分庭抗礼的小说。这就是那些像《小大亨》《哈洛特的鬼影》《万有引力之虹》和《公众的怒火》的小说之所以重要的原因——我只举四个例子。它们读起来非常有趣，但又没有屈服于一般读者的趣味。它们吸收并利用了这个文化，而不是对其迎合。还有罗伯特·斯通和琼·狄迪恩的作品，他们既是有良知的作家，又殚精竭虑于文字的经营。我不想开列名单，因为名单是一种文化的歇斯底里，但我还想提《血色子午线》，它写得很优美，而且具有道德感。这些书和作者向我们展示了小说依然有足够的空间和勇气去涵盖广袤的经验。我们的文学很丰富，但有时候它太容易被中和了，太容易被周围的噪音所吞没。这就是为什么我们需要作为反对派的作家，需要那些以笔来对抗权力的小说家，需要那些反对公司、国家或整个同化机制的作品。我们都只差一点点就会变成千篇一律的电梯音乐。

《巴黎评论》：你能不能和我讲讲《白噪音》中杰克听他女儿睡觉时说梦话的那一段？她不断重复着"Toyota Celica"（丰田·塞利卡）这两个词。

德里罗：在我们生活中常有一些词语会浮现，这颇有些神奇。这就是计算机神秘主义。那些由计算机生成的词会被用到销往各地的产品中，从日本到丹麦——这些设计出来的词适合在一百种语言里发音。当你将一个词从它所服务的产品中剥离出来，它就获得了一种圣歌般的效果。很多年前有人断言——我不知道这个结论是如何得出的——英语里最美的词是 cellar door（酒窖门）。如果你把注意力放在它的发音上，如果你把这个词从它所意指的物体中剥离出来，如果你不断地重复这个词，它就会成为一种高级的世界语。这就是为什么 Toyota Celica 获得了生命力。它起初纯粹是用来重复的词语，然后他们必须找到一个物体来接纳这些词。

《巴黎评论》：和我说说你为写《天秤星座》做的调研。

德里罗：有几个层面的研究——作为小说写作者的研究。我在找寻的是鬼魂，而不是活生生的人。我去了新奥尔良、达拉斯、沃斯堡和迈阿密，看那里的房子、街道、医院、学校和图书馆——我主要想追寻的是奥斯瓦尔德，但也有别人——过了一段时间，我脑海中和笔记本上的这些人物就来到了这个世界。

然后还有书、旧杂志、老照片、科学报告、小出版社的印刷品，还有我太太从得克萨斯的亲戚那里搜罗到的资料。一个加拿大的哥们儿有整整一车库的好东西——奥斯瓦尔德在广播节目上的录音磁带，还有他妈妈朗读他的信件的录音带。我还看了暗杀发生那天普通人录下的画面，包括扎普鲁德尔的录影带。我会无意中碰到某个东西，似乎能证明我自己的理论，这令我常常感到一种奇特的兴奋。任何进入这个迷宫的人都知道，你必须集科学家、小说家、传记作家、历史学家和存在主义侦探于一身。这个天地里到处是秘密，而这部小说的写作计划也是我自己重要的秘密——我只告诉了少数几个人我在干什么。

然后就是《沃伦报告》，它是这次暗杀事件的《牛津英语词典》，也是一部乔伊斯式的小说。这个文件完全体现了事件的复杂、疯狂和意义，不过还有个事实就是，它省略了大约一吨半的材料。我并不是追求完美的研究者，我觉得自己也许读完了一半的《沃伦报告》，它总共有二十六卷。还有大量的美国联邦调查局报告我没有怎么碰过。但对我而言，这种枯燥而无趣的苦役是经历的一部分。从最严格的形式上来说，生活就是这个样子——学校成绩单、财产清单、厨房抽屉里找到的绳结照。杀死总统只花了七秒钟，我们仍然在搜集证据，筛选文档，找人问话，在各种细枝末节中寻找。这些细枝末节是很特别的。当我无意中查到杰克·卢比母亲的牙科病历时，我感觉到了一阵惊叹。他们真的把这个放进去了吗？目击证人的证词是很重要的资源——时代语言、地方俚语、玛格丽特·奥斯瓦尔德等人那纠缠的句法，这些都是一种即兴创作的天才产物，还有那些列车乘务员、脱衣舞娘和电话接线员的生活。我必须对这个实际一点，所以我克制住自己不要去读所有东西。

《巴黎评论》：当《天秤星座》出来时，我感觉到这是一部巨作，是毕生的成就。你当时是否知道下面要写什么？

德里罗：我想我会有一段时间被这个故事和那些人物所萦绕，后来确实也是如此。但这并不影响我搜寻新的材料，也不影响我意识到这是开始构思新书的时候了。《天秤星座》会一直影响我，一来是因为我非常沉迷于这个故事中，二来是因为这个故事在书外的世界并没有一个终点——新的理论、新的嫌疑人还有新的文件一直层出不穷。它永远也不会结束。在二十五周年的时候，一家报纸对这次暗杀的报道标题是《美国发疯的那天》。就在那时候，我意识到了三个摇滚乐队——或者是两个摇滚乐队和一个民谣乐队——同时在巡演："奥斯瓦尔德"、"杰克·卢比"和"死去的肯尼迪家族"。

《巴黎评论》：你在写完一本小说时通常是什么感觉？你会对自己完成的东西感到恶心吗？或是很高兴？

德里罗：写完时我通常很高兴，但对于自己做的东西并不自信。这时你就需要依靠别人，靠编辑、朋友和其他读者。但写完《天秤星座》时的感觉是最奇怪的。我有一张奥斯瓦尔德的照片,立在书桌的临时书架上。照片上他举着一支来复枪和一些左翼杂志。我写这本书时,差不多全部时间就是耗在那里,大概有三年零三个月。当我写到最后一个句子时——早在写到最后一页之前,我就知道这句话该如何措辞了,这是我非常渴望写到的一句话。当我终于写到它时,我很可能打字速度要比平时快,感觉到一种深深的解脱和满足——这时,那张照片从书橱上滑了下来,我只好停下来将它接住。

《巴黎评论》:在一本关于你的论著中,有段话让我颇为不安——我不知道它是你接受采访时讲的,还是作者自己的猜测——它的说法是,你并不特别在乎你的人物。

德里罗:故事人物是作家带给读者的快乐之一。人物不仅活着,还会说一些有趣的事。我想通过语言、通过小说或句子的构建,通过那些有趣的、邪恶的、暴力的或兼而有之的人物,带来愉悦。但我不是溺爱某种人物的作家,也并不希望读者如此。事实上,所有作家都爱自己的人物,条件是他能够表现出他们的存在。譬如说,你创造出一个人物,他将自己母亲从楼梯上推了下去。母亲是一个坐轮椅的老妇人,你的人物醉醺醺地回到家,然后把她从一段长长的楼梯上推了下去。你是不是很自然地就不会喜欢这个人?他做了件可怕的事。但我认为这事情没那么简单。你对这个人物的感情取决于你是否将他完整地塑造出来,取决于你是否理解他。这不是一个喜不喜欢的简单问题。而且,你对一个人物的感情,也没有必要和对现实生活中的人一样。在《毛二世》中我对卡伦·詹尼怀有很深的同情,是同情、理解和亲情。我能轻而易举地进入她的意识。当我从她的视角写作时,我就试图在语言中去表现这种同情、理解和亲情——这种语言是自由流淌、无推理关系的呓语,它和其他人物的视角完全不同。卡伦并不是特别招人喜欢,但我赋予她一种独立于我个人意志之外的生命。我别无选择,只有喜欢她——虽然这么说有点简单化——在我写的句子中就体现出这一点,它们摆脱了那些缀词成句的寻常法则。

《巴黎评论》:你写《天秤星座》是为了获得比《名字》更多的读者吗?

德里罗:我不知道该怎么实现这一点。我的想法只有一个,就是让简单的时刻变得复杂,这并不是获得更多读者的途径。我想我所拥有的读者,就是我的作品理所应得的。这并不容易做到。你必须要知道,我很晚才开始写小说,起初期望值也很低。直到第一本小说写了两年,我才觉得自己是个作家。当我艰难地写着那本书时,我觉得自己很倒霉,不受命运的眷顾,也看不到光明的未来。然而从那以后,几乎所有发生的事情都证明我是错的。所以我天生的那种急躁和悲观就被大众对我的接受所消弭。但这并没有减少我作品中的锋芒——它只是让我意识到,作为作家我是很幸运的。

《巴黎评论》:就主题而言,我能理解为什么《天秤星座》之后自然而然就是《毛二世》——两者都是关于狭小房间里的恐怖分子和男人。但我好奇的是,为什么在《天秤星座》之后,你重新回到了先前小说的那种形式和感觉?《毛二世》中流浪的那段可以追溯到《球员们》和《走狗》。

德里罗:《毛二世》的那种外露结构和《球员们》很像,也包括一个前言和结语。如果要造一个门类的话,《毛二世》是那种先静后动的书。小说的前半部可以被称为"书"。比尔·格雷谈论他自己的书,将手稿堆在一起,住的房子就像一个文件箱,用来存放他的作品以及其他副产品。书的后半部可以被称为"世界"。这里,比尔逃离了自己的书,进入到世界中,一个被证明是充满了政治暴力的世界。我几乎要到写完前半部的时候,才意识到后面该怎么去写。我是在盲写,那种挣扎就是如此漫长。可一旦我明白比尔必须逃离——最明显的事情可能会以最让人震惊的方式显现出来——我就感觉到强烈的兴奋,因为这本书终于向我做出了启示。

《巴黎评论》:我们稍稍谈到了那些住在小房间里的人。作家比尔·格雷、阴谋家李·奥斯瓦尔德、拉哈尔老城的欧文·布拉德玛斯,还有从音乐会舞台上消失并藏起来的巴奇·温德尔里克。那群众呢? 你在《毛二世》中写道:"未来属于群众。"这句话被人引用的很多。

德里罗：在《毛二世》中我思考过离群索居的作家，这种极端的个人主义者，活在这个图像世界的淫奢之外。然后还考虑过大众，各种类型的大众：有的挤在足球体育馆里，有的簇拥在圣人或国家领袖的巨幅照片旁。这本书要论证的就是未来。谁会在争夺世人的想象中获胜？曾几何时，小说家的内心世界——卡夫卡的私人视界，也许还包括贝克特——最终会进入我们栖居的三维世界。这些人写的是一种世界叙事。乔伊斯在另一层意义上也是如此。乔伊斯用《尤利西斯》和《芬灵根的守灵夜》将书变成了一个世界。今天，世界已经变成了一本书——更确切的说，是新闻故事、电视节目或电影胶片。书写这些世界叙事的，是那些导演着灾难事件的人，是那些军事领导者、极权领袖、恐怖分子，以及那些弄权者。人们想读的小说是世界新闻。在《毛二世》中，除了那场集体婚礼之外，群众都是电视大众，是我们在灾难报道中看到的那些群众。新闻中充满各类群众，电视观众则代表另一种群众。这些群众分别置身于数以百万计的小房间里。

《巴黎评论》：在《毛二世》中有一个更好玩的地方——它是那种典型的既可怕又好玩——就是比尔·格雷被车撞了，他去找了一帮兽医，想知道自己伤势如何。你是怎么想到这个的？

德里罗：我之前说过，要将简单的时刻复杂化。这就是其中一个例子。我想揭示出比尔·格雷身体状况的严重性，但如果让他就这样去看医生，似乎又显得过分简单了。一来是因为他并不想去看医生——他害怕那些直白的真相——但更主要的是因为我想写得更有趣些。所以我另辟蹊径，希望能收到效果。我想让那些简单的医学知识以滑稽对话的形式讲出来，成为不同层次间的一场嬉戏。我的意思是，比尔假装是作家——当然，他就是作家——正在研究他书中与医学有关的东西。我在写这一段之前就是这么干的。我找医生聊天，询问比尔·格雷被车撞后会受怎样的伤害，后果可能怎样，以及这种受伤的影响可能会如何表现出来。然后我把他的回答通过三个微醉的英国兽医说出来，他们试图帮助一个可能受了重伤却又不知道怎么回事的陌生人。作家比尔成了他自己的人物。他试图掩盖信息，尽量通过编造故事来轻描淡写。他说自己需要这些信息来写书,但实际上这是我要写的书,不是他的。

《巴黎评论》:你作品中有很多人物都发现自己要比原来预计的死得早,虽然他们并不知道确切的时间。巴奇·温德尔里克并不是命不久矣,但遭遇了一些可怕的东西,而且据他所知,那些副作用是足以致命的;杰克·格拉德尼吸入了泄漏的毒气,这是另一个明显的例子;我们还有比尔·格雷遭遇的这次车祸。这种被加速但却又不明显的死亡究竟意味着什么?

德里罗:谁知道呢?假如写作是一种浓缩形式的思考,那么最浓缩的写作很可能会以对死亡的反思而结尾。这就是我们最终会遭遇的,假如我们思考得足够久、足够深。

《巴黎评论》:这是否与《天秤星座》有关——

德里罗:——所有的情节最终引向死亡?我猜是可能的。它出现在《天秤星座》里,也出现在《白噪音》里,但这不一定意味着他们都是高度情节化的小说。《天秤星座》中有很多偏题和冥想的段落,而且奥斯瓦尔德的生活在书中大多时候都是迂回前行的。正是最初的密谋者温·艾沃利特在怀疑他的阴谋是否能生根发芽,让暗杀恐吓变成真正的谋杀。当然,这确实发生了。阴谋将自己的逻辑延伸到了终点。《白噪音》借助的是一个陈旧的通奸情节,它让主人公深陷麻烦,证实了他对情节中蕴涵的死亡力量的恐惧。当我想到高度情节化的小说时,我想到的是侦探小说或悬疑小说,这些作品通常会制造几具死尸。但这些尸体基本上算是情节点,而不是设计出来的人物。这本书的情节既没有不可避免地向尸体发展,也没有直接从尸体开始发端,这种情况越虚假反而越好。读者能够以一种虚假的方式和死亡遭遇,从而克服自己的恐惧。悬疑小说将书本外真实死亡的可畏力量引入书中,并将之编排成情节,通过将它内化于一种游戏模式,从而使其变得不那么可怕。

《巴黎评论》：你说过，你认为自己的书不可能在肯尼迪遇刺之前写出来。

德里罗：在一些重要方面，我们的文化已经今非昔比。这些变化成为我书写的对象。这其中不仅有世事的无常、动机的缺失，还有人们的暴力犯罪，以及似乎以事不关己的态度对暴力的旁观。还有就是我们对案件的基本事实都难以定论——枪手的人数、枪击的次数等等。我们对现实的把握已经有些岌岌可危了。每次关于事件的最新爆料都会引发一些新的悬疑和猜测。我想，这种隐秘的思维，就是我工作的一部分——普通人是如何相互监视的，当权者又是如何操作和控制的。在我们的战后历史中，虽然坦克驶向了街头，大规模暴力时有发生，但基本上每个人还是待在各自的小房间里，没有人从影子下走出来，去改变这一切。我在缅因州的那个星期，看到的那条激发我去写小说的街道——呃，我那天（也许是那周晚些时候）买了一张报纸，上面有个关于查尔斯·惠特曼的新闻，这个年轻人跑到得克萨斯州奥斯丁市一座大楼的顶层，开枪杀死了十几个人，伤了大约三十人。他带了好几把枪上楼，还带了补给品，做好了被长时间包围的准备，甚至还包括一瓶腋下除臭剂。我记得自己在想，又是得克萨斯。还有，腋下除臭剂。这就是我在缅因州的那个星期。

《巴黎评论》：在《天秤星座》中还有一件很重要的事，那就是暗杀录影带的存在。你想说的一个观点是，电视真正成为重要的媒体，是在摄像机拍到奥斯瓦尔德被杀的时候。是否可以说，你的与众不同之处，就在于你是一个"后电视"作家？

德里罗：肯尼迪被杀是录在电影胶片上的，奥斯瓦尔德被杀是电视上播的。这意味着什么？也许这只是意味着奥斯瓦尔德的死亡可以很容易被重复。它属于所有人。扎普鲁德尔录下的肯尼迪之死被人买走，随后被雪藏起来，只是非常选择性地公开了一部分。这种录影是独有的。所以，社会差异会继续存在，等级关系依然牢固——你可以在吃晚饭时从电视上看到奥斯瓦尔德的死亡，等你上床时他还奄奄一息。但如果你想看扎普鲁德尔的录影带,你就得是很重要的人物,或者得等到七十年代,我记得那时候在电视上播过一次,或者你得付三万美金才能看一眼——我想这是现在的行情。

扎普鲁德尔的影片是家庭录像,它大约有十八秒,但却很可能催生出一些大学课程,涉及从历史到物理的十几个主题。每当新一代的技术专家出来,他们就会再分析一遍扎普鲁德尔的胶片,它代表了我们对科技的全部希望。新的画面加强技术,或者新的电脑分析——不仅仅是对扎普鲁德尔的,也是对其他重要录像和静态照片——最终会告诉我们到底发生了什么。

《巴黎评论》:我的理解恰好相反,你可能也要说到这个意思。很反讽的一点是,尽管有电影胶片的存在,我们还是不知道发生了什么。

德里罗:我们还是被蒙在鼓里,最后得到的就是一些补丁和暗影。这依然是个悬案,仍然是一个噩梦。这个可怕的梦是,我们最上镜的总统就在胶片里被谋杀了。扎普鲁德尔的录影从某种意义上说是不可避免的。它必须要这样发生。这个时刻属于二十世纪,这意味着它肯定会被胶片捕捉到。

《巴黎评论》:我们能不能更进一步地说,这种困惑本身有一部分是录影带所创造的? 毕竟,如果根本没有这些胶片,就很难提出一种阴谋论。

德里罗:我觉得我们感受到的每一种情感都是源自那段影片,当然最重要的一种情感就是困惑。困惑和恐怖。头部中弹就像是毫无预警地发生在我们起居室里的某个可怕而色情的瞬间——它是关于世界的某个真相,是人们从事的某个无法言说的行为,但我们又不愿意去了解它。人们困惑于肯尼迪初次中弹的时间、康纳利中弹的时间、为什么总统夫人要趴在座位上,在这些困惑之后,伴随着头部中弹的恐怖(这并非恐怖的全部),也许——还有一种突如其来的启示。因为头部中弹是最直接的证明,告诉我们致命的子弹是来自前方。无论怎样用物理上的可能性来解释冲击力和反射,你都会对这件事产生怀疑。你是否发现,在胶片媒介里或在你对事情的自我感知上,存在某种根本的歪曲? 你是否心甘情愿去做某个巨大的国家谎言的受害者——谎言、希望,抑或梦想? 或者说,子弹根本就是来自前方,正如你身体里的每个组成部分所告诉你的那样？

《巴黎评论》：从大卫·贝尔在《美国形象》中拍的自传电影，到《走狗》里元首在地下室拍的色情电影，再到《名字》中电影制片人沃尔泰拉的小型讲座，你总是不断地回到电影这个主题。"二十世纪是记在胶卷上的"，你在《名字》中写道，这是"被摄录下的世纪"。

德里罗：电影让我们能够以之前社会所不能的方式来考察我们自己——考察自己、模仿自己、延伸自己，并重塑我们的现实。这种二元视角充斥着我们的生活，也将我们独立出来，让我们中的一些人变成排练的演员。在我的作品里，电影和电视总是和灾难联系在一起。因为这是文化的能量来源之一。只要它是视觉的，电视就会如饥似渴地去报道坏消息和天灾人祸。我们现在的情形是：事物之存在就是为了被拍摄，进而被反复播放。当五角大楼禁止近距离报道时，人们变得很感伤，原本在这个国家四处飘荡的快乐突然崩塌了——不是因为我们赢不了战争，而是因为他们夺走了我们的战争录影。想想那些最经常被重复的画面。罗德尼·金的录像带，"挑战者"失事，或是卢比开枪射向奥斯瓦尔德。这些画面将我们连结起来，就像当年穿着白色泳装的贝蒂·葛莱宝，她在那张著名的美女海报上扭头看我们，将我们的心捏在了一起。他们一遍一遍又一遍地放着那个录影带。这就是世界叙事，所以他们会一直播下去，直到世界上所有人都看过它。

《巴黎评论》：弗兰克·兰特里夏说你是那种相信文化的形式和命运能统治个人的形式和命运的作家。

德里罗：是的，也许我们可以这样来看《走狗》。这本书其实并非是关于迷恋——它说的是对迷恋的营销。作为一种产品，你将迷恋提供给出价最高的人，或者说最鲁莽亢进的傻瓜。在这本书里，这两种人其实没有差别。也许这个小说是对越南战争的一种回应——这是我要表达的意思——战争是如何影响了人们自我选择的方式，以及个人如何过自己的生活。这些人物有一种疯狂的需要,他们感到一种冲动的渴求,想获取书中那个神圣的东西,即希特勒在地下室里拍的家庭录像。所有的臆想症、勾心斗角和暴力,所有廉价的欲望,都源自越南这段经历所带来的副产品。在《天秤星座》中,当然——奥斯瓦尔德看着电视,奥斯瓦尔德摆弄自己来复枪的枪栓,奥斯瓦尔德想象他和总统有颇多相似之处。我把从俄国归来的奥斯瓦尔德视为一个踌躇满志的人——实现作为消费者的理想,以及作为个人的理想。但他是个穷人,性格多变,对妻子很残忍,很难找到什么工作——一个必须进入他自己的好莱坞电影,以看清楚自己是谁、如何主导自己命运的人。这就是文化的力量,也是图像的力量。这些年来我们不断看着这样的故事上演。在这种故事里,愤愤不平的年轻人怀疑从媒体的天堂里放射出了神圣的光辉,而进入这个神圣中心点的唯一途径,就是借助暴力剧场的某种表演。我认为奥斯瓦尔德是一个失去信仰的人——他不再信仰政治,不再相信变革的可能——他生命中的最后岁月其实和那些受媒体蛊惑去效仿他的男孩没什么区别。

《巴黎评论》:在《纽约书评》中你被称为"美国臆想派小说的大巫师"。这个头衔对你来说是否意味着什么?

德里罗:我知道这可能是个荣誉头衔,但我不确定自己是不是名副其实。当然,在我的作品中有臆想症的元素——《天秤星座》中就有,虽然并不像有些人认为的那么多。在这本书中,偶然与巧合的因素也许和被操纵的历史一样有意义。历史在暗杀之后被操纵了,而不是在此之前。《走狗》和《大琼斯街》可能也有臆想症的特点。但我自己并不是一个爱臆想的人。我是从周围找到的这个元素。和现在相比,在六七十年代它的势力更强大。在我的人物中,臆想症的重要性在于它是作为一种宗教敬畏在发挥作用。它是一种古老的事物,是灵魂里某个被遗忘的角落残留下来的东西。我之所以对那些制造和服务于这种臆想症的情报机构感兴趣,不是因为他们是情报官员或间谍大鳄,而是因为他们代表了古老的神秘和魅力,是一种无法言说的东西。中央情报局。他们就像手握终极秘密的教堂。

《巴黎评论》:有人说你"对美国社会有一种夸张的悲观看法"。

德里罗:我不同意,但是我能理解某一类读者为何看到了事物悲观的一面。我的作品中没有其他小说所提供的那种慰藉,我的作品是告诉读者,今天的生活、麻烦和感知其实和五六十年前没有什么差别。我不提供慰藉,除了那些隐藏在喜剧、结构和语言中的慰藉,而喜剧很可能也不那么让人舒心。但首要的一点是语言。比历史和政治更重要的是语言。语言,在创造它、驾驭它、看见它形诸纸端、听见它在我脑海里吹鸣时,就是一种纯粹的愉悦——正是这驱动了我的作品。艺术尽管阴暗,但依然可能令人愉悦——当然还有比我所用素材更黑暗的东西——假如读者对音乐敏感的话。我试图去做的,是创造复杂的人物,普通但又特殊的男人和女人,他们栖居于二十世纪末那特殊的年代。我试图记录我所看见的、听见的和感觉到的——记录我在文化中感觉到的那如同电流般的东西。我认为这些正是美国力量和能量之所在。它们属于我们的时代。

《巴黎评论》:你最近在做些什么?

德里罗:一九九一年末,我开始写新作品,但不知道会是什么——长篇小说,短篇,或是中篇,都不知道。它就是一篇作品,比我写的任何东西都让我感到愉悦。它变成了一个中篇小说,叫《墙上的帕福克》。在我动笔后一年,我将它发在了《哈珀斯》。我后来发现我并没有写完。我向周围发出了信号,收到了反射,就像海豚或蝙蝠。所以我对这篇稍作修改,将之作为新小说的序言,将来标题也会改。我在长篇小说的无人地带服着苦役,当初的快乐早已退去,但我仍然能听见回声。

《巴黎评论》:写完这本小说你还有什么计划吗?

德里罗:没有任何具体的计划。但我意识到时间是有限的。每一本新小说都会超过合同期限——让我活得再久一点,再多写一本书。我们谈了多少本书了?有多少是好的作品?据研究小说的人统计,我们最佳创作时限是二十年,之后我们就是误打误撞碰运气了。我不一定同意这一点,但我发现时间真的过得很快。

《巴黎评论》:这让你感到紧张吗?

德里罗:不,我不觉得紧张,它只是让我想写得再快一点点。

《巴黎评论》:但你会一直写下去的,对吧?

德里罗:我会一直写东西的,当然。

《巴黎评论》:我的意思是,你不会去搞园艺了吧?

德里罗:不会,不会,不会。

《巴黎评论》:手球呢?

德里罗:你知道"中国杀手"是什么吗? 它是一个手球术语——当你将球刚好击中墙和地面的缝线,这次射门就是不可逆的。它曾经被叫作"中国杀手"。

(原载《巴黎评论》第一百二十八期,一九九三年秋季号)

苏珊·桑塔格

◎ 吴嘉茜/译

苏珊·桑塔格住在一间五室户的家具稀少的公寓里，它位于曼哈顿西区切尔西的一幢大楼的顶层。屋里到处都是书和纸，书大约有一万五千本之多。苏珊·桑塔格倾其一生来阅读书籍，内容涉及艺术与建筑、剧院与舞蹈、哲学与精神病学、药学的历史以及宗教、摄影和歌剧的历史等等。苏珊·桑塔格拥有各种欧洲文学书籍——法国、德国、意大利、西班牙、俄罗斯文学等，也有成百上千的日本文学书籍和关于日本的书籍，它们以语言种类区分，并大致按年代排放。她也有很多美国文学及英国文学书籍，从《贝奥武夫》到詹姆斯·芬顿，一本不落。桑塔格热衷于剪报，她的书里充斥着从报纸上剪下的一篇篇文章（她说"每本书都被做了标记，并被层层叠放"），书架上贴满花花绿绿的便条，上面潦草地写着补充阅读材料的名字。

桑塔格通常在她的起居室里一张不高的大理石桌子上写作。一本本不大的主题笔记本里夹满了便签，记录着她的小说《在美国》的写作进度。关于肖邦的一本旧书被放在餐桌礼仪历史的书籍之上。整个房间被一盏可爱的福图灯所点亮，也许这盏福图灯只是个复制品。墙上布满了皮拉内西式的蚀刻和雕刻装饰（建筑蚀刻是桑塔格的爱好之一）。

桑塔格公寓里的每件物品都显示出她兴趣爱好范围之广，但正是她的工作本身，就像她的谈话一样，显示出她对所信奉之事的热情本质。她很渴望被主题引领，无论她将会被带向何处，她都会跟着走。她对罗兰·巴特的评论恰恰也适用于她自己："这不是知识的问题……而是警觉的问题，一旦它受到大家的关注，对**可能**产生的想法就会吹毛求疵。"

There are many stories of statues come to life. The
statue is usually a woman, often a Venus. She comes alive to
return the embrace of an ardent man. (Only rarely, like male
statues who come to life, to take revenge.) ~~When the~~
~~... the statues that come to life as a ... purpose~~
~~is ...~~

There is a dinner party. People are enjoying themselves in
the careless way people want to enjoy themselves. The food is
~~excellent~~, ostentatious, abundant; the wine is flowing; ~~...~~
~~... ... unwanted ... on some ...~~, the
lighting is muted and flattering; sexual ~~advance~~ tomfoolery
is taking place, both of the wanted and ~~...~~ kind ("we're
just having fun", says a man, interrupted by someone who
observes him pressing his unwanted attentions on some woman);
the servants are docile and smile, hoping for a good tip.

And in comes this guest, a chilling stony presence. He
comes to break up the party and haul the chief reveller down
to hell. Or, in a more modern version, he comes ~~...~~
~~... ...~~ comes with his higher idea, his
better standards. He, the stony guest, reminds the partyers of
the existence of another way of seeing things. Your life is
revealed as shallow...

~~He, too, is a chilling presence.~~ He is sulky, and stands
in a corner. Perhaps he looks at the ~~...~~ books, or fingers the
art. His every gesture is a reproach. He is bored. He asks
himself why he came. ~~(~~Answer: he is curious.) He enjoys

苏珊·桑塔格小说《火山情人》

桑塔格于一九九四年七月的三个酷暑天里,在她的曼哈顿公寓里接受了我们的访问。她一直往返于萨拉热窝和曼哈顿,我们很感谢她拨冗来接受我们的访问。桑塔格非常健谈,她坦率、平易近人、博学而又热情;她每天要在木质的厨房桌上写作七八个小时。这个厨房不单是个厨房,里面什么都有,但传真机和复印机始终安静地躺在那里;电话铃声偶尔才会响起。我们的谈话涉及许多不同的主题,但最终会回归至文学的愉悦和独一无二之中,之后的访谈文本也会被印刷出来并进行修改。桑塔格对所有与写作相关的东西都感兴趣:从写作这一过程的机制到灵感的本质。她有许多使命,但其中最重要的就是扮演好作家这个职业角色。

——爱德华·赫希,一九九五年

《巴黎评论》:你是什么时候开始写作的?

苏珊·桑塔格:我也不确定。但我记得,大概在我九岁的时候,我就开始尝试自己印刷。我尝试着从印一份四页的月报开始,用胶版印刷的方法(一种很原始的复印方法)印制了大概二十份报纸,然后以每张五美分的价格卖给了邻居们。而后的几年,我一直坚持办那份报纸。我模仿我所阅读的材料写了很多东西。我仍然记得,报纸上有一些故事和诗歌,还有两个剧本。其中一篇是受到了恰佩克的《万能机器人》的启发,另一篇受到了埃德娜·圣文森特·米莱的《返始咏叹调》的启发。那份报纸里还有对中途岛海战和斯大林格勒等战役的报道。你要知道,那可是一九四二年、一九四三年和一九四四年,那些内容都是我很认真地根据真实报纸上的文章缩写而成的。

《巴黎评论》:因为你经常去萨拉热窝的缘故,我们不得不三番四次地推迟这次访问的时间。你曾经告诉我,在萨拉热窝的日子是你人生中最难忘的经历之一。于是我在想,战争是如何在你的工作和生活中重现的呢?

桑塔格:确实是这样。我去过两次遭受美国炮轰的北越,第一次我在《河内之旅》里叙述过了,当一九七三年赎罪日战争爆发的时候,我到以色列的前线去拍了一部电影,叫作《应许之地》。波斯尼亚战争实际上是我经历的第三场战争。

《巴黎评论》:在《疾病的隐喻》一书中,出现了对战争隐喻的痛斥。而《火山情人》的叙述高潮出现在描写对邪恶战争的恐怖回忆。而当我请你为我所编辑的《转换影像:作家谈艺术》一书撰文,你选择论述的是戈雅的画作《战争的灾难》。

桑塔格:尽管我出自一个旅行之家,但我认为,真正去战火纷飞之地旅行,而不只是在脑海中想象,会显得很离奇。我的父亲是一位在中国北方做毛皮贸易的商人,日本入侵时他在当地亡故,那时候我只有五岁。我仍然记得一九三九年九月,我第一次听说"世界大战"。那时我还在上小学,当时我最要好的同班好友是一个西班牙内战的难民。我也记得在一九四一年的十二月七日,我吓得浑身发抖。第一句引起我沉思的话语就是"在整个战争期间没有黄油"。这句话里的"在整个战争期间",我现在还能回忆起当时品味这个短语的感受,既觉得它怪怪的,又觉得它带有点乐观主义。

《巴黎评论》:在《写作本身:论罗兰·巴特》一文里,你对巴特从未在他的作品中提到"战争"两个字表示了惊讶。虽然巴特的父亲死于"一战"的战场(巴特当时还是婴儿),尔后巴特渐渐长大,在"二战"中的占领区里度过了他的青年时期。但是你的作品看起来却始终被战争所萦绕。

桑塔格:我只能回答,所谓作家,就是一个对世界充满关注的人。

《巴黎评论》:你曾经在《应许之地》里写道,"我的主题是战争,任何有关战争的内容,如果不能表现出战争所带来的毁灭和死亡的真实感,就不能让人战栗,就将是一个非常危险的谎言。"

桑塔格:这个教训人的口气使我自己感到有点恐惧。但是……确实是这样。

《巴黎评论》:你正在写萨拉热窝之围吗?

桑塔格:没有,我的意思是还没开始写,大概短时间内也不会写。至少不会用文论或报导的形式去写。我的儿子大卫·里夫在我之前就去了萨拉热窝,他已经出版了一本文论体的报导集,书名叫《屠宰场》。一个家庭有一本关于波斯尼亚种族屠杀的书就已经足够了,所以我不会再花时间在写萨拉热窝这方面的书。目前我尽量在那里多待:去见证、去哀悼、去树立一个公正的榜样、去介入等等就已经足够了。相信正确的行动,是一个人的责任,而不是一个作家的责任。

《巴黎评论》:你一直以来就想当个作家吗?

桑塔格:在我大概六岁的时候,我读到了居里夫人的女儿艾芙·居里写的《居里夫人传》,所以最初,我立志成为化学家。后来童年的大部分时间里,我又想成为物理学家。最后让我不能自拔的是文学。我真正想要的是将每一种生活都过一遍,一个作家的生活似乎最具包容性。

《巴黎评论》:你有崇拜的作家吗?

桑塔格:当然,我曾把自己看作是《小妇人》中的乔,但我不想写乔所写的东西。而后,在《马丁·伊登》里,我发现了身为作家的主角,而且我对他的写作有种认同感。所以我又想成为马丁·伊登。不过杰克·伦敦把他写得很凄惨,这我可不想要。我把自己视作(我猜是这样的)是一个英雄式的自学者。我期待写作生涯中的搏斗。我认为每个作家都会具有一种英雄主义的禀性。

《巴黎评论》:你还有其他偶像吗?

桑塔格：后来，在我十三岁的时候读了安德烈·纪德的札记，它展现了一种有巨大优越感和不懈渴望的生活。

　　《巴黎评论》：你记得你是何时开始阅读的吗？

　　桑塔格：别人告诉我，我在三岁的时候就开始读书了。不过我记得，我在六岁左右才开始阅读真正的书籍——传记和游记等等。而后，我迷上了爱伦·坡、莎士比亚、狄更斯、勃朗特姐妹、维克多·雨果、叔本华和佩特等人的作品。我的整个童年时代是在对文学自得的谵妄中度过的。

　　《巴黎评论》：你一定和别的孩子相当不同。

　　桑塔格：是吗？但我也很擅长掩饰。我不太关心自己是个怎样的人，但我会高兴地去向往成为别的更好的人。同时我也想置身于别的地方。阅读本身营造了一种愉悦的、确凿的疏离感。多阅读、多听音乐是如今世人越来越不在乎的，却是我日常生活的一部分，而且正是我所追求的。我一度觉得自己来自别的星球，这个幻觉来自当时令我着迷的纯真漫画书。当然我无从知道别人怎么看我。实际上，我觉得别人完全不会想到我。我只记得四岁时在公园里，听到我的爱尔兰保姆告诉另一位穿着上过浆的白色制服的大人说："苏珊的弦绷得很紧，她非常敏感。"我当时想，这是个有意思的说法，对吧？

　　《巴黎评论》：跟我说说你的教育背景。

　　桑塔格：我上的都是公立学校，但一个比一个糟糕。不过我运气不错，在儿童心理学家的时代尚未来之前就开始上学了。因为既能读又能写，我立刻就被安排到三年级的班里，不久我又跳过了一个学期，所以从北好莱坞高中毕业时，我才十五岁。之后，我在加州大学伯克莱校区接受了一段很好的教育，然后又到了芝加哥大学所谓的赫钦斯学院读书。我的研究生是在哈佛和牛津读的，主修哲学。五十年代的大部分时间里，我都在读书，从我的每一位老师那里都学到了东西。但在我求学生涯中，最重要的则是芝加哥大学,不仅那里的老师们让我敬仰,我还尤其要感谢我的三位老师:肯尼思·伯克、理查德·麦克科恩和列奥·斯特劳斯,他们对我产生了重要的影响。

《巴黎评论》:伯克是一位怎样的老师?

桑塔格:他完全沉浸在自己那种引人入胜的展开文本的方式里。他差不多用了一年的时间,在课堂上逐字逐句地精读了康拉德的作品《胜利》,解读每一个形象。通过伯克,我学会了如何阅读。我现在依然按照他教我的方式进行阅读。他对我颇有些兴趣。在他成为我人文(三)课程的教师之前,我已读过不少他的作品。要知道,他当时尚未成名,也从未遇见过一位在高中时便已读过其作品的本科生。他给了我一本他的小说《为了更美好的生活》,然后向我讲述了二十年代初他与哈特·克莱恩和裘娜·伯纳斯在格林尼治村合租一个公寓的往事。你可以想见,这对我产生了怎样的影响。在我所拥有的作品的作者里,他是我第一个遇见的(除了十四岁时,我被拉去当观众,遁入了托马斯·曼的世界,我在我的小说《朝圣》里叙述了当时的情景)。当时在我看来,作家离我就像电影明星离我那般遥远。

《巴黎评论》:你十八岁便获得了芝加哥大学的文学学士学位。当时你有没有意识到自己将成为作家?

桑塔格:有,但我还是去了研究生院。我从来没想过自己能靠写作谋生。我是个知恩图报但又好勇善战的学生。我自以为会以教学为乐,不过也的确如此。我小心翼翼地做了充足的准备,当然不是教文学,而是教哲学和宗教史。

《巴黎评论》:不过你只在二十几岁的时候教过书,后来拒绝了要你返回大学教书的无数邀请。这是不是因为你逐渐感到学术生涯和创作生涯之间不能兼容?

桑塔格:比不能兼容更糟。我曾经目睹学术生涯如何毁掉我这一代最好的作家。

《巴黎评论》：你是否介意被称作为知识分子？

桑塔格：被扣上帽子以后，一个人总是会不高兴的。对我来说，与其说"知识分子"是个名词，倒不如说它是个形容词，这样更易理解。即便是这样，我仍旧觉得，人们把知识分子视为一群蛮狠的怪物，如果这个对象是女人就更糟了。这使我更坚定地抵制那些主流的反知识分子的陈词滥调，比如心灵与头脑之争，情感与理智之争等等。

《巴黎评论》：你是否把自己看作女权主义者？

桑塔格：这是少数几个我愿意接受的标签之一。尽管如此……这难道不是一个名词吗？对此我表示怀疑。

《巴黎评论》：哪些女性作家对你来说意义非凡？

桑塔格：有很多。清少纳言、奥斯丁、乔治·艾略特、迪金森、伍尔夫、茨维塔耶娃、阿赫玛托娃、伊丽莎白·毕肖普、伊丽莎白·哈德威克等等，当然还不止这些。因为从文化意义上讲，女性属于少数群体。当我把自己归为少数群体中的一员，我庆幸能看到这些女作家的成就；当我把自己归为作家中的一员，我庆幸能崇拜任何作家，女性作家的数量并不比男性作家少。

《巴黎评论》：在你的孩童时代，无论哪些怀揣文学使命的偶像启发了你，在我的印象中，成人以后，你对文学使命的看法似乎更偏欧洲化而非美国化。

桑塔格：我自己也不确定。我认为这是我的个人特色，但事实是，生活在二十世纪下半叶，我依旧能沉浸在自己的欧洲情结中而不放纵自己，同时又在欧洲度过我的大半部分人生。这就是我对美国式生活的诠释。正如格特鲁德·斯泰因所说，"如果你植根于一种文化，而又不能将它随时带在身边，那又有什么用？"别人也许会说，这是种典型的犹太式的说法，但它也是很典型的美国式想法。

《巴黎评论》：你的第三本小说《火山情人》，尽管其中的故事发生在十八世纪的欧洲，但在我看来非常美国化。

桑塔格：确实如此。除了一个美国人，没有其他人能写出《火山情人》。

《巴黎评论》：《火山情人》的副标题是"一部罗曼司"。这是一种对霍桑的引用，对吗？

桑塔格：正是。我当时在想，霍桑在《带七个尖角阁的房子》的序言里说，"当一个作家把自己的作品称为一部罗曼司时，很明显，他想要给自己的写作方法和素材都留一些空间，这让他不会觉得自己有权利宣称他正在写一部小说。"我的想象力很大程度上受到了十九世纪美国文学的影响，首先就是爱伦·坡。我在十几岁的时候就读过爱伦·坡，他那种将推理、幻想、阴森和完美结合在一起的能力使我着迷。爱伦·坡的故事至今在我脑海中盘旋。然后就是霍桑和梅尔维尔。我很喜欢梅尔维尔作品里的迷幻色彩，他的《克拉瑞尔》和《白鲸》。还有他的《皮埃尔》，这是又一部关于一个英雄式的孤独作家那可怕的挫败人生的小说。

《巴黎评论》：你的第一部作品《恩主》是部小说。从那以后，你开始写文论、游记、故事、剧本，然后又写了两部小说。你有没有哪次是一开始用某种文体写了点东西，然后中途把它们改换成另一种文体的？

桑塔格：没有过。我总是从一开始就知道，自己写出来的东西会是什么样子的。对我来说，每次写作的冲动都来自我对文体的构想。动笔之前我脑海中必须先有轮廓和结构。在这点上，纳博科夫说得更好："万事万物都是先有形再有实的。"

《巴黎评论》：你的写作有多顺畅？

桑塔格：《恩主》我写得很快，一点都不费力，我花了周末的时间在两个夏天之间完成了(我当时在哥伦比亚学院的宗教系教书)。我觉得我讲了一个愉快而又阴险的故事,它描绘了某个叫作"诺斯替教"的异教观念是如何交上好运的。早期的文章写得也很顺手。不过,根据我的经验,写得越多并不代表会越写越顺手,而是恰恰相反。

《巴黎评论》:你的写作一开始是如何下笔的?

桑塔格:我的下笔始于句子和短语,然后我知道有些东西开始发生转变。通常都是开篇的那一句,但有时,一开始我就知道结尾的那句会是什么样的。

《巴黎评论》:你实际上是怎么写的呢?

桑塔格:我用毡头墨水笔,有时用铅笔,在黄色或白色的标准横格纸上,像美国作家惯常的那样写作。我喜欢用笔写作时那种特有的缓慢之感。然后我把它们打出来,再在上面涂改。之后我再不断重打,有时在手稿上修改,有时则在打字机上直接修改,直到自己觉得已经写到最好为止。我一直用这种方式写作,直到五年前我有了电脑。现在,在第二或第三稿之后,我将它们输入电脑,然后我就不需要再重新输入整本原稿了。不过,在电脑上改完之后,我会继续手写修改。

《巴黎评论》:有没有任何别的东西帮你下笔?

桑塔格:阅读,不过通常它与我正在写或希望写的东西无关。我大量地阅读艺术史、建筑史、音乐学及主题各异的学术论著。当然还有诗歌。磨蹭也是准备开始的一部分,阅读和听音乐就是我的磨蹭方式。听音乐既让我精力更旺盛,同时也让我心神不定,让我对**不**写作产生愧疚感。

《巴黎评论》:你每天都写吗?

桑塔格:不,思路如泉涌时我才写。当压力在内部叠加,某些东西在意识里开始成熟,而我又有足够的信心将它们写下来时,我就不得不开始落笔。当写作真的有了进展，我就不干别的事了。我不出门，常常忘记吃东西，睡得也很少。这种非常缺乏规律的工作方式，使我不会多产。再者，我的兴趣太广泛。

《巴黎评论》：叶芝说过一句很有名的话："每个人都必须在生活和工作之间做出选择。"你是这样认为的吗？

桑塔格：实际上，他所说的是，一个人必须在完美的生活和完美的工作之间做出选择。写作**就是**一种生活，一种非常特殊的生活。当然，如果你说的生活是指与他人相处的那种，叶芝当然讲得对。写作要求大量的独处时间。我不是每时每刻都在写作，这样就可以减缓这种二选一的残酷无情。我喜欢出门，喜欢旅行。在旅途中我不能写作。我喜欢谈话，喜欢聆听，喜欢去看，去观察。我或许有一种"注意力过剩症"。对我而言，世上最易之事莫过于去关注。

《巴黎评论》：你是边写边改，还是整个写完之后才修改？

桑塔格：我边写边改。这是很愉快的事。我不会因此失去耐心，我愿意一遍又一遍地改动，直到能流畅地往下写为止。万事开头难。开始下笔时，总有恐惧和战栗的感觉伴随着我。尼采说过，开始写作就好像你心意已决，要跳入一个冰冷湖里。只有在写作进行到大约三分之一时，我才能知道它是不是够出色。此时我手里才真正有牌，可以玩上一手。

《巴黎评论》：写小说与写文论有什么不同？

桑塔格：写文论总是很费力，我常常几易其稿，改到最后简直面目全非了。有时在文论的写作中，我会完全改变初衷。从这个意义上讲，小说写起来要容易得多，因为初稿通常已经包括了最基本的东西，如：基调、词汇、节奏和激情。我的作品最终都在这些基本元素中结束。

《巴黎评论》：你有没有对所写的东西感到后悔过？

桑塔格：整体上说没有，除了六十年代中期我为《党派评论》写的两篇剧场纪事。不幸的是，它们还被收入了我的第一个文集《反对阐释》中。我不适合在那种充满火药味环境下，靠印象进行写作。显然，我也不赞同早期文论中的一些观点。我做出了改变，因此也了解得更多了。当时给予我写作灵感的文化大环境早已完全改变。所以现在再去改早期作品也没什么必要。尽管我愿意去修改我最初的两部小说。

《巴黎评论》：你在三十岁之前所完成的《恩主》里，用的是一位六十多岁的法国人的口气。你是否觉得拟造一个与你本身如此不同的角色很困难？

桑塔格：这比写我自己要容易。写作就是一个角色扮演的过程。就算我写了真正发生在我生活中的事件，如在《朝圣》和《中国旅行计划》中，其中所叙述的"我"，也不是真正的我。但我必须承认，在《恩主》中，这种区别被我尽可能地扩大了。我既不是个独居者，也不是隐士，不是男人，不是老人，更不是法国人。

《巴黎评论》：但《恩主》似乎受了不少法国文学的影响。

桑塔格：是吗？好像很多人都觉得它受了"新小说"的影响，对此我不同意。反而，我在小说里讽刺地影射了两部法语文学作品：笛卡尔的《沉思录》和伏尔泰的《老实人》，它们甚至算不上当代文学作品。但这算不上影响。如果真要说什么作品对《恩主》产生了影响的话，当属卡内斯·伯克的《为了更美好的生活》，不过我当时也完全没有意识到。最近我重读了伯克的小说（我十六岁时他给了我这本小说，后来我大概没有再读过），几十年后再次重读，我发现，在标题音乐般的序言中似乎有《恩主》的范型。小说似乎是由一系列的咏叹调和虚构的教化所组成的。伯克小说中那个搔首弄姿的主人公，有种自鸣得意的自恋，是个读者不会认同的人物，伯克却敢于将他称之为英雄。

《巴黎评论》：你的第二部小说《死亡匣子》与《恩主》相当不同。

桑塔格：《死亡匣子》对悲惨的主人公表示了一种认同。当时我一直处在哀伤的情绪里，无法走出越南战争的阴影，这本书就是在这样的背景下完成的。这是一本关于悲痛、哀悼和其他一切的书。

《巴黎评论》：你的作品里应该早就出现过这种情感了吧，你最早发表的一篇小说不就取名为《痛苦的人》吗？

桑塔格：那是一本少年读物。在《我，及其他》里，你就不会发现这种情感。

《巴黎评论》：你怎么会替《党派评论》撰写那两篇剧场纪事的？

桑塔格：要知道，当时的文学界是由所谓的小杂志组成的，很难想象吧，现在当然大不同了。我的文学使命感得于阅读《肯庸评论》《塞沃尼评论》《哈德逊评论》和《党派评论》等文学杂志，那是四十年代末我还在南加州念高中的时候。六十年代我初到纽约时，这些杂志仍然还在，但已进入了那个时代的尾声。我当然不了解这个情形。我最大的野心就是能在其中一本杂志上发表我的作品，能让五千人读到我的作品。对我而言，那就是天堂了。

搬到纽约不久后，我在一个晚会上碰到威廉·菲利普斯，我鼓起勇气过去问他："怎样才能为《党派评论》撰稿？"他答道："你到杂志社来，我给你需要写评论的书。"第二天我去了，他给了我一本小说。我对那小说并不感兴趣，不过还是写了一篇颇为得体的东西。书评不久便发表了，大门就这样向我敞开了。当时我有种不太恰当的错觉，即我会成为"新的玛丽·麦卡锡"，但我不想这样。每次菲利普斯要我写剧场纪事时，他总说得很直接："要知道，玛丽曾这样做过。"我告诉他我不想写戏剧评论，他不肯让步。在违背自己意愿的情况下（我完全不想成为新的玛丽·麦卡锡，这位作家对我来说一点都不重要），我确实写出了那两篇东西。我评论了阿瑟·米勒、詹姆斯·鲍德温和爱德华·阿尔比的剧作，试图用一种机智的方式来批评它们的糟糕。其实我也很讨厌自己这样做。所以写完第二篇后，我告诉菲利普斯，我没法再继续写了。

《巴黎评论》:但你还是继续写出了许多著名的文章,其中一部分发表在《党派评论》上。

桑塔格:但那些主题都是我自己选定的,我几乎不再为稿约动笔。我完全没兴趣写自己所不欣赏的东西。就算在我欣赏的作品里,我选择写的大部分都是被忽略的或相对来说鲜为人知的作品。我不是一个评论家,评论家与文论家不同。我把自己的文论看作是关乎文化的作品。写作是为其本身而写,而不是因为某些东西需要被书写才能成就。

我认为艺术的根本任务在于强化对立意识,这导致我创作出了相对古怪的作品。我一直非常欣赏莱昂内尔·特里林,因此也想当然地同意自由派关于文化的观点,即:文化有自己存而不废的位置,名著中的经典不可能被那些前卫或戏谑的作品所威胁。在我写作的这三十年来,趣味变得如此恶俗,以至于简单地捍卫严肃观点本身成了一种对立的举动。通过一种热情的、客观的方式来表现严肃或表示对某事的关切,对大部分人来说已成为不可理喻的事。大概只有那些出生在三十年代和少数的落伍者,能够理解以艺术反对艺术项目,或以艺术家反对明星是什么意思。你看到我对这个文化中粗野和残忍的真空已愤怒至极,可总是义愤填膺多让人厌烦啊。

《巴黎评论》:文学的目的在于教育是不是一种过时的想法?

桑塔格:文学确实教育了我们关于人生的种种。如果不是因为某些书的话,我不会成为今天的我,也不会有现在的理解力。此刻,我想到了十九世纪俄罗斯文学中的一个伟大命题:一个人应当怎样生活?一篇值得阅读的小说对心灵是一种教诲,它能扩大我们对人类可能性、人类的本性及世上所发生之事的感知,它也是灵性的创造者。

《巴黎评论》:写一篇文论和写一篇小说,是否出自你内心的不同方面?

桑塔格:是的。文论具有一种固定的形式。文学却很自由,可以自由地讲故事,随意地发挥。从小说的上下文来看,文论的自由发挥含义完全不同,它永远都是作者的声音。

《巴黎评论》:你似乎不再写文论了。

桑塔格:是的。我过去十五年里写的大部分文论,不是挽歌就是颂词。关于卡内蒂、罗兰·巴特和本雅明的评论,谈的是他们作品中我所感到的相近的因素和情感:卡内蒂对赞赏的膜拜和对残忍的憎恨;巴特特有的审美意识;本雅明的惆怅诗意。我很清楚他们作品中还有很多方面可以讨论,我却没有涉及。

《巴黎评论》:我可以看得出这些文论是一种经过掩饰的自画像。在早期的文章里你不也是这样做的吗? 包括在《反对阐释》中的某些部分?

桑塔格:我想这些东西都不可避免地互相联系。但在我最后的文论集《在土星的光环下》里还有一些其他的东西。在写论文时,我会有一种类似慢动作,无症状的神经衰弱。我力图将充斥于脑海中的感觉、观念和幻想统统塞进文论的形式中去。换句话说,文论这种形式能为我所用的地方也就到此为止了。也许关于本雅明、卡内蒂和巴特的文论是我的自画像,但同时也是真正的虚构小说。我在卡内蒂和本雅明的叙述文论中试图用一种有影响力的方式去表达的东西,现在通过我的火山情人——威廉·汉密尔顿,以一种虚构的形式得到了充分体现。

《巴黎评论》:以你的经验,写小说是不是创造或构思一个故事情节?

桑塔格:说来奇怪,故事情节似乎像一个礼物般完整地呈现在我的眼前。多么神奇。我所听到的、看到的和读到的东西使我联想起一个完整的故事的所有的具体细节,包括各种场景、人物、风景和灾祸。我和另一个人有个共同的朋友叫理查德,当我听到这个人叫出理查德少年时代的外号——"老爹"时,《死亡匣子》的故事就形成了。《火山情人》的灵感始于我有一次闲逛大英博物馆隔壁的版画店,无意间,我看到了一些火山的风景照,后来发现这些照片原来出自威廉·汉密尔顿爵士[1]所写的《卡毕·菲拉格累》[2]。我的新小说的灵感,来自我所阅读的卡夫卡日记中的某些部分。在这本我最爱的书里,有一段大概是关于梦境的话,我以前肯定不止一次地读到过它。这次重读,整个小说的故事像一部早先看过的电影似的闪现于我的脑海中。

《巴黎评论》:整个故事?

桑塔格:是的,整个故事的情节。但故事所能承载和发展出来的东西,是我在写作过程中发现的。如果说,《火山情人》从一个跳蚤市场开始,在爱勒纳拉的死后独白中结束,这并不意味着我从一开始动笔就知道这段旅程中的每一个意蕴:从一幅以讽刺手法描绘一个四处搜宝的收藏家的粗糙插图画,到读者所感受到的爱勒纳拉对整个故事广角镜般的道德视角。在爱勒纳拉谴责小说主角的地方结束,小说出发点中所蕴含的一切已被推展到了极致。

《巴黎评论》:在一九六四年问世的名作《坎普札记》[3]的开篇,你写到你的态度是一种"带有嫌恶的深刻同情"。这种对坎普文化、摄影、叙事等既肯定又否定的态度于你而言似乎很典型。

桑塔格:这不是说我喜欢或不喜欢一个东西,这种定论太简单了。它也不是如你所说那种"既是也非",而是"既为此也为彼"。我乐意在强烈的情感和反应中来解决问题。我无论看到什么,总会不断产生一些想法,而且能看到一些其他东西。无论我说了什么,对什么事物做出了判断,我总能很快

---

[1] 十八世纪英国驻意大利那不勒斯西班牙宫廷特使。

[2] 书中描绘维苏威火山的爆发。卡毕·菲拉格累(Campi Phlegraei),原指那不勒斯周围的土地,意为"燃烧的土地"。

[3] 坎普是二十世纪五六十年代出现在美国的一种文化现象,是对非自然之物的热爱。坎普一族便是那些对生活细节极其讲究、追求物质生活与精神生活的铺张的人。

看出它们的局限性。亨利·詹姆斯有一句精彩的评论："我对任何事物都没有最后的定论。"总有更多东西等着我们去说、去感受。

《巴黎评论》：我想很多人会认为，你把理论化的意图带进了虚构小说之中，因为即使你不是小说作家，至少也是一名读者。

桑塔格：实际上我没有。我不必对所读的东西在意，也无需为之触动。我无法关心一本对智慧工程毫无建树的书。对富于想象的散文风格，我可是一个吞噬者。说得简单一点，我对散文的要求是诗人般的风格。我最欣赏的作家都是正值青春的诗人，或是可能成为诗人的人。这里面可没什么理论。事实上，我的品位是压抑不住地包罗万象的。我不会去操心别人会不会对我喜欢德莱塞的《珍妮姑娘》、琼·狄迪恩的《民主》、格兰威·威斯考特的《朝圣之鹰》和唐纳德·巴塞尔姆的《死去的父亲》加以干预。

《巴黎评论》：你提到了几位你所欣赏的当代作家，你是否觉得你受到了他们的影响？

桑塔格：每当我口口声声说谁影响了我，我都无法知道我所说的是否属实。这样说吧：我从唐纳德·巴塞尔姆那里学到了许多标点法和速度；从伊丽莎白·哈德威克那里学到了形容词和句子的节奏感；我不知道自己有没有从纳博科夫和托马斯·伯恩哈德那里学到东西，但他们无与伦比的作品帮助了我，使我对自己及自己的写作标准保持了应有的严谨。还有戈达尔，他培养了我的感性，因而也不可避免地对我的写作提供了最多的养料。作为一名作家，我也从斯纳贝尔演奏贝多芬、格伦·古尔德演奏巴赫和内田光子演奏莫扎特的方法中学到了一些东西。

《巴黎评论》：你是否会阅读自己著作的书评？

桑塔格：不会，就算别人告诉我，那些是完全赞许的评论，我也不会去读。所有的书评都让我不快。不过一些朋友会就作品的好坏表达他们的看法。

《巴黎评论》：在《死亡匣子》之后，你有好几年都没有写东西。

桑塔格：自一九六四年起，当反战还不能被称为一场运动的时候，我就积极参与到反战之中了。它占据了我越来越多的时间，我变得很沮丧。我一边等待，一边读书。我住在欧洲，后来爱上了某人。我的鉴赏力有所提高，还自己制作了几部片子。但在如何写作方面，我却产生了信心危机。因为我一直认为书是我们的必需品，我的书应当一本比一本写得好。这种标准看起来像是对自己的惩治，我一直对它信守如一。

《巴黎评论》：你怎么会想到写《论摄影》这本文集的？

桑塔格：一九七二年年初，我与《纽约书评》的创始人之一芭芭拉·爱泼斯坦共进午餐，随后我们去了现代艺术博物馆看黛安·阿勃斯的摄影作品展。其实她的作品我不久前才看过。芭芭拉问我："不如你来写一篇影展评论？"我觉得自己大概能写。开始动笔写的时候，我觉得应该先大概写几段有关摄影的东西，再来讨论阿勃斯的作品。但没想到，一下笔就产生了远远超出几段话的内容，而且越写越不能自拔，文章也从一篇变成了几篇。在这个过程中，我常感到自己像一个命运多舛的巫师的学徒。我越来越觉得难以写下去，换句话说是越来越不容易写得好。但我很执著，觉得既然作了承诺，就不能放弃。写到第三篇文章的时候，我才设法将论题转到阿勃斯和她的影展上来。我花了五年的时间，写了六篇文章，才完成了《论摄影》这本书。

《巴黎评论》：不过你告诉我，你后来的《疾病的隐喻》却写得很快。

桑塔格：因为它短得多。这篇长文的篇幅相当于一部纪实中篇小说。写此文时，我正是一个癌症患者，医生认为我情形不妙。生病使我变得专心致志，也给了我精力去思考，我认识到我正在写一本对其他癌症患者和他们的亲人都有益的书。

《巴黎评论》：一直以来，你都在写故事……

桑塔格：一写起小说来，我的速度就非常快。

《巴黎评论》：写完《火山情人》，你就着手写另外的小说了。那是否意味着你越来越有兴趣写篇幅更长，而不是更短的小说？

桑塔格：是的，我对自己写的有些小说很喜欢，如一九八七年写的短篇小说集《我，及其他》中的《心问》《没有向导的旅行》和《我们现在的生活方式》。不过我越来越被复调叙事这一方式所吸引，它需要更长的行文。

《巴黎评论》：你花了多长时间写《火山情人》？

桑塔格：从第一稿的第一句话到最后结尾，一共花了两年半的时间。对我而言，这已经很快了。

《巴黎评论》：你当时在哪儿？

桑塔格：一九八九年九月我在柏林开始创作《火山情人》。我是到了该地之后才慢慢想到，自己到了一个既与世隔绝，又是中欧自由精神所在的地方。尽管在达到柏林两个月之后，我对它的印象完全改观了，但于我有益的方面尚在：我既不在纽约的寓所，没有书籍的陪伴，也不要写有关柏林的东西。这样一种双重距离感对我的写作很有帮助。

《火山情人》前半部写于柏林，完成于一九八九年下半年到一九九〇年底之间，后半部完成于我在纽约的寓所。但其中有两个章节写于米兰的旅店（那是一次为期两周的越轨行为），一章写于纽约的五月花酒店。在这章里有威廉·汉密尔顿临终时的内心独白，我觉得我必须要在完全隔绝的状态下一口气将它完成。我知道我用三天就可以将它完成，当时我也不知道自己为何会有这种预感。所以我离开家，带着我的打字机、标准横格纸和毡头墨水笔，住进了五月花酒店，每顿餐都点熏肉、生菜、番茄三明治吃，直到写完这章。

《巴黎评论》：你是否按照顺序来写小说？

桑塔格：是的。我一章一章地写，这一章不完稿我就不会开始写下一章。一开始，这种写法令我感到十分沮丧，因为从一开始下笔我就知道，我要这些角色在结尾的独白里所说的话。但我害怕的是，如果我过早写下结尾，可能就没办法回到小说的中间部分。我也担心等我写到结尾部分时，会忘记当初的某些想法或者不能再体会到一些感受。第一章大概有十四张打字纸的篇幅，花了我四个月的写作时间。最后五章大约有一百页的篇幅，才花了我两个星期。

《巴黎评论》：你在开始写作之前，书的内容有多少已在你心中成形？

桑塔格：一般先有书名。除非我已经想好了书名，否则我无法开展写作。我有了献辞，我知道这本书将献给我的儿子，我有了"女人皆如此"的题词。当然我也有了故事的概貌和书的跨度。最有帮助的是，我对结构也有了很棒的想法。这个结构来自于一部我很熟悉的音乐作品：保罗·辛德米特的《四种气质》，它是我百看不厌的巴兰钦最精彩的芭蕾舞剧之一的配乐。辛德米特的音乐以三重序幕开场，每个序曲都很短，接着是四个乐章：忧郁、活泼、冷静、火爆，就按照这个顺序。我知道我也将有三个序幕，然后以四个部分来对应那四种气质。当然我不会繁复到真的将我的一至四章也以"忧郁"或"活泼"等来冠名。我已经知道所有这一切，加上小说结尾的最后一句话"让他们都见鬼去"。当然，我还不知道这句话将由谁来说出。在某种意义上，整个这部作品的任务主要在于写出一些东西来，使得最后这句话可以自圆其说。

《巴黎评论》：似乎在开始写之前，你已经知道了很多。

桑塔格：是的，尽管知道了这么多，但我仍然不清楚该如何呈现所有这些。于是我开始思索，《火山情人》这个故事应当属于主人公威廉·汉密尔顿，这位火山的情人，在书中我把他称为"那个骑士"。他是主角，整个小说以他为中心。诚如各位所知的那样，我以牺牲第二位太太的故事为代价，来展开描写汉密尔顿的第一任太太凯瑟琳的内敛性格。我知道凯瑟琳的故事，她和尼尔森的关系必须在小说里呈现，但我希望将之置于背景中来交代。三重序幕和第一部分，其忧郁（我们或称其为沮丧）的主旋律的各种变奏：收藏家的忧郁，那种从忧郁中升华出来的狂喜，都按照我的计划进行着。第一部分一直围绕着主角威廉·汉密尔顿，但我开始写第二部分时，爱玛就占据了主导地位。爱玛生性活泼，从精力充沛、活力四射到为那不勒斯革命抛洒鲜血的过程，是一个血的主题变奏。这一点使得小说转入到更强烈的叙事方式和对正义、战争和残酷的探讨之中（小说的章节也由此变得越来越长）。由第三人称所作的主要叙述就此完成，小说的其余部分由第一人称继续进行叙述。第三部分非常短：主人公威廉·汉密尔顿精神错乱，"冷静"的主题通过文字的方式，演绎了他的死亡，其过程完全如我想象。接着，我又回到了以主角威廉·汉密尔顿为轴心的第一部分。我在写第四部分的独白——"火爆"时，发现了许多意想不到的东西：女人，愤怒的女人，从冥界发出声音。

《巴黎评论》：为什么在死后的冥界？

桑塔格：这是一个我另外补充的虚构。这个虚构使她们满怀坚定、衷心和伤心而说出的真实看似更加合理。它相当于我的一段未经调和的、直表痛悔的歌剧咏叹调。让我的每一个人物都以描述自己的死亡来结束自己的独白，这样的挑战我怎么能抗拒呢？

《巴黎评论》：这些人是不是都非得是女性？

桑塔格：那是肯定的。我一直知道这本书将以女性的声音来结束，书中的一些女性角色的声音，她们最终都会有自己的话语权。

《巴黎评论》：你是借此来表述女性的观点。

桑塔格：当然，这是因为你假定世上确实存在着女人或女性的观点，但我没有。你的问题提醒了我。从文化构建角度来看，无论世上有多少女性，她们总被认为是少数群体。正因为女性被视为少数群体,所以我们将女人只会有单一的观点这个论断强加在她们身上。"上帝啊,女人想要什么?"等等,就是一个实例。如果我的小说通过四个男人的话语来结束,就不会有人觉得我提出了男性的观点,这四种话语之间的不同将会过于显著。这些女性角色性格各异,正如我可能选择的四个男性角色一样。她们每个人都以自己的观点重述了一遍已为读者所知的故事(或部分的故事),每个人都想说出真相。

《巴黎评论》:她们有没有任何相同之处?

桑塔格:当然。她们都以不同的方式知道,这个世界被男人所操控。所以,对于那些触及她们生活的重大事件,她们代表了被剥夺话语权的弱势群体的声音。但她们也不止于对重大事件发表意见。

《巴黎评论》:你知道这些女性将是什么样的人?

桑塔格:我很快就知道,最初三段冥界独白将分别出自凯瑟琳、爱玛的母亲和爱玛之口。不过当时我已经写到第二部分的中间,第六章,正在专心致志地写一七九九年的那不勒斯革命。在这章快要结束的时候,小说进入高潮,爱勒纳拉·芳斯卡·皮明特尔[①]短暂露面,借此我找到了第四位也是最后一位独白者。找到她之后,我终于明白,我尚未动笔之前就在脑海里听到的最后一句话的玄机,只有她有权将它道出。她生活中的那些公事和私事,还有她骇人的死亡都与历史进程相伴随,唯有她的处世原则和她的道德热忱是小说家所进行的创作。如果对《恩主》或《死亡匣子》中的人物,我怀的是同情,那对《火山情人》中的角色,则是爱(为了在《火山情人》中塑造一个我不喜欢的人物,我不得不从戏剧舞台中借用了一个反派人物:斯卡皮尔)。我可以接受人物在最终,即小说的结尾处开始渐渐淡出。在写整个第二部分第六章时,我想的都是电影语言。记得六十年代初的法国电影常用

---

① 爱勒纳拉·芳斯卡·皮明特尔:十八世纪意大利诗人兼革命家。

这种方式结束:长镜头慢慢拉回,人物朝屏幕的深处越退越远,随着字幕开始滚动,他们越变越小。在爱勒纳拉·芳斯卡·皮明特尔所提供的道德广角镜下,尼尔森、威廉·汉密尔顿和爱玛应当被爱勒纳拉用最严厉的方式加以审视。尽管他们的结局都很糟糕,但生前却享尽特权。除了可怜的爱玛之外,他们仍然是赢家,就算是爱玛,也有过一段得意的好时光。所以最后的话只能由一个受害者代言人来说出。

《巴黎评论》:那里面有那么多的声音,有主线故事和旁线故事。

桑塔格:直到八十年代的后期,我在小说作品中,总是用一种内在的单一意识来叙事,像是用《恩主》中的第一人称,或《死亡匣子》中名义上的第三人称来表现。但写到《火山情人》时,我已无法再允许自己只说一个故事,哪怕是真实的故事,我想让它成为某个人物意识所主导的一场冒险。关键是这个结构形式,我从辛德米特的作曲里借用了这一结构。我一直有个念头,我的第三部小说应该取名为《剖析忧郁》。但我一直抗拒这个念头,因为我不要写一般的虚构作品,而是要写长篇小说,尽管那个小说故事还未在我脑海中成形。现在我已清楚地知道,我并不是真的想写它。一本在这样一个书名庇佑下写的书,等于是换一种方式说出《在土星的光环下》里的内容。我的大部分作品表达的都是人类最古老气质之一——忧郁。现在我不想只写忧郁了。这种音乐的结构,以及它随意的顺序,解放了我。现在我可以写全部的四种气质了。

《火山情人》向我打开了一扇门,入口处也越加宽阔。为了得到更多机会和表现力,这场斗争很了不起,不是吗? 这里我要引用英国诗人菲利普·拉金的一句话:"创作小说与你真正想要的写的东西常常相去甚远。"不过我觉得我越写越接近了。

《巴黎评论》:似乎你的一些想写文论的冲动也成了小说形式上的一部分。

桑塔格:如果你把《火山情人》中有关收藏的片段串起来,会得到一篇不连贯但充满警句、能够自圆其说的文论。但与欧洲小说的核心传统相比,《火山情人》中文论式的思索程度似乎相当有限。想想巴尔扎克、托尔斯泰和普鲁斯特,他们一页接着一页所发的长篇大论也可以被摘抄出来编辑成散文集。或者看看《魔山》,它可能是所有小说中最富思想的作品。但是思索、沉思和直接对读者进行演讲,完全是小说的天然形式。小说是一艘大船。不是因为我能通过这艘船打捞出我身体里那个被流放的文论家,而是我身上作为小说家(文论家只是它的一个部分)的潜质,最终将通过写小说得以实现。

《巴黎评论》:你是否要做很多的研究?

桑塔格:你是指阅读吗?是的,我会做一些阅读。作为一个自己脱下学者制服的人,我发现写一部根植于以往的小说是令人愉快的。

《巴黎评论》:为什么要把小说的场景设定在过去?

桑塔格:为了摆脱与感觉相关的限制,比如我的现代意识,我对如今我们生活、感受和思想的方式是如何日益退化、变得一文不值的意识。过去高于现在。当然,现在就是当下,总会存在。在《火山情人》中,叙事的声调是属于二十世纪晚期的,是由二十世纪晚期的各种关注所引发的。我从来不会想到去写“你就在那里”类型的历史小说,即便我能将小说中的历史内涵写得既紧凑又准确,进而受到赞扬,甚至还能感受到更大的空间感。我正在写一本小说《在美国》,决定再给自己一次在往事中嬉戏的机会,但我没有把握这次是否还能有一样的效果。

《巴黎评论》:《在美国》的时间背景设定在什么时候?

桑塔格:从十九世纪七十年代中期一直到十九世纪末。像《火山情人》一样,它也是根据真实故事而写成的——一个显赫的波兰女演员带着其随行人员离开波兰到南加州建立了一个乌托邦社区。我的主角们的人生态度是属于维多利亚时代的,于我而言是一种妙不可言的异国情调。但他们所到的美国却没有这种异国情调,尽管我当时想,将一本书的背景设定在十九世纪末的美国,读者应该会感受到置身于十八世纪末的意大利那不勒斯和英国伦敦一样的疏离感。但并非如此。我们国家的文化态度存在着一种惊人的连续性。使我不断惊讶的是,托克维尔在十九世纪三十年代初所观察到的美国,与二十世纪末的美国,尽管在人口和人种的构成上已全然不同,但在许多其他方面依然一致。就好像,你更换了刀片和刀把,但刀仍然是原来的那一把。

《巴黎评论》:你的戏剧《床上的爱丽丝》,写的也是十九世纪末的感觉。

桑塔格:是的,爱丽丝·詹姆斯加上十九世纪最有名的,刘易斯·卡洛尔笔下的《爱丽丝梦游仙境》里的爱丽丝。我当时正在意大利执导皮兰德娄的戏《当你想要我》,一天在戏中演主角阿德里亚娜·阿斯蒂用一种开玩笑的口气问我:"我能否斗胆请你为我写一出戏,记住,我必须一直在舞台上。"随后,爱丽丝·詹姆斯作为一名失意作家和长期病患的形象进入了我的脑海。我在现场编出了剧情,并告诉了阿德里亚娜。但把它真正写出来却是十年之后的事了。

《巴黎评论》:你会写更多的剧本吗? 你一直在参与剧场的事。

桑塔格:是的,我能听到各种声音,这就是我为什么喜欢写剧本的原因。我的大部分时间都在戏剧艺术家的世界中度过。在我非常小的时候,只有通过表演,我才知道怎样置身于舞台上所发生的剧情之中。从十岁起,我就开始在社区剧场(在亚利桑那州的图森)排演的百老汇剧里扮演一些小孩的角色;在芝加哥大学的学生剧场里,我也是个活跃分子,演索福克勒斯和莎士比亚的戏剧;二十岁出头的时候,我去演了一些夏季剧目。后来我便停止了。我更愿意导演戏剧(尽管可以不是自己的作品),或制作电影(我希望能做出比我在二十世纪七十年代至八十年代早期在瑞典、以色列和意大利自编自导的四部电影更好的作品)。我还没有导过歌剧。实际上我十分倾心于歌剧,这种艺术形式总能毫无悬念地让人心醉神迷(至少对歌剧迷来说是如此)。歌剧也是我创作《火山情人》的灵感来源之一,歌剧的故事情节和其中的情感都给了我启发。

《巴黎评论》:文学会让人迷狂吗?

桑塔格:当然,但不如音乐或舞蹈那般可靠。文学使人痴狂更多地表现在思想上。一个人要以严格的标准来选书。一本值得一读的书的定义是:我只想读那些我觉得值得再读一遍的内容。

《巴黎评论》:那你会回过去重读自己的作品吗?

桑塔格:除了核对译文以外,我肯定不会重读,绝对不会。对已经成形的作品,我既不好奇,也不依恋。另外,大概是因为我不想见到它们还是原来的样子。也许我总是不愿意去重读十多年以前自己写的作品,因为我怕它们会毁掉我在写作上不断有新起点的幻觉。这是我身上最美国化的地方,我总觉得下一部作品是一个崭新的开始。

《巴黎评论》:你的作品总是各有特色。

桑塔格:作品应当具有多样性。当然,其中也应存在某些气质和令人全神贯注的东西的统一:某些困境,某些诸如热情或忧郁的情感的再现,以及对人性中的残忍所抱的执著关注,无论这种残忍表现在个人关系里还是在战争中。

《巴黎评论》:你是否认为你最好的作品尚未问世?

桑塔格:我希望是,也许……是的。

《巴黎评论》:你会考虑你的读者的感受吗?

桑塔格:我不敢,也不想。但无论如何,我写作不是因为世上有读者,我写作是因为世上有文学。

(原载《巴黎评论》第一百三十七期,一九九五年冬季号)

伊恩·麦克尤恩

◎ 冯　涛/译

跟伊恩·麦克尤恩早年的成功相伴同行的还有一项耸人听闻的声誉：人人都说他的作品既变态又黑暗。事实上，他最早的作品——两部短篇小说集《最初的爱情，最后的仪式》(1975)、《床笫之间》(1978)和两部小长篇《水泥花园》(1978)、《只爱陌生人》(1981)——也确实包含众多栩栩如生的场景，令人毛骨悚然、痛苦难堪，有不少还牵扯到未成年的孩子。这些作品为他在英国出版界赢得了"恐怖伊恩"的绰号。

身为作家，一旦被贴上了标签，再想摆脱殊非易事。麦克尤恩接下来的四部长篇：《时间中的孩子》(1987)、《无辜者》(1990)、《黑犬》(1992)和《爱无可忍》(1997)，跟早期的几部作品相比都更有野心，也更有深度——而且同样栩栩如生。可是大家津津乐道的仍旧分别是一个被劫持的孩子、一具被肢解的尸体、一对骇人的犬齿和一次恐怖的热气球事故。不过这些耸人听闻的因素，使这些令人震惊的插曲为人所津津乐道的惊人的文笔，却不该遮蔽这样一个事实：在麦克尤恩的创作生涯中这已经是个全新的、更加成熟的阶段。而《阿姆斯特丹》(1998)这部讽刺的锋芒所向披靡的黑色喜剧作品，却又标志着作家再一次转向：我们面对的是麦克尤恩的一部"游戏笔墨"的好玩作品，他标志性的耸人听闻的情节全副阙如。《阿姆斯特丹》得了布克奖，由此也为他下一部长篇《赎罪》(2001)在商业和口碑上的巨大成功铺平了道路。而《赎罪》不但是麦克尤恩最好的作品，同时也是小说家能够不断超越自己的明证。它既不缺少《黑犬》或是《爱无可忍》式的理念色彩，又不乏《阿姆斯特丹》中敏锐的社会意识，既不乏《只爱陌生人》中包含的危险的

The loudspeakers seemed about to overwhelm (constants) the sickly yellow light. She felt looser than now, and safer down here.
She stood still and let herself be carried in

It was almost conciliatory, that 'just', but not quite, not yet// She said, "Of

course," and then turned and walked away, conscious of them watching her as she

entered the ticket hall and crossed it. She paid for her fare to Charing Cross. When
When she reached the barrier she looked back and they had gone.
she looked back, just as she reached the barrier, they had gone.

She showed her ticket and went through into the dirty yellow light, to the head of

the clanking, creaking escalator and it began to carry her down, against the man- into

made breeze rising from the blackness, the breath of a million Londoners cooling
Was this sudden disappointment.
her face and tugging at her cape. Was it disappointment she felt? She had hardly
grateful that many without hear.
But coming
expected to be forgiven. But coming away from Robbie and her sister, sh   lt she

missed them already. Those emotional moments in the narrow room, however

frightening and dreadful, had bound them What she felt was like homesickness, but
So
there was no source for it, no home. Then it was her sister she missed, - or more
under the city
precisely, she missed her sister with Robbie. Their love. It was alive. Neither she
nor the war had destroyed it. This would have to be her comfort now. How Cecilia

had drawn him with her eyes. That tenderness in her voice when she called him

back from Dunkirk or wherever he had gone. She used to speak like that to Bryony

sometimes, when she was a child and things went impossibly wrong, and Emily was

lost to the darkness of her bedroom.

《赎罪》手稿中的一页

暴力,同时还兼具《水泥花园》式的性感——而且《赎罪》将这些风格迥异的元素完美地熔铸为一体。

麦克尤恩还写了一本成人和儿童都很喜欢的作品《梦想家彼得》(1994);还创作了几个电影剧本,包括《农夫的午餐》(1985)以及几个电视剧本。他不写作的时候喜欢徒步远足。

麦克尤恩体型纤瘦,相貌英俊,行事谨慎,作风严谨,好学深思却并不神经过敏(对一个作家而言),住在牛津一个高尚社区的一幢纤尘不染的乔治王风格的联排住宅中。他的妻子安娜莱娜·麦克阿菲是一位著名的报纸编辑。

本次访问起始于一九九六年的一天,当时麦克尤恩得了重感冒(我们谈话的录音不时被雷鸣般擤鼻涕的声音打断)。嗣后每逢麦克尤恩完成了一部新作我们都碰一次头——每次我们都以为采访已经完成了。我们最后一次谈话是在二〇〇一年冬,当时《赎罪》正高踞英国畅销书排行榜,几个月后在美国又受到热烈追捧。

——亚当·贝格利,二〇〇二年

《巴黎评论》:在你的第三部长篇《时间中的孩子》中,我们认识了叙述者的父母,我怀疑跟你的父母应该很像。有多像?

伊恩·麦克尤恩:相当接近了,虽说有一定程度的理想化。我父母之间的关系很紧张,他们都懒得去遮掩了,在两人都健在的时候很难去写他们。我一九四八年出生在奥尔德肖特的边境地带,一个相当丑陋的维多利亚式的驻防小镇。我父亲当时是个准尉副官。他是格拉斯哥人,在一九三三年瞒了年龄参的军,为的是逃避克莱德流域的失业大潮。

他在《赎罪》里露了一小脸。一九四〇年他是个骑着摩托传送战报的通讯员,两条腿受了伤。他跟一个双臂受伤的战士搭伴骑一辆摩托。他们在前往敦刻尔克的路上赶过了罗比。

大卫·麦克尤恩英俊非凡,腰杆儿笔挺,有种逼人的危险神情。他滥饮无度,让人望而生畏。他对传统军队生活中的军容军纪一丝不苟、坚信不疑,同时他在我大起来的时候又很崇拜我。不过我最早的记忆却是平日里跟我母亲一起度过的田园牧歌生活在周末就会被我父亲喧闹的出现破坏无遗,我们那幢逼仄的预制构件平房里到处都是他的烟味。他没多少跟小孩子打交道的天赋。他是个喜欢小酒馆和军队食堂的大兵。我跟我母亲都挺怕他。她在奥尔德肖特附近一个小乡村里长大,十四岁离开学校去做打扫房间的女服务员。后来在一家商店工作。不过她这一生当中大部分时间是个家庭妇女,拥有她那一代女性所特有的对于整洁和家庭观念的极度热情。

《巴黎评论》:《时间中的孩子》里有一个母亲哭泣的场景。我们不知道到底发生了什么事——只是模糊地觉得有点不对头。

麦克尤恩:我父亲的滥饮经常是个问题。还有很多问题都从来没有摆到桌面上。他对于情感不是特别敏感,也不善于表达。不过他对我倒真是非常疼爱。我通过考试后他非常自豪——我是全家第一个有机会接受高等教育的人。

《巴黎评论》:你是个什么样的孩子?

麦克尤恩:安静,苍白,喜欢梦想,非常依恋我母亲,害羞,在班里也就中等。《梦想家彼得》中的小男孩就有些我的影子。我是那种非常内向的小孩,从不在大庭广众之下大声说出自己的想法。我更喜欢跟几个密友相处。

《巴黎评论》:你很早就开始阅读了?

麦克尤恩:我父母都很想让我接受他们从来无缘接受的教育。他们虽说不能引导我去阅读特定的图书,却一直鼓励我多读书,我也确实是这么做的,抓到什么就读什么,读得非常热切。十岁出头在寄宿学校的时候什么书都读。十三岁开始读艾丽丝·默多克、约翰·马斯特斯、尼古拉斯·蒙萨拉特和约翰·斯坦贝克。L. P. 哈特利的《中间人》曾给我留下极为深刻的印象。我也读通俗的科学读物——出于快感读阿西莫夫，出于头脑的需要读"企鹅专题丛书"，诸如此类。我曾认真考虑过是否选择理科。我十六岁那年，开始受到一位非常出色的英语老师尼尔·克莱顿的影响，是他鼓励我们广泛地阅读，而且他有本事能让赫伯特、斯威夫特和柯勒律治这样的作家都像生活在当下一样。我曾经将艾略特的《荒原》当作有韵律的爵士时代诗歌一样感同身受。克莱顿算得是个利维斯主义者①。我开始将文学认作一种圣职，总有一天我会去接掌。

后来我进入苏塞克斯大学就读。这是一所新成立的大学，学校对于一个受过教育的人士应该是什么样子具有一种活泼而又激进的认识。学校鼓励学生在一种历史的语境下跨学科地广泛阅读。最后那年对卡夫卡和弗洛伊德的阅读使我永志难忘。

《巴黎评论》：你上大学是想学什么？你在大学里又有什么变化？

麦克尤恩：第一年完事以后我就把什么圣职的念头给放弃了。当时我不过是觉得自己在接受教育。不过，我开始对写作充满激情。也正像通常的情况一样，我在还没有任何清楚想法的情况下已经决心要当个作家了。毕业后，我发现东英吉利大学开了个新课程，可以让我一边进行学术研究一边写小说。我给那所大学打了个电话，竟然直接给接通了马尔科姆·布拉德伯利。他说，哦，小说的那部分已经给取消了，因为没有人申请。这是我们头一年开这个课。我说，噢，那要是我申请呢？他说，来一趟跟我们谈谈，我们再看。

那可真是天上掉下个大馅饼来。那一年——一九七○年——改变了我的整个人生。我每三周或四周写一个短篇小说，然后跟马尔科姆在诺维奇

---

① 特指英国文学评论家利维斯的追随者。利维斯（1895—1978）是英国文学批评的重镇，长期在剑桥大学教授英国文学，主要论著有《英国诗歌的新方向》《伟大的传统》等。

的一家酒馆里谈上半个钟头。后来我还在那儿认识了安格斯·威尔逊。他们俩总是持鼓励的态度，不过他们根本不会进行任何干预，也不提任何具体的建议。这对我来说再合适不过了。与此同时，我还得写关于巴勒斯、梅勒、卡波蒂、厄普代克、罗斯、贝娄的论文——他们对我简直是莫大的启示。当时的美国小说跟英国小说相比显得是那么生气勃勃。如此的雄心和力量，还有几乎毫不遮掩的狂热。我试图按我的方式小规模地回应这种疯狂的特质，以回击依我看来英国文学在风格和主题两方面的灰蒙蒙一片。我寻求极端的情境、疯狂的叙述者，寻求猥亵和震骇——并力图把这些因素以细致或者说训练有素的文体出之。《最初的爱情，最后的仪式》的大部分作品都是那一年写的。

《巴黎评论》：这些短篇小说又是如何从酒馆走向出版的？

麦克尤恩：《大西洋两岸评论》在一九七一年发表了我的第一个短篇。不过到目前为止，在我写作事业刚刚起步阶段最重要的编辑，也是最先认真对待我的编辑还得说是《新美国评论》的泰德·索洛塔洛夫。他从一九七二年开始刊登我的短篇小说，是位极有帮助、极有见地的编辑。他的《评论》是季刊，以平装书的形式每期都刊载我从没听说过的作家的创作精品。我认为他算得上美国文坛的关键性人物。我真亏欠他良多。一位作家初登文坛，因为作品发表所感受到的那种陶醉和激动是永远无法复制的。索洛塔洛夫曾将我的名字与君特·格拉斯、苏珊·桑塔格和菲利普·罗斯并排印在《评论》的封面上。我当时二十三岁，觉得自己简直就像个冒牌货，不过同时也兴奋莫名。大约也就这个时候，我跟两位美国朋友踏上了我们的嬉皮之旅。我们在阿姆斯特丹买了辆大众牌的巴士，开着它去了喀布尔和巴基斯坦。旅途中我经常梦到重又回到了宁静如昔的灰色天空下，写我的小说。六个月之后，我已经迫不及待地想拿起笔来工作了。我回来以后不久，乔纳森·凯普出版社的汤姆·麦奇勒表示愿意给我出一本短篇小说集。一九七四年我从诺维奇搬到伦敦。伊恩·汉密尔顿的《新评论》也大约正是在那个时候创刊的。他二〇〇一年十二月逝世，我们所有认识他的朋友至今仍伤悼不已。这本杂志也自成一个小生态环境——非正式的办公室就是希腊街上的赫拉克勒斯石柱酒吧。伊恩就在那里主持他那个活泼、混乱、纵酒喧闹的小朝廷。我在那里认识的很多作家都成了我的终身挚友，从那以后我就一直密切关注他们的作品——詹姆斯·芬顿、克里格·雷恩、克里斯托弗·里德。我结识马丁·艾米斯和朱利安·巴恩斯就是在那个时候，当时朱利安正在以爱德华·皮伊格的笔名为《新评论》写一个专栏。我们大家都正值出版各自第一本书的时候。对我来说那可真是个快乐的入口——就好像一只文学上的乡下耗子一下子进入了对新来者敞开大门的文学大都会。

《巴黎评论》:《家庭制造》是你第一部小说集中的第一个短篇——写的就是十几岁的叙述者哄骗他的小妹妹血亲乱伦的故事。

麦克尤恩:那本意是对亨利·米勒式叙述者的一次戏仿:米勒的叙述者对于性爱的吹嘘从每个句子贯穿至每个段落乃至于全篇。这同时也是对罗斯笔下波特诺伊所代表的那个方向的致敬。

《巴黎评论》:《家庭制造》已经托出了几个你一直钟爱的主题——性交、乱伦、手淫。被掠夺的童贞。对这样极端的文坛亮相你曾有过懊悔吗?

麦克尤恩:当时觉得很好玩。现在则偶尔还会受到它的干扰，那种所谓的"恐怖伊恩"的东西。有时候我想我可能永远都摆脱不掉早期声誉的影响了。就连厄普代克就《赎罪》写的一篇深思熟虑的书评也被《纽约客》冠以耸人听闻的小报式标题:《欲望与厌恶》。

《巴黎评论》:你在发表早期的几个短篇小说时,有没有自诩很有勇气?

麦克尤恩:是急切甚于勇敢。我们朋友之间历来是无话不谈的,谈的大部分都够淫秽的。我们都读过巴勒斯、罗斯、热内和乔伊斯,我们什么话都能说,也什么话都说过了。我并不认为自己是个传统的叛逆者。事实上,我自认操持的是一种相当雅驯、保守的文体。我当时确实认为英国小说中有种受自身制约的特别的迟钝和无趣,纠缠于日常生活和每一种色差的"灰"

之间的微妙不同——服饰、口音、阶级的细微差别。所谓的"社会符码",你如何巧妙地予以操纵又如何被它毁灭。这当然是个富饶的领域,可我对此既一无所知也不想跟它有任何瓜葛。

《巴黎评论》:是因为你的成长背景?

麦克尤恩:我的成长背景是有点诡异的:可以说一直有些游离。我父亲受衔以后,我们家就此进入一个阶级上的"无主之地",既不再是普通的士兵,也算不得正牌的军官阶层。我上的寄宿学校是国有管理的一个实验,旨在推动伦敦中心区工人阶级的孩子进入受教育的中产阶级。然后我上的又是两个全新的大学,它们至少在英国的语境下是雄心勃勃地"去阶级化"的。身处这样复杂的社会阶层中我也就没有特定的地位,也谈不上具体的效忠感了,我早期的小说是在完全罔顾这整套等级观念的情况下写的。我对卡夫卡的痴迷也使我认为最有趣的小说处理的应该是游离于历史环境之外的人物。当然,任何人都不可能游离于社会之外。英国的评论者很快就把我的小说人物界定为"下层中产阶级"。拉金可能会说,这么博学可真有用啊。

《巴黎评论》:那孩子们呢? 他们就能游离于历史之外。《最初的爱情,最后的仪式》里面有很多孩子。

麦克尤恩:此话不假,你不必去描写他们的工作或是结婚、离婚。

《巴黎评论》:还有别的原因促使你去描写孩子吗?

麦克尤恩:一个年方二十一岁的作家很容易会受制于有用经验的缺乏。童年和青春期却是我尽在把握的。很多作家在创作生涯的初始阶段都会经历一种想象中的概述和重演。童年的感觉实在是太过明亮了,我发现真的很难忘却。只要你充分放松你的注意力,它们就会悄悄爬上你的心头——它们都不需要你去努力地唤起;它们就在你身边,你触手可及。

《巴黎评论》:《赎罪》精彩之处有一点是前面几章中采用的布里奥妮的

视角,她当时还是个早熟的小姑娘,一心想写作,而且对情节剧有种危险的嗜好。感觉上这是否像是要返回某个原点,重新以一个孩子的视角来想象这个世界?

麦克尤恩:应该是有更深的考虑。不一味地追求怪力乱神、哗众取宠,反而会大大增加你在心理方面表现的自由度。如何在小说里写孩子一直是个问题——小孩子那种受到限制的视角有可能变得无比气闷。我的想法是要能够描绘出一个孩子的思想,同时用上复杂的成人语言的一切资源——就像詹姆斯在《梅西所知道的》当中所做的那样。孩子们所用的语汇带来的限制非我所愿。乔伊斯在《一个青年艺术家的肖像》的开篇是这么做的。我们大家全都想加以模仿。他将你挽留在一个由小男孩的感觉和语汇构成的宇宙中,有种类似魔法的东西在闪闪发光——然后它就消失不见了,就像童年本身一样一去不返。乔伊斯继续前进,他所用的语言也渐次扩展开来。我试图解决这个问题的方法是让布里奥妮充当我的"作者",让她从内部来描述她本人的童年,但用的是成熟的小说家的语言。

《巴黎评论》:《水泥花园》出版前你是不是已经颇有名气了?

麦克尤恩:实在是名不副实。七十年代中期我跟艾米斯刚出版处女作的时候,文坛上感觉实在没有多少年轻小说家。我们真是集万千宠爱于一身了。

《巴黎评论》:那个时候你是否已经形成你惯常的写作习惯?

麦克尤恩:我每天九点半之前开始工作。我继承了我父亲的职业道德——不管前一天夜里熬到几点,早上七点前一定要起床。他在军队里服役四十八年,从没耽误过一天的工作。

七十年代我基本上是在我公寓卧室里的一个小桌子上工作。我用钢笔写作。然后我用打字机打出草稿,在打字稿上标标画画,然后再打出定稿。我曾请过专业的打字员帮我打定稿,但我觉得要是我自己来做的话还会做些修改。八十年代中期升级换代用上电脑的时候我可真是感激不尽。

电脑的文字处理更具有私密感，更像是思考本身。反观从前，打字机就显得是一种粗重的机械障碍了。我喜欢储存在电脑记忆当中那些还没打印出来的文字材料所具有的那种临时性的感觉——就像是个还没说出口的想法。我喜欢字句和段落可以无休无止地重新加工的这种方式，喜欢这种忠实的机器记得你所有写给自己的摘记和讯息。当然，前提是它不出故障不会瘫痪。

《巴黎评论》：写作顺利的情况下你一天能出多少活儿？

麦克尤恩：我的目标是一天大约六百个单词，状态好的时候每天至少一千个。

《巴黎评论》：在《移居海外》这个剧本的导言中你曾写道："在丝毫都没受到文学理论收编的那种富有想象力的写作当中自有一种乐趣。"能举例说明一下吗？

麦克尤恩：这种乐趣就在于惊喜。它可以小到一个名词和形容词的巧妙搭配。或是一整个全新的场景，或者一个始料不及的人物一下子就从一个短语中冒了出来。而文学批评的目的本就是追问意义，它绝对不会真正认可这样一个事实：某一页上存在某些内容只是因为它们给作家带来了乐趣。对于一个作家而言，如果他当天早上工作得很顺利，他的句子造得很满意，他就会感觉到一种平静和私密的乐趣。作家们真的很渴望这样的时刻，这样的时间段。如果允许我引用《赎罪》的第二页：这就是这项工程让你心满意足的那个最高点。除此以外再无其他，令人愉快的新书发布会也好，挤满了人的朗读会、赞誉有加的评论也罢，统统及不上这样幸福圆满的时刻。

《巴黎评论》：在《模仿游戏》的导言中你提到你会嫉妒那些电影制作人，因为他们要不断地参加紧急会议，总是打上出租处四处狂奔。

麦克尤恩：假如你一周接着一周只跟那些幽灵打交道，只是从你的书桌到上床睡觉、再从床上回到桌前，你也会开始向往一种可以跟别的人打交道的工作。不过随着我马齿渐长,我已经跟那些幽灵相处得越来越融洽,也就不再那么热衷于跟别的人结伴工作了。

《巴黎评论》:你写过的影视剧本中有自己觉得满意的吗?

麦克尤恩:我喜欢的还颇有那么几部。是剧本完成以后发生的那些事才让人心烦。我被我的头一次经验给惯坏了,那就是《农夫的午餐》,进展得非常顺畅。理查德·埃尔和我决定想搞一部具有"国家状况"气氛的影片。我花了好几个月的时间来收集各种零碎资料——我泡在BBC的一个新闻编辑室,阅读有关苏伊士危机的书籍。后来,我还在波兰"团结工会"时期去了那里,想看看一个国家是如何将自己构想出来的。

格雷厄姆·格林对这个过程有个很好的比喻,他把那些灵感迸发的时刻称为"池塘"。而写一部小说也就是在这些池塘之间挖好相连的水渠。我的池塘没有灵感迸发这么盛大——它们只是我想写的背景或场景。当我成功地找到一种方法把它们全都连通起来以后,我就为影片写了份一两页的计划书,有天在理查德工作的国家剧院的午餐时间拿给他看。他看了以后马上就说这正是他想要的东西。

我在六周内写完剧本。理查德也提了些有益的建议,诸如:最好让主角回趟家,这样我们就能看到他的生活背景是怎么样的。福克兰群岛战争已经打响,跟苏伊士战争颇有些有趣的可比性。不过说老实话,我一开始给理查德看的那一两页纸确确实实就是后来拍的电影的基础。这种经验甜美而又单纯。一切都在轨道上。当时我丝毫没意识到这有多么不同寻常。

《巴黎评论》:那你在拍摄《无辜者》时的体验又如何?

麦克尤恩:拖拖拉拉、乱七八糟、痛苦不堪。我明知由我本人将小说改编为剧本是个坏主意,可我还是妥协了。原因是我们可以借机将柏林墙的倒塌包括进去,那是我小说在一九八九年六月完成几个月后才发生的。单个的要素都很棒——有个令人惊叹的演员阵容,包括伊莎贝拉·罗塞里尼、安东尼·霍普金斯、坎贝尔·斯各特,由约翰·施莱辛格执导。可是就像他们说的,没有产生化学作用。合作的结果并不愉快。只有工作样片看起来不错,当然,工作样片总归是不错的⋯⋯

《巴黎评论》:《水泥花园》的想法是哪儿来的? 我总觉得这本书写的是"无穷的市政悲哀"——这种说法引自你的短篇《两个片段》。

麦克尤恩:多年来我一直拖延着没有着手写长篇。一九七六年我第一次去美国,很高兴。当时我正三心二意地琢磨着写写孩子们如何在没有大人的情况下努力生存下去——这本是许多儿童故事的惯常设置,当然,这也是《蝇王》的本质所在。我琢磨着我可能会把这个故事处理成城市版的,不过并没有清晰的路径可循。当时我住在斯托克维尔,在伦敦南部。周围很荒凉,除了几幢高层住宅楼以外就是野草丛生的荒地。有天午后我坐在书桌旁,这四个孩子,带着他们各自鲜明的个性,突然在我的脑海中涌现出来。我根本就不需要做任何发展——他们出现的时候已经是完全成型的了。我记下几条提示,然后就沉入深沉的睡梦。醒过来以后,我知道我终于有了我想写的长篇了。我入迷般写了整整一年,一直在把材料削减再削减,因为我想让我的小说极端简洁、有力。

《巴黎评论》:这算是种"驱魔"吗?

麦克尤恩:嗯,不如说是种总结。这部和我的下一部小说《只爱陌生人》是为我为期十年的一个写作期做了归结——形式上简单、线性的短小的小说作品,幽闭恐怖症般的、反社会的、表现怪异的两性关系和性欲的黑暗的作品。这之后我觉得我这种写作已经把自己逼进了一个死角。我就暂时从小说写作中抽身出来。我写了个以"二战"期间在布莱彻里公园进行密码破译行动为背景的电视电影。然后就是《农夫的午餐》,还为迈克尔·伯克利写了一个清唱剧。当我在一九八三年重拾小说写作,开始写《时间中的孩子》时,我开始考虑采用精确的实际环境和时代——甚至时间本身——还有精确的社会结构和相对而言比较中规中矩的欲望驱动。

《巴黎评论》:《时间中的孩子》以一个孩子遭到诱拐作为开篇——仍旧是那种骤然改变了人生的某个关键时刻,这种戏剧性已经成为你的创作的一个特点了。

麦克尤恩:没错。我仍旧对书写处于边缘的人生经验兴味十足。不过现在开始更加看中小说中的人物。这种危机时刻也就变成了探索和检验人物的一种方式。我们是如何承受、或者承受不起一种极端经验的,这其间又体现出什么样的道德品质和道德问题,我们是如何承受我们做出的决定带来的后果,记忆是何等地折磨人,时间有何作为,我们不得不求助于什么样的资源。当时,这些考虑还很难说是一种有意识的决定或者成为一个系统的计划;只不过是从好几部小说里自然生发出来的,是以《时间中的孩子》作为起始。当然了,这些场景——孩子被偷、一群黑犬、从一个氢气球上掉下来,诸如此类——本身也使小说更加引人入胜。同时它们也对你写作的速度感、描述能力提出了挑战,要求你写出像是敲打着鼓点般紧凑的句子,掌握描写动作场面所必需的节奏上的抑扬顿挫。它们同时也更有利于紧紧地抓住读者。由此也可以证明我不单有理念,也有动作。我一度对这些多样化的元素非常着迷。

一九八六年我在阿德莱德文学节上朗读了《时间中的孩子》中那个小女孩从一家超市被偷走的场景。一周前我刚完成初稿,想试试看到底怎么样。我刚刚朗读完,罗伯特·斯通就站来发表了一番最为激情澎湃的演说。看起来也确实是发自内心的。他说,我们为什么要这么做? 作家们为什么要这么做,而读者们为什么会喜欢这个? 我们为什么要深入我们内心,一定要把那些我们所能想到的最坏的案例挖掘出来? 文学,特别是当代文学,总是在不断地探测最坏的可能。

我到现在也没有一个清楚的答案。我只能求助于性格测试或者调查以及我们的道德本性的概念。或许我们是在利用这些最坏的案例去丈量我们自己的道德极限。又或许我们需要在想象所构成的安全范围内释放出我们的恐惧,希望当作一种驱魔的方式来应用。

《巴黎评论》：你曾谈起过在写作《无辜者》期间体会到的乐趣。有些读者可能会觉得实在匪夷所思，考虑到这部小说那血淋淋的声誉——详细地描写一具尸体如何被大卸八块，然后装进一只手提箱里。

麦克尤恩：这个声誉只建立在五六页的篇幅之上。就其余部分而言，《无辜者》对我来说是一个进入历史小说的全新起点。权力由英帝国向美帝国转移的过程是漫长而又缓慢的，至一九五〇年代基本完成，在苏伊士运河的争夺中蒙受的耻辱可以说是英帝国最后最痛苦的经验。我一直对重大事件在私人生活的层面上得到反映的那些特别的情境饶有兴趣。一个尴尬的英国年轻人，一个电话工程师，在五十年代冷战背景下的柏林刚刚成年，发现了美国的金钱和信用的强大力量，发现了美国军力的无远弗届，发现了美国的食品、音乐和电影难以抵挡的诱惑；而一个城市则正从它的废墟中浴火重生，四处游荡着由刚刚成为过去的历史产生的鬼魅——所有这一切将我完全吸引住了。我迷失于旧地图和照片当中。我本人就变成了一个电话工程师。

我的小说并不是在柏林写的，小说的背景基本上放在一九五五年。最后一章设定在一九八七年，上了年纪的主人公莱昂纳德决定重访这座城市，我想我也该跟他同行。我到的时候刚服了大剂量的感冒药。柏林这个浮华、繁荣的西半部分已经完全不是我已经耳熟能详的那个废墟之地了。我四处走走看看，感觉既熟悉又不知所措。我拜访了莱昂纳德曾跟他的情人住过的那幢公寓大楼，感觉到一阵阵对于一个并不存在的姑娘汹涌的爱意，真是荒谬之极。我去了柏林的东南角那个间谍地道的所在地。我爬过一道栅栏进入一块废弃的地皮。东德的边防卫兵就在他们的瞭望塔里拿望远镜瞄着我，我顾自在那些土墩和沟堑间翻弄着，找到了几段旧电话线，芝加哥制造的麻袋布的碎片，还有几个旧开关设备。我再次对我从来未曾生活过的一个时代产生了浓浓的乡愁。在我创作早期的两部短篇小说集和两个小长篇时，我曾认为具体的时代和地点不过是不相干的干扰，时过境迁之后的观念已然相差云泥了。如今我身处一个外国的城市，感叹着时光的流逝，竟然甘心欺哄了自己，自认是我小说中一个虚构的人物。

《巴黎评论》：你欺哄自己的方式正是你希望能欺哄读者的。

麦克尤恩：人总归还是不想欺哄自己的。

《巴黎评论》：你为写《无辜者》做过医学上的研究吗？

麦克尤恩：我特意跟迈克尔·汤尼尔一起吃过一顿饭，此君是默顿学院的病理学大学讲师。我跟他说我计划写一个场景：一个外行在惊恐当中要肢解一具尸体——

《巴黎评论》：而他说，哦，那你一定是伊恩·麦克尤恩。

麦克尤恩：他说的比这还要吓人。当我问他锯断一条胳膊需要多长时间时，他邀请我去观摩周一——早惯常的尸体解剖。你亲自过来，他说，咱们当场切一条胳膊下来看看。我说，死者的亲属不会答应吧？而他说，哦，我的助手会把胳膊再缝回去，一点都看不出来。

我开始对周一的这次约会疑虑重重。我觉得我的写作进展顺利，我不想节外生枝、偏离正轨。而与此同时，我又觉得我身为小说家有责任去亲眼看看。然后，我非常幸运地跟理查德·埃尔一起吃了顿晚饭，他觉得我真要是去才叫发疯呢。他说，你来发明创造它要比据实描写它强得多。他这话一说出口，我就知道他是对的。后来，我把我写的这一场景拿给迈克尔·汤尼尔看，他也认可了。如果我真去观摩尸体解剖的话我就成了个新闻记者了——而我不认为我是个好的新闻记者。我能精确无误地描写出我想象的东西，远胜过我凭记忆描写我看到的东西。

《巴黎评论》：有些作家说他们着眼的基本单位是段落。有些作家说他们着眼的基本单位是句子。还有些作家着眼于场景。

麦克尤恩：要把它们截然分开当然是很难的，不过我觉得我会选择句子。你的工作无论如何都得靠一个个句子表达出来。我感觉如果第一稿的句子写得不到位，那么后来也很难改到位。当然不是说不可能，不过确实很难。所以我的写作速度一直很慢，第一稿也当定稿来写。我会将完成的段落高声朗读出来——段落也是生死攸关的单位,我喜欢听听句子相互映衬在一起的效果如何。整章的第一稿我会高声朗读给我妻子安娜莱娜听。或者积攒个两三章在假日读给她听。我喜欢把一个章节看作一个完整无缺的、独立自足的存在的实体,具有它自己的独特个性,每个章节都可以看作是一个短篇小说——所以是非常重要的基础材料。也有这样的时刻:所有这些个不同全都不重要了,只有某个场景突现出来,这样我就要一口气花上十或十二个小时把它落实下来。这也通常就是我们先前谈论过的那些具有强烈效果的场景或片断。它们落笔相对而言要快得多,同时也需要很多慢工出细活的修改润色。

《巴黎评论》:温蒂·莱瑟曾在论及你的作品时宣称:格雷厄姆·格林"对《黑犬》的情节设置具有举足轻重的影响"。

麦克尤恩:一个作家,只要试图将在某种异域的环境下展现的戏剧性的情节与一定程度的道德或宗教反思结合在一起,格林的大名总难免会被提到。热带地区的懒散、一把枪、一个威士忌酒瓶、一个无法解决的困境……这是对格林的致敬,是他使这片文学领土成为他的专属领地。他的作品我读得饶有兴味,而且我喜欢他就小说的本质发表的观点,但我算不上是他热心的仰慕者。在我看来他的行文有点太平板了。

《巴黎评论》:让我再引一段温蒂的评论:"伟大的小说家(不同于聪明的、善于耍花招的小说家……)并不会在每写一部小说时都创造一个全新的虚构世界。他反而无法像次一等的小说家那样想创新就能创新,因为他在他的小说中涉足的那个世界对于他而言是真实存在的,他不能完全随心所欲地进行创造。"

麦克尤恩:这个观点在我看来挺奇怪的,一个伟大的小说家竟然不如所谓次一等的小说家拥有的自由度大。不过我知道她的用意所在。我宁肯不要纠缠什么伟大不伟大的。所有的小说家,也许那些类型小说家除外,在面对他们作品的题材时都会感到不同程度的无助。正如套话所说,是题材选择了你。而且作家的个性会在作品中留下无法磨灭的痕迹。我相信这一点对于雕塑和音乐以及所有的艺术形式都是普遍适用的。不过小说又自不同。作为一种艺术形式，它是如此富于明晰的意义，跟别人的思想、跟人际关系以及人类的天性具有如此亲密的关联和关切，而且篇幅又长——有好几万个单词——作家是难免会在纸页间留下他/她本人的个性印记的。对此我们毫无办法。这是这种艺术形式所决定的。我喜欢将我开始写的每一本书都当作一个全新的起点，《赎罪》和《阿姆斯特丹》就是完全不同的两个世界。不过我也知道不论你新写了什么，读者总能毫不费力地将其纳入你之前的作品序列。

《巴黎评论》：《黑犬》中有一段写到琼和伯纳德还是一对小夫妻时拍的一张照片。看着这张快照，叙述者意识到是"摄影本身创造了这种单纯无辜的幻觉。具有讽刺意味的是：摄影这种凝固的叙事赋予其对象一种明显的无意识，仿佛不知道他们会有任何的改变或是死亡"。

麦克尤恩：当过去通过摄影来呈现时，它就获得了一种虚假的单纯性。小说在这一点上要优于摄影：它并不屈尊俯就，它没有这种与生俱来表现于事后的讽刺意味——这是苏珊·桑塔格的警句。小说使我们不至于想当然地认为过去缺乏充斥于当今的一切东西。当我们阅读《傲慢与偏见》或《米德尔马契》时，我们不至于相信就因为小说中的人物戴着滑稽的帽子、骑着马来来去去、不会直白地讨论性爱，就真的认为他们是单纯无知的。这是因为我们得以全面地、或者说经过细心调配的途径部分地接触到他们的情感和思想、体会他们面临的困境。我们可以认为我们是由叙述者引领着——去认识这些小说中的人物，他们也就跟我们周围的同代人一样完整无缺、独立自足了，也就不会受到无意识的讽刺意味的损害了。

《巴黎评论》：要毫无反讽地写作是需要勇气的。比如说，以"大写"的方式来写"恶"。

麦克尤恩：尤其是在你并不相信它的时候。在上帝已经缺位的情况下，你很难将"恶"当作人类事务中的一条组织原则而赋予其智识上的确信,更多的恐怕只是模模糊糊地将其理解为一种超自然的力量。在《黑犬》中,琼就是出于这样的原则相信"恶"的,而她丈夫伯纳德则不然。不过他也知道这是种强有力的观念。这是谈论人性的一个侧面的一种有益的方式,而且它还具有一种丰富的隐喻性,正是因为这个原因,生活中很难缺少"恶"。而且看起来,相比于上帝的缺位,生活中可能更加缺不了"恶"。

《巴黎评论》:在《爱无可忍》中,恶是通过精神疾患的形式彰显的。这部小说最先成形的是哪一部分? 是《纽约客》选登的餐馆里的预谋刺杀吗?

麦克尤恩:最早的章节是一个人翻查他的地址簿,想找个跟罪犯有联系而他又认识的人,然后去从某个上了年纪的嬉皮士手里买了把枪。至此为止我还没想明白他为什么需要这把枪,还有他到底是谁。不过我知道我想要这个场景。这就是格雷厄姆·格林所说的一个"池塘"。我挖的第一条水渠就把我引向了餐馆里的蓄意谋杀。《爱无可忍》就是这样开始写的,只有几个互不相干的场景和提纲,在黑暗中呼唤我。我想把它写成对于理性的颂扬。自从布莱克、济慈还有玛丽·雪莱以降,理性的本能就跟无情,跟冷酷的破坏性力量联系在了一起。在我们的文学当中,总是那些疏于信任他们心灵的人物最终掉了链子。然而我们进行理性思考的能力才是我们本性当中当行出色的一个侧面,也经常是我们用以应对社会混乱、不公和最糟糕的宗教情绪泛滥的唯一凭借。写《爱无可忍》的过程,也是为了回应我一位老朋友的看法,他曾对我说起他觉得《黑犬》中那个充当理性主义角色的伯纳德一直都没有得到充分的表现。这话没错,那部小说中占据中心象征的是琼对她的经验所进行的精神性的阐释。

《巴黎评论》:你是否认为科学在《爱无可忍》当中充当了一个重要角色,就像《无辜者》和《黑犬》当中的历史?

麦克尤恩:不尽然。最近几十年来科学的界限已经以一种相当有趣的方式大幅扩展。情绪、意识,就连人性本身,都已变成了生物科学合法的研究课题。而这些主题当然正是小说家中心兴趣之所在。这种对我们惯有领地的入侵也许会富有成果。在这部小说中，小说与科学的一体化做得可能比《时间中的孩子》更加成功。

《爱无可忍》中曾写到乔回忆起他跟克拉丽莎之间一次有关一个婴儿的微笑的谈话。乔引了 E. O. 威尔逊的观点，他将这种微笑称之为一种"社会性质的刺激释放"，是人类行为当中已然经过选择、用以为婴儿赢得父母更多关爱的具体行为。就某种意义而言乔的说法是完全合理的。这当然不是一种"习得"的行为——就连目盲的婴儿也会微笑。正像他们所言，这是一种与生俱来的反应。可是克拉丽莎却认为这种对于婴儿微笑的解释至多不过是差强人意。于是乔——这是他性格上的一个缺陷——继续强加于人，毫不体谅、麻木不仁地将她折磨得疲惫不堪，因为其实他也知道，他们此番的争论是醉翁之意不在酒，他们真正想说的是在他们的人生中缺少这么一个婴儿。

我想做的不单是只把科学用作小说中有趣的象征。生物学的观念已经使类似的小场景具有了将情感和科学进行相互摩擦碰撞的可能。这远比试图将某一有关时间的机械论或者宇宙论的观点吸收进小说中有趣得多。这更加成熟；具有一种人性的向度。

《巴黎评论》：《爱无可忍》附录的临床病例史使有些美国评论家都信以为真了。

麦克尤恩：我在写这个附录时也乐在其中。有位评论家曾严厉地批评小说太拘泥于它赖以为基础的病例研究了。

《巴黎评论》：乔显然很认同进化生物学。这在何种程度上反映了你本人的信念？

麦克尤恩：只有那些宗教狂热分子才会否认我们都是生物进化的产物。问题是我们进化的过去在多大程度上能向我们解释我们自己。我的猜测是要大于我们原本乐于承认的程度，又略小于那些进化论心理学的倡导者在

"不过如此"的故事中所强调的程度。我们可以描述一种人性,描述一套跨越了文化限制而存在的倾向性,我们也可以对这些倾向性因之而产生的那些适应性的压力做出有根据的猜测。可我不能确定的是,这能在多大范围内、在多大程度上决定我们个体行为的细微之处。文化,我们的基因在一定程度上有赖其决定的社会环境,会传递出一种势不可挡而又具有魅惑力的信号。很难将其分解开来。无疑,我们有一种我们是由生活塑造的感觉。但我们生下来的时候也并非白板一块,而且我们也不可能被塑造成任何形状。我们之间不同的程度不可能无限大,人们相似的方式至少跟他们相异的方式一样有趣。在这个领域,小说家和生物学家应该有很多可以讨论的东西,这也正是我写《爱无可忍》的原因之一。

《巴黎评论》:《阿姆斯特丹》的缘起又是什么?

麦克尤恩:这部小说出自我跟我的一个老朋友兼远足伙伴雷·多兰之间长期相互调侃的一句玩笑话。我们开开心心地琢磨着要达成这么个协议:如果我们俩中间有人开始罹患类似老年痴呆的病症,为了避免自己的朋友陷入屈辱的境地,另一方就要把他带往阿姆斯特丹接受合法的安乐死。所以一旦我们两人当中有谁忘了带必备的远足装备,或是在错误的日期出现在了机场——你知道,人在年过四十五以后就会开始出现这类事儿了——另外一位就会说,咳,你该去阿姆斯特丹了! 有一次我们正漫步在湖区——走的正是小说中的人物克利夫·林雷行走的路线——我一下子想起来两个可能会达成这种协议的小说人物,后来两个人闹翻了,两人不约而同地引诱对方来到阿姆斯特丹,都想把对方给谋害了。一个相当匪夷所思的喜剧性情节。当时,我的《爱无可忍》正写了一半。我当天夜里把这个想法记录下来,然后就把它扔在一边以备不时之需。这部小说并非直至动笔时才出现了人物,然后它就似乎慢慢拥有了自己的生命。

《巴黎评论》:《阿姆斯特丹》跟你先前的小说都截然不同。

麦克尤恩:先前的四部小说——《时间中的孩子》《无辜者》《黑犬》和《爱

无可忍》——全都源自探索某一特定观点的期望。相比而言,《阿姆斯特丹》感觉上就自由、随性多了。我先有了个简单的计划,然后就顺其自然,看看它能把我引到什么地方。有些读者认为这部小说是一次开心的消遣、恣意的放松,但对我来说,即便是在当时,它也跟《时间中的孩子》一样带有转折点的意义。我觉得我给了人物更多的空间。我想戒除自己身上某些智识上的野心。如果没有《阿姆斯特丹》在前,我也就根本不会写出其后的《赎罪》了。

《巴黎评论》:让我们再次回到格雷厄姆·格林——他曾把他的作品分成"严肃的"和"消遣的"两类。你会将《阿姆斯特丹》归类于严肃还是消遣呢?

麦克尤恩:我想格林最终还是放弃了这种分类,大家也都明白是为了什么。不过我明白你的意思。我在写作《阿姆斯特丹》的过程中受到极大的乐趣,直到如今我仍旧对它满心喜欢。书出以后也大受好评,不过它的(不是我的)不幸就在于得了布克奖,正因为它得了奖有些人就开始贬损它。仅仅出于这个原因,我希望这部小说能够像我写的所有其他作品一样受到严肃的评判。我当然不愿意用"消遣小说"的名目来框定它,希望它能得到更为宽宏的对待。

《巴黎评论》:《赎罪》又是怎么开的头? 是布里奥妮?

麦克尤恩:最先成形的是塞西莉亚。正如《爱无可忍》,这也是一部从很多个月的胡涂乱写中成长起来的小说。有天早上,我写了个六百单词左右的片断,描写一个年轻女人手里拿着些野花走进一间起居室,想找个花瓶。她意识到有个年轻男性正在屋外侍弄花园,她既想看到他又想躲开他。出于某些我都没办法向自己解释清楚的原因,我知道我终于又要开始一部长篇小说的创作了。

《巴黎评论》:因为这就是那个钓钩,这个爱情故事?

麦克尤恩：我一无所知。我慢慢地拼凑成了一章——塞西莉亚和罗比走到喷泉旁，花瓶碎了，她脱掉衣服扎到水里去捡花瓶的碎片，然后一言不发就离开了他。然后我就停了下来，总有六个星期左右的时间我一直在琢磨。这是在哪儿？这又是什么时候的事？这些人是谁？我已经有了什么样的东西？然后我再次开始，写了布里奥妮试图跟她的几个表兄妹排一出戏的那一章。等我写完这一章后，整个小说的轮廓也就凸显了出来。整个大家庭也都跟着出现了，不过有关未来敦刻尔克和圣托马斯医院的情节还都笼罩在一片迷雾中。关键的一点是，我意识到布里奥妮正是这两章的作者，而且她即将犯下一个可怕的错误，而用整个一生的时间写下的一系列草稿则将是她据以赎罪的手段。后来，当我已经完成第一部之后，我将这两章对换了一下位置，又重写了好多遍。

《巴黎评论》：你觉得布里奥妮在不写《赎罪》——当她不在进行她的赎罪——的时候写的应该是哪一类小说？

麦克尤恩：她有些伊丽莎白·鲍恩《正午的炎热》①的意思，又带点罗莎蒙德·雷曼《含混的回答》②的味道，在她最早的文学尝试中还闪烁着弗吉尼亚·伍尔夫的火花。在早期的一稿中，我特意写了个布里奥妮的小传附在书后。后来才决定拿掉的。就在这儿呢。之所以提到格林（他好像一直阴魂不散）是因为他总是乐于给予年轻一代的作家好意的吹捧，不过一直都是大而化之。二〇〇一年七月是我最后一次修改手稿的时间。

作家小传：布里奥妮·塔利斯于一九二二年出生于萨里郡，父亲是位高级文官。她就读于罗婷女中，一九四〇年受训成为护士。她战时的护士经验为她的第一部长篇小说《爱丽丝·莱丁》提供了素材。她的第二部长篇小说《索霍至点》被伊丽莎白·鲍恩誉为"极具心理锐度的

---

① 伊丽莎白·鲍恩(1899—1973)：英国女小说家，创作多以中上层生活为题材，技巧娴熟，刻画入微，主要作品有《心之死》《正午的炎热》等。
② 罗莎蒙德·雷曼(1901—1990)：英国女小说家，以描写青春期的少女闻名，作品文字优美，细致入微。第一部长篇小说《含混的回答》描写一个少女的成长历程。

黑色杰作",格雷厄姆·格林也称誉她为"战后一代作家中更加有趣的天才之一"。五十年代出版的其他长篇和短篇小说集进一步巩固了她的声誉。一九六二年出版的《斯蒂文顿的谷仓》是对简·奥斯丁童年时期家庭戏剧演出的专题研究。塔利斯的第六部长篇小说《浸刑椅①》是一九六五年的畅销书,并成功搬上银幕,由朱丽·克里斯蒂主演。其后,布里奥妮·塔利斯的声誉开始走下坡路,直到七十年代后期"悍妇"出版社②重印她的作品,她才重新为新一代读者所知。布里奥妮·塔利斯于二〇〇一年七月逝世。

《巴黎评论》:你不觉得有可能过于轻易地就让布里奥妮拥有了长寿和文学上的成功吗?

麦克尤恩:她从来都没有存心为恶,而且处在她的环境当中,她有太多的东西需要反省和自责,长寿对她来说实在算不上什么了不起的恩典。真正的恶人,保罗和罗拉·马歇尔就度过了富有、幸福和长寿的一生。有时候恶人反而容易发达,这是心理现实主义提出的要求。

《巴黎评论》:你是不是从小到大一直都在听你父亲念叨敦刻尔克撤退的故事?

麦克尤恩:没错。在他的人生即将落幕的时候(他一九九六年去世),往敦刻尔克撤退的往事一直在他脑海中挥之不去,他一遍又一遍地重温他的经历。我很抱歉我从来就没有在我的小说中表现过他的形象。我想,他的死已经无意识地反映在小说中那么多缺席的父亲身上。那些朝敦刻尔克撤退的散兵游勇应该已经意识到他们的父亲也已经死在或者战斗在法国北部这同一条战线上了。我的父亲就死在同一所医院:利物浦的阿德勒·海伊医院,他的父亲一九一八年住的就是这家医院。

---

① 所谓"浸刑椅"是旧时欧洲使用的刑具,将犯罪者缚于椅上,浸入水中。
② "悍妇"出版社(Virago)是一九七三年成立的一家专门出版女性作家作品的英国出版社,书目中新旧书并存、当红和已被遗忘的作家并重。

《巴黎评论》:我们一直都没怎么谈到《梦想家彼得》。《黑犬》之后为什么要改弦更张,突然想起为孩子写一本书了?

麦克尤恩:其实根本就没多大差别。

《巴黎评论》:你的基本原则是什么?

麦克尤恩:不提所得税,不正面描写性。当然,还有你应该避免使用的题材问题。不过,真的很少有你不能跟一个十岁孩子讨论的话题,你只需找到合适的语言就成。而我一直就喜欢一种清晰、精确和简洁的文风,这种文风我想孩子们会喜欢而且是容易懂的。我力求避免任何道德的粗重呼吸——我不喜欢那种教他们如何行事做人的儿童文学。我把每一章写成一个二十五分钟左右的睡前故事,而且读给我的儿子听。我在其中加入了不少他们熟悉的家庭细节——我们的猫啦,厨房里凌乱不堪的抽屉啦,等等。孩子们也帮忙提建议,后来他们还亲眼看到了校样,看到了封面设计稿,还有书评。他们亲眼看到了一本书是如何制作完成的。当时我还在写《黑犬》,所以这算得上一种很惬意的调剂。

《巴黎评论》:在《时间中的孩子》中斯蒂芬曾谈到,最好的童书都具有一种隐形的特质。在你坐下来写《梦想家彼得》的时候,这个警句有没有袭上你的心头?

麦克尤恩:我都不记得了,不过这当然是我的目标。孩子们不会心甘情愿舒舒服服地坐在那儿仰慕你创作的形象有多么优美和坚实。他们希望书中的语言能对他们产生作用,将他们准确无误地带入事件本身。他们想知道发生了什么。或许那种隐形的东西属于一个已经丧失童真的年龄,正因此就更合适体现在一本童书当中。

《巴黎评论》:你似乎是你这代作家当中唯一有志在这个方向努力的作家。你们这一代有艾米斯文辞的炫示、拉什迪的汪洋恣肆以及巴恩斯的博学多识。

麦克尤恩:喂,且慢,我们谈的可是儿童文学。在经过一个世纪现代主义的洗礼以后,它所做的各种实验及其附带结果,我们讨论的这种隐形的东西在严肃文学中是不可能实现的。我的理想是在一幅淡黄色的画布上增添生动的几笔。这几笔将带你直接去感受文体本身,会以更大的努力促使你撤除其他的方面直接进入你命名的事物,进入事物本身。我是想脚踩两只船……但也不过有志如此罢了。

《巴黎评论》:这在多大程度上跟作家的自我意识有关?

麦克尤恩:有时候我觉得每个句子在其本身的进程中都隐含一种诡异的潜台词。这并非总是有益的,不过我觉得这又是在所难免的。你最多也就将其视为理所当然罢了,而且不要由此变得沉溺于自我指涉当中不能自拔,当你试图将一个人的情感和思想传递给另一个人时,还要忠实于语言本身的那种感官的、心灵感应的功能。

《巴黎评论》:你觉得你还会写更多类似《梦想家彼得》这样的书,给孩子和成人共赏吗?

麦克尤恩:当有人这样问我,或者问我是否想写一出舞台剧的时候,我总是信口雌黄,顺口就说“是的”。

《巴黎评论》:为什么?

麦克尤恩:我不想关闭这种可能性。不过同时我也知道,在完成一本书和提笔写下一本书之间我只能等着看有什么冒出来。这个过程可不是完全由你的意识掌控的,我也不希望全盘掌控。我当然想写一出戏或者另一本童书,我还想写一组帅呆了的十四行诗呢。可这到底是什么意思呢? 意思是我真希望已经写出这么一部来了。这让我想起我会反复做到的一个梦。我坐在我的书桌前,在我的书房里,感觉出奇地好。我拉开一个抽屉,赫然发现躺在我面前的是我去年夏天完成的一部小说,而我已经完全忘在脑后了,因为一直以来实在太忙了。我把它取出来,马上就看出写得棒极了。一部杰作！一时间一切都历历在目，我当时写得如何辛苦努力，后来又怎么把它放了起来。真是写得棒极了，我真高兴重新找到了它。

《巴黎评论》：后面还有没有什么"包袱"要抖搂出来，比如这部小说已经署了马丁·艾米斯的大名？

麦克尤恩：没有，没有。这是个美梦。小说是我的。我什么都不需要再做，只需要把它付邮并努力不要醒过来。

（原载《巴黎评论》第一百六十二期，二〇〇二年夏季号）

诺曼·梅勒

◎ 晏向阳/译

我是四月份到诺曼·梅勒位于科德角的家里采访了他两天。那天去的时候正好太阳还露了一下脸,正好让我看到普罗温斯敦镇上易装爱好者们戴着假发,坐在大篷车上招摇过市。不过紧接着来了场风暴,我们就只能躲进梅勒海边家里一楼的客厅了。一起坐在巨大的玻璃窗前的椅子上聊天的时候,北面一束奇异的光线慢慢钻出了云层,透过玻璃,在这位八十四岁的老作家头上照出了一圈灵光。和梅勒一起度过了二十六个春秋的妻子诺里丝·彻奇那天到纽约度周末去了。不过,屋里到处挂着她的画,让人随时感觉到她的存在。

梅勒上一次接受我们杂志的采访是一九六四年,那年他出版了他的第七本书。而今年的《林中城堡》已经是第四十二本了。他把这本书献给了他自己的十个孙子女,以及一大群的侄孙子女和干孙子女。梅勒看上去似乎比以前要瘦些,走路时得用双拐了。作为从前的二元论王子,他就连助听器也得戴一对,不过这有助于他对我们的大部分提问一说就明白。正式访谈前夕,我们一起共进晚餐,地点是他们家附近一家专门经营牡蛎的米歇尔·沙伊餐厅。梅勒记得那里每个服务生的名字,菜单就更是倒背如流了。吃剩的牡蛎壳他通常都要带回家,洗干净留着观赏,有时还会在上面作画。"看这儿,"他举起一只壳说,"牡蛎壳有时看起来很像某位希腊神祇的脸。"

其实梅勒自己在思索我的问题时就深邃得有点像宙斯,可有时他又质

Nor does any one, -5

None of the characters moves ~~entirely~~ critically out of her class by

marrying drastically up or savagely down. Not one even exhibits an interesting ~~None of the girls, becomes an interesting~~

~~of the world, the cap~~ existential condition Schnittlapp ~~then bitch~~

promiscuity. (The nearest to this, Norina S~~chnittlapp~~, is more pig

~~better in this re~~ ~~bitch~~ Correlatively, no one

~~all-out one~~). None of the girls falls deeply and tragically in love. The formal

heroine, Kay Strong Petersey, ~~entered as evidence~~ previously by Barrister-Barrett,

~~nearest in love to this, Kay Petersen~~ Strong does fall ~~need~~ literally out of a twenty-story

she is a suicide by accident

window in the Vassar Club; ~~an unconscious suicide~~ before the failure of her love,

too ~~we must throw away professional~~ too receures

but she is somehow too horsey, all-but-dyke to buy a single ~~to~~ ~~re-one~~ revolutionary

instead the impression that she might

~~the feeling she would~~ smell like a locker room of dedicated handball players—gloom,

the of ~~clammy~~

determination, and the void ooze from her persona. ~~His~~ ~~suicide~~ The nicest

by sentimental measure

of the heroines is Polly, but she and her husband are too nice that one cannot even

~~could not be~~

~~cash~~ an allusion ~~critical rebuke need not be~~

~~draw an allusion~~ to the Ladies Home Journal—some ~~ones should not be struck~~

She is clean, Boston clean,

of course

There is a second nice heroine named Dottie. ~~She from her hair to her~~

her conscience moves with the drilled but never unimpressive grace of a fine

first

ballerina. Indeed she has the grace to come to orgasm on the night she gives her

flower

~~charming~~ ~~virginity~~ to still another in the endless gallery of Mary McCarthy's feverish,

love-taking, drunken, neurotic, crippled and jargon-compensated louts. Did never

our First Lady of Letters ever meet a gentleman on the flying trapeze? No, McCarthy's

smells like fertilizer and he ploughs Dottie under— there is a good

~~but landlady's louts. There is a~~ ~~good~~ ~~novelistic cap-~~ ~~for the~~

novelistic harvest for the we are given

~~next twenty~~ ~~pages~~ Dottie's purchase of a diaphragm at her lover's demand,

诺曼·梅勒的一页手稿

312

朴得跟詹姆斯·法雷尔①笔下的爱尔兰男孩斯塔兹·朗尼根一样。当他向我透露他这把年纪的人一天要上多少趟厕所时,蓝色的眼睛狡黠地闪了一下。"乔治·普林顿的追悼会,"他说,"是在纽约圣约翰神明大教堂开的。中间我突然觉得自己很急,要是从过道挤过去的话肯定就来不及了。于是我就从旁边溜到了走廊上,结果在那里碰到了菲利普·罗斯。于是我跟他说有时候我急得只能到电话亭里去撒尿,菲尔,这把年纪什么都控制不住了。罗斯说,我知道——我现在就跟你一样了。我说,好吧,你总是那么早熟。"

在我们的谈话过程中,梅勒会时不时停下来喝上一口。不过他可比不上今天的酒鬼们,而且他喝酒时喜欢掺着喝,一次我帮他用红酒和橘子汁调了一杯,另一次是朗姆酒和西柚汁。他的思维可一点都没有因此迟钝,我很快发现梅勒要是在军队里碰上了真是个好战友。他争辩起来绝对寸步不让,可是对于对手的好恶却又牢记在心。比如,当我们像俄国小说里的两个囚犯一样把自己关在一起几个小时之后,梅勒提议我们躺一会儿。房子外面就是当年梅尔维尔的航路。在海风的伴奏下,我们很快就各自进入了梦乡。

有时,随着访谈的深入,我甚至觉得连房子里的灯光都会配合着梅勒的思想不时闪亮一下。他的手永远都跟电影摄影师或是拳击教练一样,不停地展示着思想的运动。随着暴风雨的降临,他就更像是亚哈船长了,紧紧矗立在自己的一小片领地上,头也不回地直向北大西洋,和那条大鱼不懈地斗争。陪着他在未知天地里横冲直撞真是件惬意的事。在米歇尔·沙伊餐厅一起吃完第一顿饭之后,我扶他坐进车里,告诉他我自己走过去。新英格兰的夜幕之下,商业区里笔直的大道显得宁静,深远。梅勒家离这儿并不远,所以我先到了,就在街对面等着他。他开车也很快到了,颤颤巍巍地出来站在人行道上,身体完全倚靠在那双拐棍上。我站在远处注视他片刻,直到他

---

① 詹姆斯·托马斯·法雷尔(1904—1979 年)以记录二十世纪二十年代爱尔兰裔美国男孩在芝加哥成长经历的小说而著称。代表作有《斯塔兹·朗尼根》三部曲。

消失在门后。然后在我离开的时候,我注意到旁边一处房子上有块牌子标示说八十年前,著名作家约翰·多斯·帕索斯就住在这里,那时候,诺曼·金斯利·梅勒大概才刚开始念书呢。他们的房子离得这么近真好,因为里面的灯光在黑夜里是如此的熠熠生辉。

——安德鲁·奥黑根,二〇〇七年

《巴黎评论》:德怀特·麦克唐纳①曾经把普罗温斯敦称作"海边的第八大道"②。你在这里住了多久了?

梅勒:我第一次来这儿的时候大概是十九岁。那时我跟一个女孩谈恋爱,后来我们结婚了。那是我的第一任妻子比阿特丽斯·西尔弗曼。我们想找个度周末的好去处,她就打听到了这个科德角上的美丽小镇。那可能还是一九四二或四三年的时候,我也就爱上了这地方。不过那时人们很害怕纳粹可能会突然从后滩登陆上来——我们这边有四十英里的平坦海滩。所以那时镇上晚上不许开灯。走在漆黑的夜里,就像是回到了美国的殖民年代。不过,整个战争期间我写信时都一直跟我妻子说,战后——如果我能回家的话——第一件事就是到普罗温斯敦去。

《巴黎评论》:你是一回来就开始创作《裸者与死者》的吗?

梅勒:我是一九四六年五月退伍的,六月就搬来这里了。我就是六月底或者七月初开始写这本书的。我当时在特鲁罗租了个海滩小屋写作。一般一本书开始前我还要花几个礼拜暖暖身。

---

① 德怀特·麦克唐纳(1906—1982):美国作家,编辑,激进的政治活动家。
② 纽约曼哈顿的第七大道为美国最时髦最繁华的街道,这里所谓的第八大道指马萨诸塞州科德角尖端普罗温斯敦的一条街也聚集了很多文人,是美国思想繁荣之地。

《巴黎评论》:你做笔记吗?

梅勒:写之前我都要做大量的笔记。我会读很多相关的东西,然后想一想,酝酿一下。现在我都要半年才能进入写一个新故事的状态。我记得写《裸者与死者》的时候只花了几个礼拜,因为那时年轻,而且脑子里只有那本书和那场战争。我几乎不需要做什么调查——都在我脑了里装着呢。那年夏天,我写了将近两百页。

《巴黎评论》:而且你相信自己写得很好?

梅勒:我是一阵子觉得很棒,过一阵子又觉得自己根本不知道怎么写作。那时候我谈不上是什么风格作家——但还是知道什么是好作品的。昨天吃晚饭的时候我们聊到了西奥多·德莱塞。说风格不是他的特长,他有比风格更好的东西,这点你同意吧? 德莱塞就是我那时经常读的一个作家。每当有人对我表示不满的时候,我就会把德莱塞拉过来做后援,嗯,他也没什么风格。

还有个风格太重的问题。我觉得唯一逃出这个陷阱的就是普鲁斯特。他真的是把素材和风格完美地结合在一起了。通常如果你的风格很好的话,素材就会受拘束了。亨利·詹姆斯和海明威都这样。反过来的例子有左拉,他的风格只能说还过得去,没什么动人之处,但是他的素材就非常棒了。

我觉得在我自己的作品中,已经超越了风格这道极限了。它在《一场美国梦》里已经达到顶点了,而在《刽子手之歌》里就看不出来了,因为那本书的素材非常了不起了。《一场美国梦》纯粹是我自己的想象,我闭门造出来的。

《巴黎评论》:也就是以你来说,一个伟大的主题很可能把你在风格上的秘密释放出来,让人看到以前并不那么明显的东西。

梅勒:我笑是因为你倒真是一针见血。我写《刽子手之歌》的动机不是那么高尚。那时我的巴洛克风格遭到了很多批评,让我很恼火。我所有的东西一下子变成了,你知道什么吗——都成了屁话,你以为巴洛克风格很好写吗?不好写。那是你得花力气才能达到的境界,得花好多年的努力呢,这帮人就会说什么简洁的美——那我就写给你们看。简洁有什么,我写这本书就是证明给他们看的。因为我可以找到最好的素材来证明我也可以写得很简练的,于是就写了。这本书里我最骄傲的部分是大概三分之二的地方插入的加里·吉尔摩①自己写的信。我是一字不漏地录下来的。我写的所有东西没有比这篇更好的,因为那封信让他有了生命,你突然发现这是个实实在在存在的人,不管外面怎么宣传。像有些人说的,他可能是个朋克,他也极其残忍地杀死了两个人,可是在上帝看来,他也是个有想法,有个人文学风格的人,这在那封信里表现得很明白。

一直以来我就有个基本的想法,就是现实是一座神秘的大山,我们这些小说家总想爬上去,我们是登山队员。可问题是从哪一面爬呢?不同的方向有不同的爬法,有的是要反复盘旋地爬,有的是要直截了当地爬。关键是要抓住现实的本质。

所以我就把吉尔摩的这本书写得很简洁。它一度让我觉得我可以打败海明威,可是实际上,要论简洁的话,我不是海明威的对手。我对海明威的崇敬不在于他这个人,或他的性格。我在想,要是我们俩见面的话,我可能就会倒霉了。但是他最为全面地展示了英语句子的潜力,这是别人做不到的。

《巴黎评论》:我们就多聊几句海明威吧。可不可以说他向一代人展示了如何不带感情地把感情写到句子中去?

梅勒:对,他在这方面可以说是前无古人后无来者。但他是个陷阱,你一不小心就可能像他一样写作。像海明威一样写作很危险,可是另一方面,他又是个必经的阶段。要是一个年轻的作者——这里不包括女性啊——说他年轻的时候没模仿过海明威,我是不相信的。

---

① 《刽子手之歌》的主角,真实的杀人犯。

《巴黎评论》:你记得你听说海明威自杀的时候是在哪里吗?

梅勒:我记得很清楚。我当时和珍妮·坎贝尔①一起在墨西哥,那时我们还没结婚呢。我真的是吓坏了。至今都还没完全恢复过来。从某种意义上来说,这是个巨大的警告。他要说的是,你们那些写小说的都听明白了:你要是想当小说家就是进入一个极端危险的心理旅程,它可能把你炸得面目全非。

《巴黎评论》:海明威的自杀让你对他的勇敢有所怀疑了吗?

梅勒:我不愿意这样想。我有自己的假设:海明威很早就从生活中了解到,离死亡越近他就越有活力。他把这看成是自己的灵丹妙药,所以才敢于不断地面对死亡。所以我想象海明威晚上经常在跟妻子玛丽说晚安之后,回到自己的卧室,就拿猎枪顶着自己的嘴,大拇指按在扳机上,慢慢地一点点按下去——同时紧张得颤抖起来——他就是想看看自己在不走火的情况下到底能靠死亡有多近。终于最后一天晚上他玩过火了。这种理论对我来说比说他是决定把自己崩了要合理得多。不过,这仅仅只是一种猜测。反正事实就是海明威自杀了。

《巴黎评论》:难道就像有人说的,无论如何,写作就是一种自我毁灭?

梅勒:它对你真的是巨大的消耗。每写完一本书你都会觉得自己又少了一点。这也就是为什么作者对那些他们认为不公正的胡乱批评会极端愤怒了。我们觉得自己是拼了老命才写出来一本书,他们却想用唾沫星子把我们淹死。加里·吉尔摩有一次说,"牧师,这世上没啥是公平的。"这句话我就用了好多遍。可是如果你是在写一部好小说的话,你也就是个探险者——你进入了一个你不知道结局的迷局当中,没人知道结局会在哪儿。一种既恐惧又兴奋的情绪驱使着你往前走。在我看来,一部小说只有写某

---

① 珍妮·坎贝尔(1928—2007):《伦敦旗帜晚报》著名记者、英国贵族后代,据传曾与多名国家元首有染,一九六一年与梅勒结婚,婚姻仅维持了一年。

种不确定能否成功的东西时才有价值。你可能失败。你是在赌你的心理承受力。你就像是一支军队的将军,而这个将军真的有可能把这支军队弄进死胡同的。

《巴黎评论》:我们谈谈年纪吧,确切点说就是变老的问题。年纪的增长对你作为作家的自尊心有什么影响呢?恐怕没什么比意识到自己的最好年华已经过去更让一个人的自尊心受打击的吧。

梅勒:哦,我觉得如果你老了还不客观的话那你就麻烦了。让老年人变得更强大的东西就是客观。如果你对自己说,既然我现在拥有的比以往都少,我的报应也就平衡了,这样才能给你一个支撑。你最后会有一种敏感,作为一个作家的敏感,对失去的东西的敏感。随着你慢慢变老,你只会变成一个更加睿智的作者。你每一年都能了解到更多的人性。但你会写得跟以前一样好,一样精彩吗?不,不一定。你水平可能还下降了一两个等级。

《巴黎评论》:为什么?

梅勒:我觉得仅仅是个大脑衰退的问题,没别的。大脑退化了。为什么老爷车比不上新车?你只能接受事实了。你不会猛敲一辆老爷车喊,你背叛我了!乐观一点的说法是你了解这辆老爷车的每一处噪音的由来。

《巴黎评论》:有人告诉我说,一位美国作家前辈去见另一位也到暮年的前辈的时候说,够了,别写了。

梅勒:他叫他别写了?

《巴黎评论》:是的。这是纽约流传的一个故事。如果是真的,人们大概会把这个举动看成是爱护。一位伟大优雅的剑客劝说另一位放下武器。

梅勒:不,我不相信这是真的。我跟你说,如果有人跑来这样对我说,我会告诉他,玩笑归玩笑,你还是一边凉快去吧。

《巴黎评论》:你觉得美国是个写作的好地方吗?

梅勒:我年轻时,这里还是个作家的天堂。因为我们美国有那么多好作家——那时候我们大多数文学杰作都还没写出来呢。英国小说家要面对那么多十八、十九世纪的天才,要赶超他们。我们有多少人要赶超呢? 有几个伟大的作家,梅尔维尔和霍桑。不过这个名单很短。对我们来说,这是片广袤的天地。现在我们很困扰。都是电影的错,尽管美国作家一直以为我们在好莱坞方面要略胜一筹。可是你不可能从电影里了解到多少人性,你只是去娱乐而已——完全浪费了你追寻我们来到这个世界的目的的能力,我觉得这才是我们的诸多麻烦之一。

现在,人们通常都聚集在电视机面前,而电视的一个基本元素决定了它绝对无法达到严肃阅读的效果,这就是广告。每过七八分钟,每当你要进入故事深处的时候,就被打断了,根本没法集中精力。孩子们长期看电视的后果是失去了对所有连续叙事的兴趣。作为一个作家,我真的感觉到自己像个技艺即将失传的老艺人。写作曾经是门精巧的艺术,现在却退变成了门手艺,而且就连这门手艺都快传不下去了。你的问题的答案就是:美国曾经是小说家的天堂,现在再也不是了。

《巴黎评论》:有没有过整个国家都盼着小说家来讲出真相的时候?

梅勒:在我那个年代,也就是四十年代初期的重要作家,在我看来比电影明星可重要多了。电影明星都是些少见多怪的东西。演员们可能更有活力,长得很好看,可是这些都不重要,不是事情的本质。而对于作家们,我不知道别人进入这样一个专业领域的时候是什么感受,反正我觉得当作家就应该是——职业化的。这对我来说至关重要。

《巴黎评论》:这个国家似乎一直渴望出现伟大的小说家——渴望一部伟大的美国小说。这与你的职业化理论相符吗?

梅勒:差不多吧。我觉得我们当中有几个五六十年前还在做着这个梦——写一部伟大的美国小说。可我要说,这梦现在奄奄一息了。

《巴黎评论》：雪莉·温特斯曾经讲过一个你的故事。我听说是这样的：大概是一九五〇年，她跑来请你帮她讲讲怎么理解德莱塞的《美国悲剧》，她很想在乔治·斯蒂文斯改编的电影中扮演那个工厂女工。电影最后拍出来叫《郎心如铁》，男主演是蒙哥马利·克利夫特。挺有意思的，这事儿。

梅勒：是有这事。

《巴黎评论》：我觉得一个姑娘跑到作家这里来请教对作品的理解，这真是不错。

梅勒：哦，我们早就认识了。雪莉那天打电话过来，非常激动。她说，我明天就要去见乔治·斯蒂文斯了。那时候，她还被认为是个没头脑的金发美女，而不是什么演员。她对表演其实非常认真，但她在一些无聊的片子里演了些没头脑的花瓶，她则想演深刻点的。

她说，我要读这本《美国悲剧》，可是它有七百页。我明天之前肯定读不完，等等。于是我说，好吧，我过来看看。当然我本来也有自己的事。不过我想，嘿，我可以单独和这位金发的女明星待一会儿，说不定能发生什么好事呢。于是我就过去了，结果她当时正出麻疹。脑袋用印花手帕全包起来了，连下巴都肿了，看起来太糟糕了。身上穿的也是件旧和服，看不出一丝性感。而她的表情也是一副想哭的样子。

那时候我一般不是很有效率。不过那天我例外。我说，你看，这本书好几百页，不过你的角色到中间才出现，于是我给她看了中间的二百五十页。你尽可能地读吧，别担心。重要的是你可以演这个角色。你要记住的就是，你要演的她是个工厂女工，她完全没有一点城府。她就是她自己。这就是洛蓓达·奥尔登这个人物的本质。她因此爱上克莱德，也因此失去了他。

然后我就回家了。当时可能还为那天未能得逞的桃花运心有不甘。回到家，跟妻子汇报时都是一种丈夫出外偷腥不成故作正经的语气。再后来，二十四小时之后，雪莉又打电话说，诺曼，我得到这个角色了。她说，我跟导演说，斯蒂文斯先生，我认为洛蓓达·奥尔登这个人物是个完全没有城府的女孩。然后他说，嘿，你知道吗，你不是我以为的花瓶。于是她就得到了那个角色。后来她拍戏拍了几个星期之后，又打了个电话过来说，诺曼，我需要新东西。我需要新台词。没城府这句话我说过好几次了，导演快听腻了。

《巴黎评论》：很多采访者都很关注动机的问题。你为什么写这个？你为什么跟她结婚？你是怎么开始这个行动的？你为什么这么做？这让我想起你的新小说《林中城堡》，也同样被无数人追问动机的问题，最大的问题就是什么养成了阿道夫·希特勒的魔鬼人格？乱伦？蜜蜂的榜样①？他父亲揍他太狠了？

梅勒：都不对。这些都不对。

《巴黎评论》：等一下，你意思是说这些不重要？但是动机的问题对你决定写这本书起了多大作用吧？

梅勒：哦，我写作的动机跟我为希特勒找到的动机没关系。我讨厌作家从心理解释上来假装解答了问题，其实什么也回答不了。

《巴黎评论》：可是，你还是把这些东西给写进书里了。

梅勒：嗯，它们当然也是影响因素。但是我写这本书的理念从一开始就是让一个魔鬼来讲述这个故事。书中有一段很长的话反复出现，说的是今天只要稍微有点脑子的知识分子就很难相信上帝，更别说魔鬼了。可是我的想法是，除了受魔鬼的蛊惑外，对于希特勒还有什么更好的解释呢？就像耶稣也只能说是受上帝激励一样。如果人们能相信耶稣是上帝的儿子，也就没有理由不能接受希特勒是魔鬼的后代了。这是最简单的解释。没有别的更好的了。

---

① 希特勒父亲热衷于养蜂，西方有理论认为这对希特勒有一定影响。

《巴黎评论》:你同意弥尔顿和他的《失乐园》说魔鬼有时也会占上风吗?

梅勒:当然,还不只是上风呢。我真的认为上帝和魔鬼之间的战争在各个方面都是难分高下的。现在人们都蔑视这个观点,因为我们生活在一个技术时代里,一般人对中世纪遗产感到恶心和厌倦了,他们认为那时候的人只会五体投地地哭着向上帝祈祷,哦,上帝啊,请听我说。哦,上帝,救救我吧。哦,魔鬼,滚一边去。哼,自打启蒙运动以来,我们有了伏尔泰。我们花了几个世纪来塑造我们人类的自尊,现在我们是第三方力量,站在上帝和魔鬼之间,占据着中心的大片地盘。当今的人有一半不相信上帝或者是魔鬼了。

《巴黎评论》:你相信上帝吗?

梅勒:哦,我当然相信啦。但我不相信上帝是个以耶和华的名义的立法者。那是教士们当年用来攫取权力的工具,攫取权力意味着你要让人们害怕一种强大的力量,说如果他们不听话的话就会遭到惩罚,这样此种力量的代理人就有了巨大的权力。所以,不相信上帝是万能的,万事皆有报应的祭司是不存在的。可我根本不相信这些。我相信上帝是个造物主。我相信的是,我们都是上帝创造的,但就像所有的创造者一样,上帝并非时时刻刻盯着我们。上帝最多也就是人们在处于困境时可以祈祷的对象。

《巴黎评论》:这是一个存在主义的上帝吗?

梅勒:完全正确。他不知道最终结果会怎么样,他不知道一个人是否会成功。他和魔鬼作斗争。如果要说的话,这个上帝就是我们身边的上帝。在这个宇宙中有无数个区域性的上帝。个个都有不同的存在意义。有些还相互矛盾,有些相隔非常遥远,没有什么关系。可是如果非要用一种非常出格,非常错误的阶级眼光来看的话,我会说魔鬼可能是被一种反上帝的力量派来的。换句话说,宇宙中还有更高的力量,它不像我们这个伟大的上帝一样有着人道思想。

《巴黎评论》：现在不少美国人认为上帝和魔鬼在他们日常生活中都存在。

梅勒：我也觉得是存在的。不过没到掌控的程度——我不相信要是魔鬼抓住了你的话，你就永远被控制了。可是你敢说你从来没有某个时候感觉自己的邪恶吗？

《巴黎评论》：可能有时也像天使吧。

梅勒：不，就邪恶。我觉得这是唯一的答案。

《巴黎评论》：可在《林中城堡》里，我感觉你的意思是说希特勒一定会成这个样子，因为魔鬼在他孕育时就控制了他，这是不是有点神秘化了。我对这部书的看法是：一个作家不能忽视人本身的能动性，创造一个只存在于他们自己的思想局限和生命结构中的恐怖。

梅勒：你可以这么说。可是希特勒就是这么一种怪物：他的行为无法解释。斯大林则是可以理解的。我们能够读到斯大林的传记，我们可以研究布尔什维克运动，我们可以研究俄国的情况，我们可以研究俄国革命带来的可怕后果。我们可以把斯大林一点一点地拼起来，从一个人的角度来理解他。我们不需要引进魔鬼来解释斯大林。可是希特勒就不一样了。希特勒没有斯大林那么坚强。他非常脆弱。他不可理喻，除非你接受因为德国人本性的原因，魔鬼选择了他的说法。

这里我透露一下。我现在正计划着写下一本书。也不知道我还能不能活着把它写完。但是可以的话，希特勒就会以魔鬼的代理人出现。在《林中城堡》的结尾处，他是魔鬼种下怪物种子的几十万个候选人中的一个。魔鬼，跟上帝一样，控制着许多事情，可是历史不是完全可以预见的。上帝和魔鬼就是在相互斗争。人类在跟他们斗，也在自己内部斗。魔鬼可不打算像上帝创造耶稣一样创造希特勒。他是个实用主义者，所以他创造了数十万潜在的希特勒，但只有这个出头了。为什么？因为德国非同寻常的条件。这些条件在希特勒出生时还没出现，这在我的下一部书里才出现。下一部书就是要讲这个可恶的孩子怎么走上权力巅峰的。

《巴黎评论》：我们今天生活的这个世界，是一个越来越由认为其他人都是邪恶力量的人主宰的世界。

梅勒：是啊。

《巴黎评论》：到处都是这样的术语：邪恶轴心，大撒旦，邪恶帝国等等。

梅勒：我想尽力做到的就是把面包上的这层黄油涂匀了。美国有没有魔鬼？有。伊斯兰有没有魔鬼？有。哪边更邪恶些？天知道。我们都是同时有大恶也有大善的人。我们的宗教就告诉我们说我们是个混合体，极端复杂的混合体。无神论者说他们不相信上帝照样快乐。可是他们在哲学层面上无法快乐，因为他们无法回答我们怎么就成了现在这个样子的问题。他们很难描述这么复杂的人性是怎么无中生有的。如果有个创造者上帝就很好解释我们为什么来到这世上了。我们是上帝的创造物，上帝极其尊重我们，就像是一位父亲，一位好父亲尊重子女一样，因为父亲总希望孩子能比自己更有出息。同理母亲也是一样。从这个道理上来讲，你也可以说，我们是上帝的前锋。我觉得天堂是疗养院，地狱是酷热的熔炉之类的说法说不过去。

《巴黎评论》：你既然相信来生。那么你觉得你下辈子会是什么呢，诺曼？

梅勒：嗯。只能等着瞧，对吧？我在等候室里坐着，最后叫我名字了。我走进去，里面有个守护天使说，梅勒先生，很高兴见到你。我们一直盼着你来呢。告诉你一个好消息，绝对的好消息，你可以投生了。我说，哦，谢谢，是的，我可不想进入什么永恒的安宁。然后那个守护天使说，嗯，我只告诉你啊，那不是完全永恒的安宁，也可以有一点兴奋的。不过，现在是你可以投生了。等一下，在我们看你可以投生成什么之前，一般都要问一下下辈子你想变成什么？我说，好吧，我想成为一个黑人运动员。我不管你把我生在哪儿,我都想试一下。对,这就是我想变的,一个黑人运动员。然后守护天使说了,听着,梅勒,那个部门订满了。看来下辈子大家都想做黑人运动员,我不知道……很难开头……我看看我们本来给你定的是什么吧。他打开那本大书,查了一下说,嗯,我们决定把你送下去当蟑螂。不过有个好消息:你是那个地区爬得最快的蟑螂。

《巴黎评论》:还算不错。

梅勒:转世投生是上帝评判智慧的最好证据。我再说一遍,上帝不是个立法者。他是个创造者,创造者是有判断力的。

《巴黎评论》:是不是加里·吉尔摩对于转世投生的信仰吸引你去写他的?

梅勒:是啊。但我多年来就有这种想法。一九五四年,当我还是个骄傲的无神论者的时候,我非常骄傲,非常自信。我坚信上帝必须被摒弃掉。我那时去伊利诺伊州拜访詹姆斯·琼斯。他谈起了转世思想。那时,琼斯是我遇见的最讲实际的一个作家,一个典型的中西部人。他对于现实,既定的条件以及你该如何应对有着非常明确的思想。他认为生活中的快乐就在于如何一步步地应对现实的困难。他是现实的坚定信仰者,不过他也相信来生。我对他说,你不是真的相信这码子事,对吧?他说,谁说的,我信!这是唯一讲得通的道理。于是这句话我记了十年,最后终于也把它纳入了我的思想里。

《巴黎评论》:你会做很暴力的梦吗?

梅勒:不,我不做这种梦。我把它们都写到书里了。

《巴黎评论》:你作为作家一直都很关注暴力,你的名声也总和暴力相连。

梅勒:名声比实际要糟,传说总比实际的要夸大。

325

《巴黎评论》:我们谈谈你的名声吧。最近有两部电影都谈到你。一部是《声名狼藉》,道格拉斯·麦克格兰斯拍的关于杜鲁门·卡波蒂的电影。其中有一个镜头,卡波蒂和几个他喜欢的富家女孩一起吃饭。其中一个问他走进那个全是杀人犯的监牢里害不害怕。卡波蒂说,"老实说,我更担心诺曼·梅勒的安全。"

梅勒:如果你一生打过五次架——比如说五次吧,公众就会以为你打过五十次甚至一百五十次架。

《巴黎评论》:另一部电影,《工厂女孩》讲的是伊迪·塞奇威克的故事。有一个镜头是安迪·沃霍尔坐在忏悔室里对一个牧师说,"我正跟这个朋友说话,诺曼·梅勒走过来就一拳打在他的肚子上,我当时想的只是,诺曼·梅勒也会揍我吗?"

梅勒:人们见到我的时候常常不知所措。

《巴黎评论》:你很厌恶这种说法吗?

梅勒:哦,我已经过了厌恶的阶段了,你知道,你只能耸耸肩。

《巴黎评论》:不过你的作品里的确充满了暴力。

梅勒:对暴力的兴趣是合情合理的。我一直觉得这是前辈留给我们这一代作家的疆域。十九世纪的作家们写爱情,写爱与失落,写诚实,还写了一些堕落的故事。他们把社会力量当作改变人的意志的抽象力量来写。二十世纪到来以后,海明威开始痴迷于暴力,因为他自己的身体在战争中就被撕碎了。暴力对他来说是最主要的。我读海明威的时候,非常痴迷于他创造暴力的方式,但是还不满意。

《巴黎评论》:你是不是同意人类生活在巨大的暴力威胁之下?

梅勒:这正是最具讽刺之处。个人暴力是禁忌,而我们生活当中却无时不有大规模的暴力。那些年不管是在苏联还是在美国都有些非常认真的人白天黑夜地想着他们怎么彻底摧毁对方的国家。我是说,他们一天到晚算计着如果完全摧毁苏联的话损失到底有多大。那时这是一直在进行的常规计算。

《巴黎评论》:我们接着往下说,我们进入了一个时代,你们这一辈美国作家真正开始细致地体会到暴力是如何同时存在于我们的想象和现实社会中的。请继续说明一下。

梅勒:我对于文学界在面对暴力时的敌意十分敏感。那是个一切都不确定的时期,我们不知道能不能走完那个世纪。我们也都适应了——我们现在仍然还怀有这种不确定性。这时,个人暴力被认为是非常令人厌恶的,不许谈论。而在我看来,暴力时刻就是存在时刻。它们就是生活。于是有人看着它们说,或许我可以拿它做点什么有意义的事。

《巴黎评论》:那比如你看看像李·哈维·奥斯瓦尔德这样的把自己的名字和一件可怕地暴力事件永远联系在一起的人——你看到了什么?

梅勒:嗯,首先,我得决定他是否是真凶。当我开始写《奥斯瓦尔德的故事》时,我觉得自己要是能去一趟俄国的话可能会有更多发现。我相信背后肯定有阴谋。而且我越是了解奥斯瓦尔德就越来越相信,就算他是阴谋中的一员的话,他也只是个跑腿的角色。他绝不是在某种阴谋中起重要作用的人,因为他是个不合群的人。他太骄傲了。他想独自一个人干这件大事。我当然可能整件事就弄错了,因为我说奥斯瓦尔德杀了约翰·F.肯尼迪时,我也是顺着情报官员结论说的。这意味着我也是百分之七十五地肯定他杀了肯尼迪。当然,如果有人拿出确凿无疑的证据证明他参与了阴谋,我也只能承认我错了。但我认为他干这事原因很简单,就是他想出名,他想不朽。这点在他身上特别突出。再加上他有苏联和美国的经历,他把大规模暴力转换成了个人暴力,终于觉得自己在现实中扮演了一个重要的角色。

《巴黎评论》:你还坚持你文章《白种黑鬼》①当中的观点吗?

梅勒:我还坚持认为肯定有那么一部分人——尤其是年轻人,他们的生活质量完全依赖于他们的性高潮。换句话说,他们一个接一个地寻找能给他们带来更大高潮的姑娘。这就是他们的追求,这就是他们的爱情观念。谁能说他们错了呢? 高潮是我们自身一种非常深层的表达。很多黑人非常恨我,因为我在进行高潮调查的时候问的黑人比白人多。我想的是,因为他们在很多方面被剥夺了成功机会,所以这时多重视他们一点是合理的。

《巴黎评论》:我想跟你谈谈作家是怎么升华现实素材的。劳伦斯·席勒②帮你采访的加里·吉尔摩和李·哈维·奥斯瓦尔德的故事。那么你能谈谈怎么把事实变成艺术的吗?

梅勒:要说得艺术化些吗? 好吧。拉里做了对吉尔摩的三分一,也许一半的采访吧——量非常的大。然后我也做了很多次,而我的助手朱迪丝·麦克纳利采访了所有的律师,因为她很擅长这个。最终我们有了大约三百个采访记录,我可能参与了其中的一半。之后,就有点像是把枫树汁弄成糖浆——整天放在炉子上熬,熬到最后就是精华了。我们的第二步是把它们变成虚构的形式。

这时我意识到事实和虚构之间有一个有趣的互反关系,这种感觉我都没法论证和解释,就是我越尽量地描写实际情况,它就越显得虚构化。当你有了一大堆干巴巴的事实时,麻烦的是这些事实大都不是——我想说什么来着——精练的。它们上句不接下句,到处都是补丁,变形和夸张。还常常不能保证真实。通常来讲,你都不用把所有这些事实凑起来,所以不管你怎

---

① 《白色黑鬼:对爵士乐迷的浅薄思考》是梅勒1950年发表的一篇随笔,记录了上世纪二十到四十年代一些白人青年喜欢爵士乐,摇摆舞乐,接受黑人文化的现象,文中梅勒自认为是个白色黑鬼,文化杂种。

② 劳伦斯·席勒(1936—)美国著名摄影师,奥斯卡奖获得者。采访加里·吉尔摩和奥斯瓦尔德是他先发起的,后来把《刽子手之歌》拍成了电影。

么努力怎么认真，这个故事最后常常是和现实相背离的。

《巴黎评论》：太精彩了，接着说。

梅勒：好的。我说到这里意思是任何历史要是完全靠事实建立起来的话就会充满错误，会误导。必须靠人脑才能把曾经的现实综合起来。今天，现实已经不一定非得是曾经发生的那起事件了，而必须是人们有限的脑子里能容纳的现实，是事情将会怎么发生的可能性。这是跟以前完全不同之处。如果你读完一本书后说事情很可能就是这样发生的啊，你的思想就丰富了。我对于《刽子手之歌》的素材处理的原则是，这些东西如果仔细检查再检查，删减再提炼的话，就可以开创出一个现有素材的秩序，我称之为虚构。之所以是虚构的，是因为它有生气了。这就有很大不同了。如果你把事实用这样的方法堆砌起来，让它们获得了自己的生气之后再给读者，那你就是在写小说。小说不止是故事或传奇，也不是因为它与真实相对，讲的都是非真实的事实才叫小说。你可以写真人真事，可它还是小说。

《巴黎评论》：下面的问题你肯定不是很乐意听到。当你写《夜幕下的大军》时你感觉那是小说吗？

梅勒：哦，嗯，我没有带着"作为小说的历史和作为历史的小说"这个标签去干活。直到今天，我也还不确定我当时写那本书的时候到底做的是什么。我认为《夜幕下的大军》不是小说。那本书是我所能写的最真实的了。它是自传性的叙述，这跟小说可不是一回事了。

《巴黎评论》：你的两部普利策获奖小说都是基于真人真事写的，你对此有什么想法吗？

梅勒：有人用不容置疑的口气说，梅勒当然是个非虚构文学的作者——他不是真正的小说家。对，这让我很恼火。因为说这话的人显然不熟悉我的作品。没人读了《妓女的鬼影》后会说它不是小说，对吧？没人能读完了《古代的傍晚》后敢说它不是小说。他们只是不熟悉我的这些作品，就这么回事。他们就凭他们读过的几本碰巧是非虚构的书就下结论了。

我承认我这些年来有喜欢写非虚构作品的问题。我之所以热衷写非虚构的作品是因为它比写小说更简单些。你不用担心故事怎么编。

《巴黎评论》：这可不行，诺曼。这样不对。

梅勒：不，你等我说完。如果你写的是虚构作品，你可以让你的故事随便发生在任何一个早上。你可以让你的主人公去做一件对你目前来说非常严肃的事，然后你就得顺着这个行动去写了，你必须着眼于这个行动的一系列后果来写。两个月后，六个月后，最可怕的是，直到两年后，你突然醒悟过来你一开始那天就走错了。这在写小说的时候是屡见不鲜的，足以把你吓死。

《巴黎评论》：好吧。可你不会说你之所以写非虚构作品是因为它写起来容易吧？

梅勒：不——当然不。我写非虚构作品是因为这些工作来找的我。比如《梦露传记》，当时司各特·梅瑞迪斯是我的经纪人。他打电话来说他拿到了一个为玛丽莲·梦露写两万五千字的传记的代理，价钱很好。然后他就说了数目。

《巴黎评论》：多少钱？

梅勒：根据当时的记录是五万美元。那时候这可是个大价钱。司各特对我说，你看，诺曼，这价钱真的挺好，但是别写太多了。结果我写着写着被梦露吸引了，最后交稿时是九万五千字。这样，五万美元最终也就成了一般的报酬而不是意外横财了。我要说的是，这部书写起来很顺手。我不用做太多思考。这位金发美女的生活已经令人难以置信了，根本不用再去创作什么——素材就在那儿摆着呢。最重要的是，写这本书让我对真实的事实和虚假的事实有了很多经验。要知道，那时我成天跟一群骗子打交道。好莱坞的每一个人都是夸大，歪曲，裁剪或者操控故事的高手，所以你就得像情报人员一样去甄别什么是真的什么是假的。

《巴黎评论》：你是不是有点喜欢做情报人员的这个状态？

梅勒：答对了！我有一次给《名利场》写一个关于沃伦·贝蒂的故事。我很喜欢他，我觉得他也喜欢我。我还想让他参选美国总统呢。那是一九九一年，他当然不同意。后来亚里安娜·休芬顿写信建议他参选总统。于是我就给沃伦打电话说，你当副总统行吗？他回答说，好啊，好啊，你想干什么？情报局长，我告诉他。那就你了，他说。然后我们就笑啊。哎，要是沃伦·贝蒂当了总统就好了。

《巴黎评论》：福楼拜觉得读者可能会发现爱玛·包法利的模特和作者非常接近。那在你笔下的众多人物中，有没有一个你可能会说，比如阿道夫·希特勒，就是我？

梅勒：我在写沃伦的故事的时候，去看了沃伦·贝蒂主演的电影《巴格西》，那时还没公映呢。《巴格西》中的暴力是很突出的。虽然沃伦·贝蒂平时看上去很活跃，有点像运动员，可你不会觉得他暴力。所以，当看到他令人信服地饰演了这个暴力角色时很是惊讶。我跟他说，你不怕你的朋友们从此在你身边不舒服吗？他说，哦，不会，我绝大多数的朋友都是演员，他们能理解。要演好一个人你只需要不超过百分之五像这个人就行。然后他咧嘴笑笑说，当然，如果你要是有百分之七十五像就更方便了。所以我说，写希特勒，我只要百分之五的相似度就够了。

《巴黎评论》：你写出来的可远不止百分之五。

梅勒：你要把你全部的火力集中到一起来。这就是为什么很少有人能成为成功的小说家并保持成功的原因。他们很有才华，但是还得把力量集中起来做事。这里就有些不是那么舒坦的事了。比如，做一个小说家意味着你得准备过一种苦行僧的生活。当你真的开始写作的时候，就得连续十天坐在那儿，对你的伴侣，对任何人都不搭理。你也不想被搭理，你不想接电话,甚至都不大想跟你的孩子说话——你只想独自待着写作。这很困难。而且每天早上你都得到那儿面对着空白的纸张重新开始。所以,干这一行要求的不是一般的集中精力。你必须努力进入一种精神上的压抑才能达到思考的境界。你不是自己在想,你要以推动这部小说的人物的身份去思考。

《巴黎评论》:你有没有过百分之七十五的情况,就是觉得你对这个人物把握特别大的时候? 我的意思是说你从心底了解这个人物,而不仅仅是他妻子们的名字和他们有过多少次约会。比如说毕加索。

梅勒:要是那样就容易了。可是没有,从来也没超过百分之七十五。总是少于一半。我是说,这些都是非同寻常的人。像你提到的李·哈维·奥斯瓦尔德,加里·吉尔摩,玛丽莲·梦露,希特勒。他们之间有什么共同特性? 他们基本上都是没有根的人——都是不会有身份认同危机的人。

《巴黎评论》:那穆罕默德·阿里呢?
梅勒:哦,我觉得他每隔几年就得重新打造自己的身份。

《巴黎评论》:为什么?
梅勒:阿里关注的不仅是拳手,还有赛场,还有观众。他有着绝对的清醒。所以每次他的地位转换了——他大起大落好几次呢,每次他都会变成不同的人。所以,他有身份危机。或者叫调整,身份转换。

《巴黎评论》:耶稣基督呢?
梅勒:如果你知道自己是上帝的独生子,你的身份危机就多了。

《巴黎评论》:你一直对那些著名人物的光辉与苦难情有独钟,但是对于家庭生活的细节或是美国大众下笔不是很多。索尔·贝娄就把他周围发生的大大小小的事都写进了小说。你曾经有过六次婚姻,可是却从来没像他那样利用过这些经历。

梅勒：确实没有,有原因的——就是,我认为你生活中的基本经验是你想象的水晶球,你可以把你的想象用不同角度的光线来照射。光线照过来,你可以从这边放它过去,也可以从那边放它过去,不同的角度就会有不同的故事,不同的叙述,写成不同的小说。就像演员的表演一样。我从来都没有直接描写我的任何一个妻子,我甚至也从来没写过我的任何一位妻子。但我肯定写过这些妻子不同的特性,我的孩子们的特性,因为我不信任直接使用仅仅一个人的经验。我觉得要是你这样做的话,你就取消了其他的可能性。

《巴黎评论》：现在,要想跟你谈论虚构艺术而不涉及政治是不可能的了。你也曾经自诩为左翼保守派。

梅勒：我还是。我就是左翼保守派。

《巴黎评论》：那我们来聊聊新保守主义吧。它现在在美国可盛行了。我很好奇你跟诺曼·波德霍兹①他们的关系,这些人都是在长时期奋斗之后,偏离最初方向比较远的人。

梅勒：嗯,我能理解他们。而且,事实上,我觉得我对波德霍兹的转变还负有一定的责任。他和我曾经是很好的朋友。他写了本书叫《成功》,遭到了严厉抨击。他在左派里很不受欢迎。我一直都不明白他为什么这么不遭人待见。可是他们大肆糟蹋这本书,你都难以想象。那情景实在不太好看。那时我还没读这本书——或者说我刚读了一半,觉得还挺好的。我看见他们这么糟蹋它就对波德霍兹说,我也来写个评论吧。于是我就把后半部也读完了,这才发现这本书前后矛盾。后半部简直是太可怕了。前半部里,他的理论是左派的那些小秘密,都是艺术家和知识分子所熟知的,想发扬光大的,想使之成功的思想。不过他们都只是私底下藏着,没让外人知道。但这些他们从来不谈论的东西才是他们真正的动机。你可以谈性,但是你不能

---

① 诺曼·波德霍兹(1930—　):美国新保守主义理论家,政治月刊《评论》的主编,评论家。

谈理想，谈对功成名就的渴望。他就全给兜出来了。然后他开始描绘左派里的各个成功人物——全是些伪善的，甜美的小画像，我们这些圈内人一看就知道不是这么回事。我对于他能如此背叛自己的书吓坏了。这是彻头彻尾的失败——换句话说，你如果想要在理论上强大的话，你最好是在细节上也够坚实。这才能算是一本好书。要两头硬。他却两头都不是。

于是最终我也开始嘲讽他这本书，而且还特别不留情。现在回头想想，我可能有点太过了。他陷入了低潮，躲起来大概有一年……啥也没干，只是编他的杂志，听音乐，几乎不见什么人。之后，他就转向右派了，不仅仅是站到右边，而是要比右派还右派。所以，我觉得我有责任，在把他推向那边的过程中是有责任的。这很糟糕，因为现在他开始为他在右派那边所犯的错——比如说支持伊拉克战争——付出代价了。那他也得受着——他必须得为他新保守主义的愚蠢行为负责。

《巴黎评论》：政治是你的激情所在——而且是在行动层面上，有一阵子也在写作层面上。那你实现了你希望的政治局面了吗？

梅勒：如果你是个政治性作者，你就会一辈子攻击你政治上憎恶的东西。可能成效甚微，但是你内心就有这种冲动。一度我还进入政坛两次参选纽约市长，以为我能够改变现状，结果我发现还不如参加个足球队呢，那时我对足球一窍不通。

《巴黎评论》：一九六九年的市长竞选标志着你政治生涯的结束。

梅勒：不过之后我明白了几件事。其中之一是我没有足够的耐力，我是说这种三四个月的竞选运动对我的年纪来说太辛苦了，我一直觉得很累。我们在媒体上几乎没有声音。很多时候，似乎我们只是自己在跟墙打。我当时说的话后来广为流传的一句就是你不可能指望一个新生就能选上兄弟会主席。不过我刚说完这话，吉米·卡特就当上了总统。他打破了规则，但是他不是个成功的总统。

《巴黎评论》：那你一定很好奇捷克作家瓦茨拉夫·哈维尔是怎么又当总统又当作家的？

梅勒：我不大清楚他的事业。我们曾经见过一次，好像不大愉快。因为我去过哈瓦那，就谈起了见卡斯特罗的经历，说他是个有意思的人，这其实也不可否认。但是哈维尔一言不发。显然我不是个他认为需要发展关系的人。所以我的感觉是，嘿，你告诉我一边去？我也就叫你一边去！他激起了我身上老布鲁克林人的骄傲。

《巴黎评论》：但在某些层面上你们俩是能理解的？

梅勒：我理解，可我觉得这是气量小。对，他是一辈子都在和共产主义做斗争，他讨厌他们，但是你得会区分啊。共产主义者里也有比较好的人。要说地球上还有一个的话，那就是菲德尔·卡斯特罗。我的意思是说，共产主义者中间的区别也大了——那个迫害哈维尔的普通共产党人只是个官僚，他只是上行下效，混口饭吃，他之所以成为一个迫害者，是因为他是个庸才。而卡斯特罗则不同，每一个美国总统都很恨他，原因很简单，就是他领导的国家敢于战胜美国。他们是怎么当上总统的？通过和他们几十年来一直都鄙视的人握手上台的。哈维尔应当能够看清楚这区别。

《巴黎评论》：弗兰纳里·奥康纳曾经问过一个问题，"谁在充当美国的代言人？"她给的答案是广告公司。你能觉得什么时候美国小说家可以成为这个问题的答案呢？

梅勒：不，现在不行。我也很沮丧。我希望我能更肯定一些。但是商人们已经掌握了这个国家。美国伦理里有一个深远的转变。我们过去是个为自己制造的产品自豪的国家，它们不一定是最棒的、最漂亮的或最精确的，但我们的产品绝对对得起我们的经济繁荣。现在这个国家只为营销而自豪。

《巴黎评论》：F.司各特·菲茨杰拉德那时候知道美国已经幻想上瘾了。

但现在是不是可以说美国人更加沉浸在自欺欺人当中呢?

梅勒:说到外交事务,我们从"二战"以来就一直生活在谎言中。现在,大概是战后五年或者十年起里,俄国是个意识形态威胁,因为他们对于贫穷国家有很大吸引力。这没问题。后来,他们不景气了,不再是我们的巨大威胁了。可是四十多年来,冷战还是持续不断,我们一直让美国人以为自己还处在一场意识形态之战中,我们必须得赢。于是就有一大堆狗屎,就像岩浆一样慢慢流入美国人的脑子里。

这个国家大多数人都信仰耶稣基督。他们认为同情是最伟大的美德。但是我们只有在礼拜天才相信这一点。至于其他六天,我们是激烈竞争的国家。我们忙得跟个鬼似的就为了比邻居多挣点钱。文化是美国人反应最慢的一个词。一个欧洲人清楚地知道文化意味着什么,他们的建筑里,弯弯的街道上充满了文化。而我们的大街都是直来直去的,因为这是到达市场最快的路。所以,美国人的生活中有巨大的负罪感,这种负罪感就是我们不是好的基督徒。卡尔·罗夫①模式——愚蠢加爱国主义——就粉墨登场了。两党的宣传机器,尤其是共和党的,主要就是灌输我们是个高尚、正义的国家,想的全是为了这个世界更美好,我们是上帝保佑的国家,上帝也希望我们成功,我们是上帝的项目。在这种口号之下,还存在着一种持续的羞耻感,持续的负罪感,惭愧我们没有自己假装的那么好。

《巴黎评论》:年轻的美国作家已经发出呼声,表达对美国高雅文化遭到忽视的担心和奥普拉读书俱乐部的兴起忧虑。可是在我看来,作家们干得还行,实际上,是批评文化出问题了。作家的成长是以一代文学评论家的成长为条件的,或者说和他们共同成长的——评论们应当有政治感觉,对高雅文化充满尊敬。我想到的是欧文·豪,阿尔弗雷德·卡赞,莱昂内尔·特里林,当然还有埃德蒙·威尔逊。请回答我两个问题:这些批评家读者的存在是否影响了你为之写作的文化意识? 第二,这种批评文化的消失是否

---

① 卡尔·罗夫(1950—):布什总统的高级政治顾问,也是布什总统多年来的密友。

把小说的优良品质也带走了？

梅勒：这两个问题的答案都是非常肯定的。那些评论家是审视我的同辈。我见到特里林和豪比见到什么电影明星都要激动多了。埃德蒙·威尔逊是最接近耶和华式的人物了。你期盼得到他们的尊重，你会很害怕他们的否定。同时，随着你的成长和发展，你也不觉得你低他们一等。最后，会有一个时刻——一个快乐，幸福的时刻，你可以说，好吧，在这个问题上，我可能比欧文·豪懂得更多一些。那真是美好一刻。可惜再也没有了。那些评论家都过世了。我目前没发现谁能替代他们。

《巴黎评论》：你是特里林的朋友。你觉得这类人帮你确立了你的写作风格吗？

梅勒：我和莱昂内尔不怎么熟，他从来没怎么介入我的哪一本书。但是跟他很好相处。他是个很聪明的人。他写过一本书，《自由的想象》——你可以争辩，你可以接受，也可以思考。他是个很适合晚上坐在一起聊天的人，因为他的脑子是如此之好。他妻子戴安娜倒是很有热情，非常情绪化，她开放，冲动，暴躁，什么事情都立场鲜明，绝不含糊，非常有趣——完全是莱昂内尔的对立面。我想我可能更接近戴安娜。我们俩就像表兄妹。我们一直吵个不停却又相互敬慕。当然，还有莉莲·海尔曼——他们不可能成为朋友的，特里林两口子和海尔曼夫妇，因为莉莲是共产党的同情者，而特里林夫妇是非常反共的。不过他们从来没讨论过这个话题，直到最后他们分开。

《巴黎评论》："婚姻是个可行的机制，"你的新书里的叙述者说，"尤其是对于可怕的人来说。"这句话让我发笑。

梅勒：哦，那是魔鬼在说话。不是我。

《巴黎评论》：随便是谁说的。但我还是想知道你的婚姻是否有助于你的写作事业。

梅勒:我们换个问法吧。毕加索的婚姻——我们还是说伴侣关系吧,让他成了一个更好还是更坏的画家呢? 这真是个有趣的问题。

《巴黎评论》:她们当然给他带来不同的变化。

梅勒:每个妻子都是一种文化,你要是进入另一种文化,一种不属于你自己的文化,可以学到很多很多东西,而且还要考虑到婚姻并不总是一个舒适的机制,你在这个文化中也会受伤。比如说,假如你花了十年在法国,然后最终决定离开。你不会剩下半辈子都说,我恨法国。你会说,法国有很多好东西,但我跟它合不来。但是我在法国的十年是很快乐的。女人不喜欢这个解释,因为她们把这看成是男人的诋毁。哦,这就是那个消耗了我的青春然后溜之大吉的家伙。话不是这样说的。男人和女人一样也会老的。我脑子里从来没怀疑过毕加索在每一次婚姻中都是一个不同画家的想法。我觉得你可以说——我不是把自己比作毕加索啊,他对这个世界的影响比我大了去了——我的写作随着我妻子的变换是有变化的。每一段感情都对作品有巨大影响。每个人都有自己的忠诚观,自己的兴趣,自己的理解。每个人都有自己的正邪观。

《巴黎评论》:正邪?

梅勒:我们对于正邪的理解源自我们的父母。往下,也会受到他跟孩子的关系的影响。

《巴黎评论》:如果一个作家这么有思想——或者说这么有方向,那是不是说他应该有孩子呢?

梅勒:我不给作家开处方。我是说,如果亨利·詹姆斯也照我的方子去做,他会成什么样子?

《巴黎评论》:詹姆斯自己可是开了很多方子的。

梅勒:他有个盲目崇拜的世界观,搞得跟个全心全意的宗教人士似的。

《巴黎评论》:他最著名的散文标题就和这个访谈系列的名字一样,《小说的艺术》。其中他列出了好文章的标准。"要丰富而优雅,追求完美。""不要想太多乐观主义或是悲观主义,努力抓住生活本身的色彩。"他对于这份工作要求什么有明确的概念。

梅勒:我可不想生活在他的生活里。太繁复就会导致什么也没有。不仅仅是在作品中,日常生活也是如此。特定的晚上都该穿什么衣服,每次说话都得考虑自己的话够不够文雅,诸如此类的。不,人决不能这样束缚自己。

《巴黎评论》:还有个友谊的问题。美国作家多多少少都受他们的友谊的影响了——菲茨杰拉德和海明威,还有舍伍德·安德森和西奥多·德莱塞。

梅勒:菲茨杰拉德和海明威的友谊从来没受到过打扰。

《巴黎评论》:是没有。但是友谊对他们的各自都产生了一些影响。

梅勒:好吧,嗯,我给你的例子是詹姆斯·琼斯和我自己。

《巴黎评论》:还有威廉·斯泰伦吧?

梅勒:我有一阵子跟威廉·斯泰伦有点紧张。他是个很有才华的人。你要明白一件事。琼斯和斯泰伦还有我自己,我们之间存在着巨大的竞争。作家们不被理解的一点就是我们之间竞争非常大。我们都跟明星运动员一样相互较着劲。尤其是那些进入公众视线里的。我们不会说,哦,你们干吗要互相嫉妒? 我们大家都承认有才华不就够了吗? 我们为什么不能相互喜欢呢? 不是这么回事。我们竞争。你不能跟运动员说,你们争什么啊? 干吗不每个人拿个球轻轻松松地跑啊? 干吗非得较那么大劲儿? 谁要是这样说就是心胸开阔的傻瓜蛋。

同时我们也极其尊重对方。我记得我收到一本《从这里到永恒》,是我要来的。琼斯在里面写着,"给诺曼——我最敬畏的朋友,我最亲密的对手。"这就是作家之间友谊的本质。戈尔·维达尔指出——他从来不惮于看到人性消极的一面,"每当一个朋友成功之时,我就觉得自己的一部分死掉了。"这就是这种竞争的夸张说法。但是,我们这里要理解的是,尽管你身上是死了一部分,但另一部分可能又得到激发了。你会说,好吧,如果他能写,我也能。

《巴黎评论》:那斯泰伦呢?

梅勒:主要是他的风格。他是个了不起的文体学家,可能是我们当中最棒的。他不是很聪明,但是他在煽动情绪方面非常棒。我觉得对他来讲成为一个伟大作家非常重要。如此重要,以至于当他作为作家遇到麻烦所带来的压力比其他任何压力都大。

《巴黎评论》:怎么解释你们闹翻了?

梅勒:我也不想的。有一次,我写了一封信叫他不要再说我老婆坏话了,信里说了些难听的话。写这封信时我没有说清楚情况,措辞失当。

《巴黎评论》:你跟詹姆斯·琼斯的友谊也结束了?

梅勒:跟詹姆斯的事情是这样的,他和格洛丽亚结婚的时候我们还挺好的。那时候我和阿黛尔还没离婚。我认为格洛丽亚是个非常爱社交的女人。她把阿黛尔看成是她社交野心的障碍。所以她决定结束这段关系。于是她对詹姆斯说,阿黛尔侮辱了她。阿黛尔非常伤心,她说,我没有侮辱她,我不知道怎么回事。所以我猜,詹姆斯的决定也是非常艰难,是迫不得已的。格洛丽亚是个很难对付的女人。所以詹姆斯和我就好多年不说话了,我们再也没有恢复友谊。这真是个巨大的损失。但事情就是这么无奈。结果,奇怪的是,等詹姆斯走了,我和格洛丽亚倒是有点像朋友了。也就是一个晚上的事,我们在纽约参加完一个晚会后又走到一起了。这要是五年前是不可能的。

《巴黎评论》:下面为你写的那篇著名的文章提供一点最新进展。那篇文章叫《评论:对〈房间里的人才〉一文快速而昂贵的评语》。那时候很多人读了都不高兴,但那群作家中谁被证明是最终最出人意料的呢?

梅勒:才华方面吗?

《巴黎评论》:是的。

梅勒:厄普代克和罗斯。因为我小看了他们,你记得吧。我真是大错特错。要说出人意料,甚至我也可以算得上一个。我相信我会让他们非常恼火地说,他会为说这话后悔的。

《巴黎评论》:像杜鲁门·卡波蒂死后发生的这些事让你诧异吗?

梅勒:他是个非同寻常的人。非同寻常。不是因为他比别人聪明,而是因为他比别人胆大。我曾经评论说他是纽约最勇敢的人之一。你可能想象不出来他年轻的时候走这条路意味着什么。我记得他那时住在布鲁克林,然后有个布景师——我记得好像是奥利弗·史密斯,就住在离我布鲁克林高地的家两个街区外的地方。杜鲁门就住在我这边的地下室里,所以我们在大街上还经常能碰到。一次,我们碰到了,就一起散步。我说,我们去喝一杯吧。于是就进了最近的酒吧。碰巧是个老爱尔兰人的酒吧,大概有一百码长,或者说看起来有那么长,顾客们全把腿架在栏杆上,都是些爱尔兰工人,也可能有几个苏格兰人,喝得热火朝天的。

我们走进去,杜鲁门当时留着一头金发,还有刘海,身上穿的是华达呢雨衣。他袖子没套进去,而是把它们扎起来像个斗篷一样围在肩膀上。他走了进去,我跟在他后面,突然意识到情况不妙,哦,上帝啊。我们走到酒吧的最里面,坐下来聊了一会儿。没人来骚扰我们,但是你知道就有那档子事在那儿,一刻也不敢放松。我老觉得不等我们出去就会出乱子。那时我突然意识到杜鲁门就是这样,每天,每分钟都生活在这样的不安当中——可他还是我行我素。他做好了随时面对的准备。我对此印象极深。

《巴黎评论》:你一直的敌人是谁? 自负?

梅勒:它可以把你拖垮。看看可怜的杜鲁门。他后来的态度就成了,如果我没有在生前被这个世界认识,那一定是这个社会出大问题了。这种自负是我们大家都会碰到,必须小心绕开的。要是陷进去了,它会毁掉我们的大部分。你知道吗,你一定要能够歇气,就是歇一口气,对自己说,我们干吗不把它留给历史去评判呢?

(原载《巴黎评论》第一百八十一期,二〇〇七年秋季号)

大江健三郎

◎ 许志强/译

　　大江健三郎把他的生活用来认真对待某几个主题——广岛原子弹的受害人,冲绳人民的挣扎,残疾人的难题,学者生活的纪律(尽管好像一点都没把他自己当回事)。在日本,作为该国最著名的作家之一,虽然同样是以一位讨人厌的活动家而知名,可大江本人却多半是一个快乐的滑稽角色。他身穿运动衫,一贯的谦虚和轻快,极为坐立不安,微笑从容安详(亨利·基辛格——他代表的大部分东西是大江所反对的——曾经谈到那种"魔鬼似的微笑")。大江的家像他本人一样令人舒适和谦恭,他在家中起居室的一把椅子里度过绝大多数时光,椅子旁边放着手稿、书籍和过多的爵士乐和古典音乐CD唱片。这座西式房屋是他妻子由佳里设计的,在东京郊区黑泽明和三船敏郎曾经住过的地方。它与街道拉开距离,隐匿在一座繁茂富丽的花园里,满是百合花、枫树和一百种以上不同种类的玫瑰。他们最小的儿子和女儿以他们自己的方式成长和生活,而大江和由佳里则和他们四十四岁患有精神残疾的儿子大江光住在这座房子里。

　　"作家的工作是小丑的工作,"大江说过,"那种也谈论哀伤的小丑。"他把他的绝大部分作品描述为两部小说中探讨的那些主题的推衍:《个人的体验》(1964)描述一位父亲试图无奈接受他残疾儿子的出生;《万延元年的足球队》(1967),描写村落生活与现代文化在战后日本的冲突。第一种类型包括像《空中的怪物阿归》(1964)、《教会我们摆脱疯狂》(1969)、《摆脱危机者的调查书》(1976)、《新人啊,醒来吧!》(1986)和《静静的生活》(1990)这类中短篇小说,它们根植于光的出生给大江带来的亲身体验(叙事人通常是作

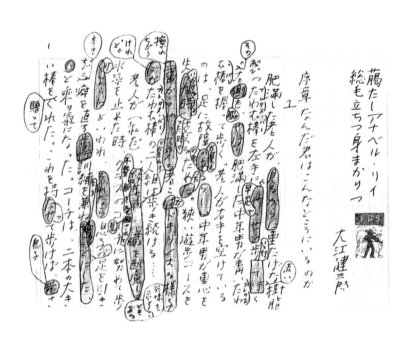

大江健三郎的手稿

家,而儿子的名字是森、义幺或光),但叙事人却经常做出与大江及其妻子非常不同的决定。第二种类型包括《饲育》(1958)、《掐去病芽,勒死坏种》(1958)和《空翻》(1999),加上《万延元年的足球队》。这些作品探讨大江从他母亲和祖母那里听来的民间传说和神话,而作品的典型特色是叙事人被迫对自我欺骗进行审查,那种为了共同体生活而制造的自我欺骗。

大江于一九三六年出生在四国岛一个小村庄,所受的教育让他相信天皇是神。他说他经常把天皇想象为一只白色鸟,而他感到震惊的是,一九四五年他从电台里听到天皇宣布日本投降时,发现他只是一个嗓音真实的普通人。一九九四年大江领取诺贝尔文学奖,随后却拒绝了日本最高艺术荣誉"文化勋章",因为它与他国家过去的天皇崇拜相联系。这个决定让他成为举国极有争议的人物,这是他在写作生活中时常占据的一个位置。早期短篇小说《十七岁》(1961)大致上是基于一九六〇年社会党领导人被右翼学生刺杀(那位刺客随后自杀)的事件。大江既受到右翼极端分子的威胁——他们觉得小说贬低了帝国政府的遗产,也受到左翼知识分子和艺术家的批评,他们觉得该篇声援了恐怖分子。从那以后他一直处在政治关注的中心,而且把他的积极行动看作是和文学一样的终身工作。今年八月我采访他超过了四天时间,大江抱歉地提出要求,说是否稍微早一点结束,这样他可以会见一个忧心忡忡的市民团体的组织者。

光的出生是在大江结婚后三年,一九六三年,那时大江已经发表了长篇小说和几个著名的短篇小说——包括《死者的奢华》(1957)和《饲育》,这两篇作品让他赢得令人垂涎的芥川奖。评论界将他誉为三岛由纪夫以来最重要的作家。但是批评家立花隆却说"没有大江光就不会有大江的文学"。大江光出生时被诊断为脑疝。经过漫长而危险的手术之后,医生告诉大江一家说孩子会患上严重残疾。大江知道他的孩子会受到排挤——即便是把残疾儿带到外面公共场所也会被认为是见不得人的事情,但是他和他的妻子却拥抱了新的生活。

光在小时候几乎不说话,而且家人试着跟他沟通时,他好像听不懂。大江一家经常在他那张有栏杆的卧床旁边播放有鸟叫和莫扎特、肖邦的录音带，让他安静下来，助他入眠。接下来到他六岁时，光说出了一个完整的句子。有一次全家度假期间和大江走在一起，这个男孩听到鸟叫便正确地说出"这是一只秧鸡"。很快他就对古典音乐有反应了，到了他岁数不小的时候，大江一家便给他报名参加钢琴课。今天，大江光成了日本最著名的博学多识的作曲家。他能够听出和记住所听到过的任何乐曲，然后根据记忆把它们记录下来。他还能够识别莫扎特的任何作品，只要听上几个拍子，就能在克歇尔编号中找到正确的匹配。他的第一张 CD 唱片《大江光的音乐》打破了古典音乐界的销售纪录。他和大江在起居室里度过大部分时光。父亲写作和阅读；儿子听音乐和作曲。

大江的谈话在日语、英语（他精通这门语言）之间切换自如，有时还说法语。但为这次访谈他请来了一名译者，而我要感谢河野至恩，他以非凡的灵活性和准确度完成了此项任务。大江自身对语言的投入，尤其是对书面语的投入，渗透了他生活的各个方面。有一次在访谈中为了回答我的一个问题，他参考了一本有关他的传记。我问他这么做是不是因为某些时刻他记不清楚，这时他流露出惊讶的神色："不是的，"他说道，"这是一种对我自己的研究。大江健三郎需要发现大江健三郎。我是通过这本书界定我自己。"

——萨拉·费伊，二〇〇七年

《巴黎评论》：在你职业生涯早期，你采访了许多人。你是一个很好的采访者吗？

大江健三郎：不，不，不。好的采访是把以前从未谈到过的某种主题揭示出来。我没有能力成为好的采访者，因为我根本不能提炼某种新的东西。

一九六〇年，我作为入选的五位日本作家代表团成员去访问毛主席。我们是作为抗议日美安全保障条约运动的成员去那儿的。我在五个人当中年纪最小。我们见到他时很晚——凌晨一点钟了。他们把我们带到外面一个漆黑的花园里。黑得都看不见附近有茉莉花,可我们能闻到。我们开玩笑说,只要我们循着茉莉花的香味,就会走到毛那儿了。他是个令人难忘的人物——个头非常大,尤其是以亚洲的标准看。他不准我们提问,不直接跟我们谈话,而是跟周恩来总理说。他从他的著作中引用他本人说过的话——逐字逐句——从头到尾都是这样。让人觉得很乏味。他有很大一罐香烟,烟抽得很凶。他们说话时,周不断把罐子从毛主席那里慢慢挪开去——开玩笑地,可毛不断伸手把它慢慢挪回来。

次年我采访了萨特。这是我第一次去巴黎。我在圣日耳曼酒店要了个小房间,而我最初听到的声音是那些游行者在外面高喊:"阿尔及利亚和平!"萨特是我生活中的主要人物。像毛一样,他基本上是在重复他已经发表过的那些话——《存在主义是人道主义》和《境况种种》当中的话,因此我就停下来不做笔记了。我只是把那些书的题目写下来。他还说人们应该反对核战争,但是他支持中国拥有核武器。我强烈反对任何人拥有核武器,但是我没法让萨特对这一点产生兴趣。他说的全都是,下一个问题。

《巴黎评论》:你没有为日本电视台采访库尔特·冯内古特吗?

大江:没有,当时他来日本参加一九八四年笔会,可会上更多是交谈①——两个作家的对话。冯内古特是个严肃的思想家,以冯内古特式的幽默精神表达深奥的想法。从他那里我也没有能力去提炼某种重要的东西。

通过和作家通信获得实实在在的见解,这个方面我做得更成功些。诺姆·乔姆斯基告诉我说,小时候他在夏令营,当时宣布说美国扔下了原子弹,盟军就要取得胜利了。他们点燃篝火庆祝,而乔姆斯基跑到了树林里去,一个人坐在那里,直到夜幕降临。我一向尊敬乔姆斯基,而他告诉我这件事情之后,我就更加尊敬他了。

《巴黎评论》:年轻时,你给自己贴的标签是无政府主义者。你觉得自己

---

① 原文为法语。

还是那种人吗?

大江:原则上讲,我是个无政府主义者。库尔特·冯内古特曾经说他是一个尊敬耶稣基督的不可知论者。我是一个热爱民主的无政府主义者。

《巴黎评论》:你在政治上的积极行动给你招来过麻烦吗?

大江:眼下我正为《冲绳札记》而遭到诽谤起诉呢。我对“二战”最重要的记忆便是使用原子弹和一九四五年冲绳的大规模自杀。前者我写了《广岛札记》,后者我写了《冲绳札记》。冲绳战役期间,日本军方下令冲绳沿岸两个小岛上的人自杀。他们告诉岛民美国人极其残忍,会强奸妇女,把男人杀掉。他们说在美国人登陆之前自杀更好。每户人家发给两枚手榴弹。在美国人登陆那一天,五百多人自杀身亡。祖父杀死儿孙,丈夫杀死妻子。

我的观点是,驻岛部队的领导要为这些死亡负责。《冲绳札记》差不多是四十年前出版的,但是大约十年前,一场国家主义运动开始了,这场运动企图修改历史教科书,要将书中提到的二十世纪早期日本在亚洲犯下的任何暴行都抹去,诸如南京大屠杀和冲绳自杀这类事件。写日本人冲绳罪行的书出版了不少,但我的那本是为数极少仍在印刷的书之一。保守派想要一个靶子,而我就成了那个靶子。相比我的书出版的七十年代那个时候,目前的右翼对我的攻击显然具有更强烈的国家主义色彩,具有复活的天皇崇拜的成分。他们宣称,岛上那些人是死于一种效忠天皇的美丽纯洁的爱国主义情感。

《巴黎评论》:你认为一九九四年拒绝文化勋章是对天皇崇拜的有效抗议吗?

大江:就这一点来说它是有效的,让我意识到我的敌人——就敌人这个词基本的意义而言——是在何处,并意识到他们在日本社会和文化当中采取了何种形式。不过,要为将来其他受奖者拒绝领奖而开辟道路,据此而言它是无效的。

《巴黎评论》:大约在同一个时间你发表了《广岛札记》和小说《个人的体验》,哪部作品对你更重要呢?

大江:我想《广岛札记》涉及的问题比《个人的体验》更重要。正如题目所示,《个人的体验》涉及的问题对于我是重要的——虽说这是虚构作品。这是我职业生涯的起点:写作《广岛札记》和《个人的体验》。人们说从那以后我翻来复去写的都是相同的东西——我的儿子光与广岛。我是个乏味的人。我读了很多文学,我想内容是有很多的,但其根基都在光与广岛。

关于广岛,我有亲身经验,一九四五年在四国我还是小孩子时便听说了这件事,然后又通过采访原子弹幸存者获得了解。

《巴黎评论》:你试图在你的小说中传达政治信念吗?

大江:在我的小说中,我没有想要训诫或是说教。但在我那些关于民主的随笔文章中,我确实想要教导。我写作时的身份是有小写字母"d"的民主主义者(democrat)。我在作品中一直想要理解过去:那场战争、民主。对我来说,核武器的问题过去和现在都是一个基本问题。反核的行动主义,简言之,是反对一切现存的核武器装备。在这一点上,事情丝毫都没有改变过——而我作为这场运动的参与者也丝毫没有改变。换句话说,这是一场毫无希望的运动。

我的想法从六十年代以来确实没有改变过。我父辈那一代把我描述为赞成民主政治的傻瓜,我的同时代人批评我消极无为——因为安然自得于民主政治。而今天的年轻一代其实并不了解民主政治或战后民主时期——战后的二十五年。他们必定赞同 T. S. 艾略特所写的,"别让我听从老年人的智慧"。艾略特是个沉静的人,但我不是——或者至少我不希望是。

《巴黎评论》:有关写作技艺,你有什么智慧可以传授吗?

大江:我是那类不断重复写作的作家。每样东西我都极想去改正。要是你看一下我的手稿,你就可以看到我改动很多。因此我的一个主要的文学方法就是"有差异的重复"。我开始一个新的作品,是首先对已经写过的作品尝试新的手法——我试图跟同一个对手不止一次地搏斗。然后我拿着随之而来的草稿，继续对它进行阐释，而这样做的时候，旧作的痕迹便消失了。我把我的创作看做是重复中的差异所形成的整体。

我说过，这种阐释是小说家所要学习的最重要的东西。爱德华·萨义德写了一本很好的书，叫作《音乐的极境》，他在书中思考阐释在音乐中的意义，像大作曲家巴赫、贝多芬和勃拉姆斯的音乐。这些作曲家是通过阐释创造了新的视角。

《巴黎评论》：那么当你阐释过度时，你如何得知？

大江：这是一个问题。我年复一年阐释又阐释，我的读者越来越少。我的风格已经变得非常艰涩，非常曲折、复杂。为了提高我的创作，创造新的视角对我来说就是必要的，但是十五年前，我对阐释是否成了小说家的正道经历了深深的怀疑。

好作家基本上都有其自身的风格意识。存在着某个自然、深沉的声音，而这个声音从手稿的第一稿中呈现出来。他或她对初稿进行阐释时，这种阐释使那个自然、深沉的声音继续得到强化和简化。一九九六年和一九九七年，我在美国普林斯顿教书，我得以见到马克·吐温《哈克贝利·芬历险记》原稿的一个抄本。我读了一百页左右，逐渐意识到吐温从一开始就有了某种确定的风格。即便是他在写蹩脚英语时，它也具有某种音乐性。这让问题变得更清楚了。那种阐释的方法对于好作家是来得自然而然的。好作家一般不会想要去摧毁他的声音，但我总是想要摧毁我的声音。

《巴黎评论》：你怎么会想到要摧毁你的声音呢？

大江：我想要在日语中创造一种新的风格。在始于一百二十年前的现代日本文学史中，风格往往不倾向于阐释。你只要看一下像谷崎润一郎和川端康成这样的作家，他们追随的是日本古典文学的典范。他们的风格是日本散文的精美典范，与日本文学的黄金时代那种短诗的传统——短歌和俳句保持同步。我尊重这个传统，但我想写某种不同的东西。

我写第一部小说的时候二十二岁，是读法国文学的学生。虽说我是用日语写作，却热衷于法语和英语的小说和诗歌：加斯卡尔和萨特，奥登和艾略特。我不停地拿日本文学和英法文学做比较。我会用法语或英语读上八个小时，然后用日语写上两个小时。我会想，法国作家怎么会这样表达呢？英国作家怎么会这样表达呢？通过用外语阅读然后用日语写作，我想要建起一座桥梁。但我的写作只是变得越来越困难。

到了六十岁我开始想，我的方法可能是错的。我有关创造的概念可能是错的。我仍在阐释，直到在纸上找不到什么空白，可现在有了第二个阶段：我拿已经写下的东西再写一个朴素、清澈的版本。我尊重那些两种风格都能写的作家——就像塞利纳，他拥有一种复杂的风格和一种清澈的风格。

在我的"假配偶"三部曲《被偷换的孩子》《愁容童子》和《别了，我的书》中，我探索这种新风格。我用《新人啊，醒来吧！》中那种清澈的风格写，可那却是一个老得多的短篇小说集。在那本书中，我想要倾听我那个真实自我的声音。但评论家仍在抨击我，说我句子艰涩，结构复杂。

《巴黎评论》：为什么叫作"假配偶"三部曲？

大江：丈夫和妻子是真配偶，可我描写的是假配偶。甚至在我职业生涯的开端，在我的第一部长篇小说《掐去病芽，勒死坏种》中，叙事人和他弟弟也是假配偶。几乎在我所有作品中，我觉得我刻画了人物这些新奇配对的那种结合和排斥。

《巴黎评论》：你有一些小说采用了一种知识分子构想——通常是有个诗人，他的作品你读得入迷，然后融入书中。《新人啊，醒来吧！》中是布莱克，《空翻》中是 R. S. 托马斯，还有《天堂的回声》中是金芝河。这是做什么用的呢？

大江：我小说中的思想和我当时在读的诗人和哲学家的思想是联结的。这种方法也可以让我告诉人们那些我觉得是重要的作家。

我二十来岁的时候，我的导师渡边一夫告诉我说，因为我不打算去做教师或文学教授,我就需要自学。我有两种循环:以某一个作家或思想家为中心,五年一轮;以某一个主题为中心,三年一轮。二十五岁之后我一直那么做。我已经拥有一打以上的三年周期了。在研究某一个主题的时候,我经常是从早到晚都读书。我读那个作家写下的所有东西,还有和那个作家作品有关的一切学术著作。

假如我读的是用另一种语言写成的作品,比如说艾略特的《四个四重奏》,我就用最初的三个月读一个片段,诸如《东科克》之类,用英文版一遍一遍读,直到我背得下来。然后我找一个好的日语译本,把它背下来。然后我在这两者——英文原文和日文译文之间反复来回,直到我觉得我处在由英文文本、日文文本和我自己的文本组成的螺旋结构中。艾略特就从那儿浮现出来。

《巴黎评论》:这很有意思,你把学院的学术研究和文学理论纳入你的阅读循环当中。在美国,文学批评和文学创作多半是互相排斥的。

大江:我最尊重的是学者。虽说他们是在狭窄的空间里奋斗,但他们真的是找到阅读某些作家的创造性方式。对于思考宽泛的小说家来说,这类洞察给作家作品的理解提供更为敏锐的方式。

我阅读跟布莱克、叶芝或者但丁相关的学术著作时,我全都读遍,关注学者之间的分歧所形成的堆积。那是我学得最多的地方。隔几年就有新的学者推出有关但丁的书,而每个学者都有他(她)自己的路子和方法。我跟一个学者用那方法学上一年。然后跟另一个学者学上一年,等等。

《巴黎评论》:你怎么挑选研究对象呢?

大江:有时候这是我阅读的东西带来的自然结果。例如,布莱克引导我去读叶芝,而叶芝引导我读但丁。其他时候纯属巧合。我在英国参加一个推广活动时,在威尔士停留下来。我在那儿待了三天,把要读的书读完了。我去当地一家书店,让工作人员推荐一些英文书。他拿出那个地区一个诗人的集子,并且警告我说这书卖得不太好。那个诗人是 R. S. 托马斯,而我把他们店里有的全都买下了。读他的时候,我意识到他是我人生那个阶段可以读到的最重要的诗人。我觉得他和瓦尔特·本雅明有许多共同之处,虽说他们看起来很不同。这两个人都涉足世俗和玄秘之间的那道门槛。然后我把自己看做是和托马斯、本雅明的那种三角关系中的存在。

《巴黎评论》:听起来这像是在说,你外出旅行时,绝大部分时间都是在旅馆房间里用来读书了。

大江:是的,没错。我参加一些观光活动,但是对好菜好饭没有兴趣。我喜欢喝酒,可我不喜欢去酒吧,因为要跟人打架。

《巴黎评论》:你为什么要跟人打架呢?

大江:至少在日本,不管什么时候碰上那种有天皇崇拜倾向的知识分子,我都要发怒。对这个人的回应势必让我开始惹恼他,然后就开始打架了。自然喽,只是在我喝得太多之后才打起来的。

《巴黎评论》:你喜欢在日本之外旅行吗?

大江:到作家写成作品的那个地方去是再好不过的阅读体验了。在圣彼得堡读陀思妥耶夫斯基。在都柏林读贝克特和乔伊斯。尤其是贝克特的《无名的人》需要在都柏林读。当然,贝克特是在国外写作的,在爱尔兰之外。这段日子无论什么时候去旅行,我都带上贝克特以《无名的人》告终的三部曲。这套作品我从来都读不厌。

《巴黎评论》:你这会儿在研究什么呢?

大江:眼下我在读叶芝的后期诗作,一九二九年至一九三九年之间写的。叶芝去世时七十三岁,而我一直想要弄清楚他在我七十二岁这个年龄时是怎么样的。我最喜欢的一首诗是他七十一岁时写的《一英亩草》。我一直是读了又读,试着将它扩展。我下一部小说是要写一群发狂的老人,包括一个小说家和一个政客,他们想的是疯狂的念头。

叶芝有个句子尤其打动我："我的诱惑是宁静的。"我的生活中并没有很多狂野的诱惑，但我具有叶芝所说的"老人的狂暴"。叶芝不是那种行事反常的人，可在他生命的晚期他却开始重读尼采。尼采援引柏拉图的话说，古希腊一切有趣的事情都来自发疯和狂暴。

所以明天我会花两小时读尼采，为这个老年人狂暴的想法寻找另一个视角，但是我会在读尼采的同时想到叶芝。这让我以不同的方式读尼采，体会一下读尼采时有叶芝伴随。

《巴黎评论》：你的这种描述好像是在说，你是透过作家的棱镜看世界的。你的读者是透过你的棱镜看世界的吗？

大江：当我为叶芝、奥登或 R. S. 托马斯感到激动时，我是透过他们看世界的，但我并不认为你可以透过小说家的棱镜看世界。小说家是平凡的。这是一种更为世俗的存在。世俗性是重要的。威廉·布莱克和叶芝——他们是特别的。

《巴黎评论》：你觉得和村上春树、吉本巴娜娜这些作家有竞争吗？

大江：村上是用一种清澈、朴实的日本风格写作的。他被译成外语，受到广泛阅读，尤其是在美国、英国和中国。他以三岛由纪夫和我本人做不到的某种方式在国际文坛为他自己创造了一个位置。日本文学中这样的情况确实是第一次发生。我的作品被人阅读，但是回过头去看，我是否获得了稳定的读者群，这我是没有把握的，即便是在日本。这不是竞争，但是我想看到我更多的作品被翻译成英文、法文和德文，在那些国家中获得读者。我并没有想要为大量读者写作，但是我想和人们接触。我想告诉人们那种深深影响了我的文学和思想。作为毕生阅读文学的那种人，我希望去传播那些我认为是重要的作家。我的第一选择会是爱德华·萨义德，尤其是他那些晚期著作。如果我看起来总像是没有在倾听，那我是在考虑萨义德。他那些思想一直是我创作的重要组成部分。它们帮助我在日语中创造新的表达方式，在日本人中创造新的思想。我也喜欢他这个人。

《巴黎评论》:你和三岛由纪夫的关系让人发愁。

大江:他恨我。我的《十七岁》发表时,三岛给我写了封信,说他非常喜欢它。因为这个故事想象一位右翼学生的生活,三岛大概觉得我会被神道教、国家主义和天皇崇拜拉过去。我从未想要赞颂恐怖主义。我想要努力理解一个年轻人的行为,他逃离了家庭和社会,加入一个恐怖分子集团。这个问题我仍在考虑。

但在另一封信里三岛写道,我是那样的丑陋真让他吃惊,这封信发表在他的书信选中。人们通常是不会发表这样一封侮辱人的信的。例如,在纳博科夫的书信中,那些明显侮辱人的信件并没有在双方都在世的时候发表出来。可三岛是出版社的上帝,他无论想出版什么都会得到允许。

《巴黎评论》:你曾在一次宴会上把三岛的妻子叫作傻 X,这是真的吗?

大江:那是编出来的。约翰·内森在《教会我们摆脱疯狂》的导言中写了这个。他想把我塑造成一个臭名昭著的青年作家形象。三岛和我在出版宴会上见过两次,但是有女招待伺候喝酒,一个作家是绝不会把妻子带到那种宴会上去的。那个时候三岛是头牌作家,不会有这种事。按照约翰·内森的说法,那个字眼我是从诺曼·梅勒那里学来的。可我已经知道那个字眼了——我是在美国大兵周围长大的,这是他们扔给日本女孩的一个词。作为一个有自尊心的人,我是绝不会使用这样一个字眼的。再说,如果我恨什么人的话,那也绝不会去冒犯他的妻子。我会直接去冒犯那个人。为了这件事情,我没有原谅过约翰·内森,虽说他对那本书的翻译我是喜欢的。

《巴黎评论》:内森译了你好几本书。作家的风格能够被翻译吗?

大江:迄今为止每一种翻译我都喜欢。每一位译者都有一个不同的声音,可我发现他们对我作品的读解非常出色。我喜欢内森的译文,可我作品的法文译本是最好的。

《巴黎评论》:作为读者,你对这些语言的理解有多好呢?

大江：我是作为外国人来阅读法语和英语的。用意大利语阅读要花去我很长时间，但我阅读意大利语的时候，感觉我是领悟文本里的那个声音的。我去意大利访问时，做了个电台访谈，那位采访者问起我对但丁的看法。我相信但丁的《神曲》仍然能够拯救这个世界。那位采访者宣称，日语根本没法捕捉他那种语言的音乐性。我说，的确，不能完全理解，可我能够理解但丁声音的某些方面。采访者狼狈起来，说这是不可能的。他要求我背诵但丁。我背诵了《炼狱》开篇大概十五行句子。他把录音停掉，然后说，这个不是意大利语——但我相信你认为这是意大利语。

《巴黎评论》：许多作家着迷于在清静的地方工作，可你书中的叙事者——他们是作家——是躺在起居室沙发上写作和阅读。你是在家人中间工作的吗？

大江：我不需要在清静的地方工作。我写小说和读书的时候，不需要把自己和家人隔离开来或是从他们身边走开。通常我在起居室工作时，光在听音乐。有光和我妻子在场我能够工作，因为我要修改很多遍。小说总是完成不了，而我知道我会对它彻底加以修改。写初稿的时候我没有必要独自写作。修改时我已经和文本有了关系，因此没有必要独自一人。

我在二楼有个书房，可我很少在那儿工作。我仅有的要在那儿工作的时候，就是当我结束一部小说并需要全神贯注的时候——这对于别人来说是讨嫌的。

《巴黎评论》：你在一篇随笔中写道，只有跟三类人交谈是有趣的：对许多事情所知甚多的人；到过一个新世界的人；或是体验过某种奇怪或恐怖事情的人。你是哪一种？

大江：我有一个密友——一位杰出的批评家——声称和我没有过对话。他说，大江不听别人说话；他只讲他脑子里的想法。我不认为事情真是那样，我不觉得我是那种听起来有趣的人。我没见过很多大事情。我没到过新世界。我没体验过很多古怪的东西。我经历过很多小事情。我写那些小小的经验,然后对它们做出修改,通过修改重新体验它们。

《巴黎评论》:你的绝大多数小说都是基于你的个人生活。你认为你的小说是日本私小说传统的组成部分吗?

大江:私小说的传统中是有一些大作品的。岩野泡鸣,他在十九世纪晚期和二十世纪早期写作,是我最喜爱的作家之一。他用过一个短语——"无可救药的兽性勇气"。但私小说是讲述作者的日常生活被某种不寻常的或特别的事件——海啸、地震、母亲之死、丈夫之死——打断时所发生的事情。它从未揭示个体在社会中的角色这样的问题。我的作品发端于我的个人生活,但我试图揭示社会问题。

狄更斯和巴尔扎克是客观地描述这个世界。他们用心灵的广博写作。而由于我是通过自己描写这个世界,最重要的问题就成了如何叙述一个故事,如何找到一个声音,然后才出现人物。

《巴黎评论》:你所有的作品都是透过你的个人体验折射出来的吗?

大江:我不是用某种预设的想法开始写一部小说的,要让人物带有什么倾向或是如何创造某种人物。对我来说,这全都是那种阐释行为所要做的事情。在修改和阐释的过程中,产生新的人物和情境。这是和实际生活非常不同的一个层面。在这个层面上,那些人物显现出来而故事自行生长。

可我所有的小说都是以某种方式讲述我自己,我作为年轻人、有个残疾儿的中年人和老年人的所思所想。相对于第三人称,我养成了那种第一人称的风格。这是一个问题。真正好的小说家是能够用第三人称写作的,但我用第三人称从来都写不好。从这个意义上讲,我是个业余小说家。虽说过去我用第三人称写过,人物却不知怎的总是像我本人。原因在于,只有通过第一人称我才能够确定我内在的真实情况。

例如,在《空中的怪物阿归》中,我写了一个跟我处境相像的人,光出生时我的那种处境,但那个人做的决定跟我的不同。阿归的父亲不选择帮助他的残疾儿活下去。在《个人的体验》中,我写了另一个主人公——鸟——

他选择和那个孩子共同生活。那些大约是在同一时间里写成的。但如此一来,它实际上是倒退。写了阿归的父亲和鸟这两个人的行为之后,我把我的生活导向于鸟的行为。我并没有打算那么做,但后来我意识到我就是那么做的。

《巴黎评论》:光经常作为人物出现在你的小说里。

大江:我和他生活了四十四年了,写他已经成为我文学表达的支柱之一。我写他是为了表明,残疾人是如何意识到他自己的,那样做是有多么困难。在他很小的时候,他就开始通过音乐表达他自己——他的人性。通过音乐他能够在某种程度上表达悲哀这样的概念。他进入一个自我实现的过程。他在那条路上一直走了下来。

《巴黎评论》:你曾说你把他的话逐字逐句写了下来,但是用不同的次序表达出来。

大江:我把光说的话严格按照它们说出来的次序抄下来。我添加的是前后关系和情境,还有别人是怎样回答他的。这样一来光说的话变得更易于理解了。我绝不会为了让它们可以理解而重新编排次序。

《巴黎评论》:你在小说中写了那么多有关光的事情,你其他孩子对此是怎么想的呢?

大江:我也写了我儿子小大和女儿菜采子的事情。只有菜采子才会读我写的光的故事。我得非常小心才行,否则她会跟我说,光并没有说那种话哩。

《巴黎评论》:你为什么决定用他们的真名——尤其是光的真名呢?

大江:原先我并没有用他们的真名。我在小说里叫他"义幺",但在真实的生活中叫他"噗(pooh)"。

《巴黎评论》：为什么？

大江：《小熊维尼》是我和妻子结婚的缘由。就在战争快要结束前，《小熊维尼》的译本由岩波书店出版，一家高格调出版社。只有几千册。我在高中时认识我妻子的哥哥伊丹十三，他们的母亲要求我帮她找一本《小熊维尼的房子》。战争期间她读过这本书但是找不到了。我是东京二手书店的专家，可以找到《小熊维尼》和《小熊维尼的房子》。我找到一本，给他们家送去，然后就开始和她女儿通信。事情便是那样开始的。

但是我跟作为人物的噗实际上没有密切联系。我更多是义幺那个类型。

《巴黎评论》：你获诺贝尔奖时，你家里是怎么反应的？

大江：我家里对我的评价没有变。我坐在这里读书。光在那儿听音乐。我儿子，他是东京大学生物化学专业的学生，还有我女儿，她是索菲亚大学的学生，他们在饭厅里。他们并不希望我获奖。晚上九点左右来了个电话。光接的电话——这是他的一个嗜好，接电话。他可以用法语、德语、俄语、汉语和韩语准确地说"喂，哪位?"于是他接了电话，然后用英语说，不，接着又说，不。然后光把话筒递给我。是瑞典学院诺贝尔评委会的号码。他问我说，您是健三郎吗？我问他是不是光代表我拒绝诺贝尔奖了，然后我说，抱歉了——我接受。我把电话放下，回到这张椅子上，坐下来，对我家里宣布，我获得了这个奖。我的妻子说，没弄错吧？

《巴黎评论》：她就说了这个？

大江：是的，而我的两个孩子什么都没说。他们只是悄悄走到他们房间里去。光继续听音乐。我从来没对他说起过诺贝尔奖的事情。

《巴黎评论》：他们的反应让你失望了吧？

大江：我走回去读我的书，但我忍不住想要知道，是否绝大多数家庭都是这样反应的。然后电话铃开始响起来。五个小时里没有停过。我认识的人。我不认识的人。我的儿女只是想让那些记者回家去。我拉上窗帘,给我们一点隐私。

《巴黎评论》:获这个奖有什么不利方面吗?

大江:获这个奖没什么特别负面的东西——但是获这个奖也没什么特别正面的东西。到我获奖那个时候,记者在我家门外集合三年了。日本媒体往往是过高估计诺贝尔奖候选人的价值。即便是那些并不欣赏我文学作品的人,或是反对我政治立场的人,听说我有可能获奖时,也都对我感兴趣了。

诺贝尔奖对你的文学作品几乎是没有意义的,但是它提高你的形象,你作为社会人物的地位。你获得某种货币,可以在更加广阔的领域里使用。但是对作家而言,什么都没有变。我对我自己的看法没变。只有几位作家在获得诺贝尔奖之后继续写出好作品。托马斯·曼是一个。福克纳也是。

《巴黎评论》:光出生时,你已经是著名的小说家了。你和你的妻子被看作很风光的一对。你有没有担心过和光一起生活会剥夺你的职业生涯?

大江:那时我二十八岁。是我获得颇有名望的芥川奖之后的五年。但是生下一个残疾儿我并不觉得害怕,也不觉得丢脸。我的小说《个人的体验》中的鸟这个人物觉得和残疾儿生活在一起不舒服——对于故事情节来说这是必要的,但我从来没有为此感到焦虑。我想要我的命运,就像哈克贝利·芬。

《巴黎评论》:在光刚刚出生之后,你对他会活下来是没有把握的。

大江:医生告诉我说,他存活的概率是很小的。我觉得他会很快死掉。光出生几周之后,我去广岛旅行。我看到很多原子弹幸存者把某个死去之人的名字写在灯笼上,让它在河里漂流。他们注视着灯笼流向河对岸——死者的灵魂进入黑暗之中。我想要加入。我把光的名字写在灯笼上,心想,因为他是一个很快就要死去的人了。那个时刻,我都不想活了。

稍后我把我做的事情告诉了一个朋友,一个新闻记者,他女儿是在广岛原子弹期间死去的。他说,你不该做那种多愁善感的事情。你得不停地工作。后来,我承认我做的事情是最为糟糕的那种多愁善感。从那以后我改变了态度。

《巴黎评论》:你说的多愁善感是什么意思?

大江:最佳定义来自于弗兰纳里·奥康纳。她说,多愁善感是一种不直面现实的态度。为残疾人感到难过,她说,这类似于要把他们给隐藏起来。她把这种有害的多愁善感跟"二战"期间纳粹消灭残疾人的行为联系起来。

《巴黎评论》:在《新人啊,醒来吧!》当中有一个故事的片段,写一个右翼学生绑架叙事人的残疾儿,然后把他丢弃在火车站。那样的事情有没有发生过?

大江:当时的青年学生批评我不写日本年轻人的痛苦,只想着自己的残疾儿。他们说我对自己的孩子过分热心,而对社会的热心不足。他们威胁说要绑架他,但他们丝毫没那么做。那篇小说中的片段在某种意义上是真实的:有一次,光在东京火车站失踪,我找他找了五个小时。

《巴黎评论》:光作为一个性的存在,写起来是否有困难? 在《新人啊,醒来吧!》和《静静的生活》中,叙事人发现要将他自己的性关注或性念头跟他残疾儿的那些想法协调起来是有困难的。

大江:光丝毫没有性兴趣。电视上即便是出现半裸女人,他也要把眼睛闭上。前几天电视上出现一个光头钢琴家——对光来说裸体和光头必定是有某种联系的,而他不想看。他对性欲的反应就是那样。你会说,他对这种事情是敏感的,只是和绝大多数人想的方式不一样。[对光说]小噗,你记得那个光头钢琴家吗?

大江光:克里斯托弗·艾森巴赫。

大江:一位著名的钢琴家和指挥家。他的唱片封套上,他长着一头浓发。但他最近访问日本,看起来他这会儿是全秃了。我们在电视上看他,而光不愿看他光裸的脑袋。我只好把电视屏幕上艾森巴赫的脑袋用CD封套盖住,这样光就可以收看了。

《巴黎评论》:为什么你不把光作为主要人物写进小说里去了呢?

大江:大约十年前,我就不以直截了当的方式写光了,但他一直是露面的。他变成为最重要的小角色。正因为光一直是我生活的组成部分,所以我喜欢让残疾人一直出现在我小说中。但小说是一个实验的场所——正如陀思妥耶夫斯基用拉斯科利尼科夫这个人物做实验。小说家穷尽不同的剧情——这个人物在这种情境中会如何反应?我再也不拿光做这种实验了。由于我要和他继续生活在一起,他是作为我生活的支柱——不是作为一种实验起作用的,这一点很重要。我总是在想,他将如何接受和拥抱这个我正在变老的事实。

大约是五六年前,我的忧郁症发作了一回。每隔两三年我都要发作一回——通常是由于担心核武器,或是冲绳,或是我这一代当中有什么人过世了,或是我的小说看来是否不再有必要了。我通过每天听同一张CD唱片克服它。去年,我想要努力在小说中描述这种体验。我能够记得的是贝多芬的钢琴奏鸣曲第23号,可我记不得是谁演奏的。我们有那么多CD唱片。当时我问光,我听的那个演奏家是谁,他记得:弗里德里希·古尔达。我问,一九六七年?而光说道,五八年。

总而言之,大概我人生的三分之一是致力于阅读,三分之一是致力于写小说,而三分之一是致力于和光一起生活。

《巴黎评论》:你遵守哪一类写作时间表?

大江:一旦我开始写小说,我每天都写,直到结束为止。通常我早晨七点醒来,工作到大约十一点钟。我不吃早饭。我只喝一杯水。我觉得那样对写作是最好的。

《巴黎评论》: 你认为写作是艰苦的工作吗?

大江: 在法语中,工作这个词是 travail。这个词的意思既包含以极大的努力和痛苦做出挣扎,也包含那种努力的结果。对普鲁斯特来说,写《追忆似水年华》的挣扎和那种努力的结果是一回事。我并不觉得写作是一种挣扎。写初稿是一个非常愉悦的过程,但我对初稿彻底加以修改。那样做是艰苦的,但完成作品也是一种愉悦。

《巴黎评论》: 你说过,对你来说写小说就是回到你成长的那个森林村庄的一种途径。

大江: 两者是重叠的——我虚构的森林和我儿时的家园。我的童年时代我已经写过很多次了。真实的和想象的全都混杂了起来。

有一度我在森林里画那些树木的速写,想要学习它们的名字。我患了感冒。我躺在床上,看起来我好像活不长了。我会死吗?我问道。我母亲说,即便你死了,我也会把你再生出来的。我问,那会不会是另一个孩子呢?而她说道,我会把你知道的所有事情,你读过的所有书都教给那个孩子的。

《巴黎评论》: 那你父亲呢?

大江: 他的情况我只记得一点点。他会独自一人思考——在孤立之中。他是神秘的人。他从不跟我们小孩子说话。他做纺织工作,读书。他不和其他村民来往。

我们住在四国的大山之中。到邻县去要走上一天。我听说父亲过去常去拜访一个老师,一位中国文学专家,他住在大山的另一边。我母亲说,父亲每年都要去拜访他两次。

《巴黎评论》: 你母亲和祖母在你们村里没有供过一个神道教的神龛吗?

大江: 那个神龛是道教的神龛——它几乎是民俗性的,比神道教更加实际。另一个方面,我父亲倒是一个非常深刻的神道教思想家。日本被认作是一个神道国家,但这仍然是和天皇联结在一起的。我六岁上小学,而"二

363

战"结束时我十岁。这些年当中我受到的是非常国家主义的教育——与神道教、天皇崇拜和军国主义相联系的国家主义。他们教育我们说，天皇是神，我们要为天皇而死。直到战争结束为止我都信奉这种思想。

日本文化的根基，仍然是神道教。神道教是一种与日常生活相联系的朴实信仰。没有教义问答书，没有神学。那些想要放弃它的人追求佛教或基督教。或者他们寻求独立的思想——像知识分子那样。我是追求独立思想的一个人，追求宗教之外的某种思想。

《巴黎评论》：你的睡眠不正常，这是真的吗？

大江：我的睡眠一直有麻烦。因为这个缘故，我上大学的时候就开始写小说了。我有两年依赖安眠药，但是每天晚上我服用夜酒，通过这个办法让自己恢复正常。我走进厨房，喝下大约四杯威士忌——有时候增加一倍——以及两到四罐啤酒。我喝完威士忌，喝完啤酒，然后就非常容易地睡着了。问题在于我要完成的阅读量大大增加了。

《巴黎评论》：在《新人啊，醒来吧！》中，叙事人说，我们的人生其实只是为死亡之前快乐的半天作准备的。你人生最后那个圆满的半天会是怎样的呢？

大江：我不知道我最后那个圆满的半天是怎样的，但我希望它绝大部分时间里是完全有意识的。过去的七十多年里我经历了很多事情。我想要记住几首诗。这会儿候选的作品是《东科克》。

《巴黎评论》：只有一首候选作品吗？

大江：暂时是。

《巴黎评论》：回顾你的人生，你觉得你选择的是一条正确的道路吗？

大江：我在家里度过我的生活，吃我妻子煮的食物，听音乐，和光在一起。我觉得我是选择了一个好职业——一个有趣的职业。每天早晨，我醒过来意识到,我要读的书根本就读不完。这是我的生活。

我想要在完成一部作品之后死去——这个时候我已经写完了,刚好可以读了。小说家夏目漱石的职业生涯非常短,是从一九〇五年到一九一六年。有关他的著名故事是,就在他临死之前他说,我这会儿死掉的话就成问题了。他根本就不打算死。在日本,如果作家死了,留下未完成的手稿,有人就会将它出版。我想在临死之前烧掉所有未完成的手稿和所有笔记本。我要把我想重印的书以及其他一切我不想重印的书都挑选出来。

《巴黎评论》:绝大多数作家不都是这样说说而已的吗?

大江:对于真正伟大的作家而言,未完成的手稿中会有重大的发现。但是以我而论,即便是出版的作品也都是没有完成的。我的写作过程经过几稿之后都没有结束。它得要经历一个漫长的修改过程。不经过修改,那些就不是我的作品。

《巴黎评论》:你觉得你最成功的作品是哪一部?

大江:《万延元年的足球队》。这是我青春时代的作品,缺陷是明显的。但我觉得它是最成功的,连缺陷都是。

《巴黎评论》:你小说中的叙事人领悟到超凡的存在,但接下来那种东西似乎就让他们难以理解了。

大江:我对超凡存在的感受向来都是一种次要的感受。通过那些越过了我们所知维度的人——像诗人叶芝和布莱克,我感觉并领悟它。我最终没有抵达那个超出我们现世的不同维度,但是通过文学我能够品尝它,而这对我来说便是存在的一个理由。

《巴黎评论》:你觉得对一个作家来说拥有信仰是一种负担吗?

大江:日语中,负担这个词有"重"这个字在里头。我并不认为宗教——信仰——是一种"重"负,而我觉得有亲缘关系的那些作家和思想家,他们和我分享我那种和信仰有关的思想和情感。我把向他们学习弄成了一种习惯。其他有些作家我觉得不亲近,因为我没有和他们分享与信仰有关的思想和情感。例如,托尔斯泰就不是一个我觉得亲近的作家。

我并没有信仰,我也不觉得将来我会有,但我不是一个无神论者。我的信仰是一个俗世之人的信仰。你可以把它叫作"道义"。一生中我获得了某些智慧,可一向只是通过理性、思考和经验。我是一个理性的人,我只是通过我自己的经验工作。我的生活方式是一个俗世之人的生活方式,而我就是那样来了解人类的。如果有一个区域,通过它我遭遇那种超凡的存在,那就是过去四十四年里我和光的共同生活。通过我和光的那种关系,通过我对他音乐的理解,我瞥见了那种超凡的存在。

我不祈祷,但是有两件事情我每天都要做。一是阅读我信任的思想家和作家——这件事情我每天早晨至少做两小时。二是关心光。每天晚上,我把光叫醒到洗澡间去。他回来睡觉的时候,出于某些原因没法把毯子盖在身上,于是我用毯子把他给盖上。把光带到洗澡间去是一种仪式,而对我来说是具有一种宗教的调子。然后我服下夜酒,上床去睡觉。

(原载《巴黎评论》第一百八十三期,二〇〇七年冬季号)